JN301058

もうひとつの道

競争から共生へ

横川 和夫〔著〕

追跡ルポルタージュ
シリーズ「少年たちの未来」
6

駒草出版

まえがき

半世紀近く日本の学校教育や家庭の問題を取材してきた私は、日本の親たちの大半は子どもの学校の成績を気にする「偏差値依存症」という病気に陥っていると思うようになった。

依存症とは「止めたくても止められない」というアルコール依存症や薬物依存症と同じ病気である。

子どもの成績を気にしなくてもいい、子どものありのままを受け入れようとこころでは思っていても、子どもの顔を見ると「勉強しなさい」「宿題すんだの」「今度の試験で平均点以上でないとダメだよ」という言葉が口から飛び出して追い立ててしまう。

その「偏差値依存症」の親たちの心理をたくみに利用して学習塾や進学塾、テスト業者が子どもたちを集め、文部省（現文科省）は全国統一学力試験や大学入試センター試験を実施して東大を頂点とする人材配置システムを構築してきた。

教育問題の恐ろしいところは、そうした「偏差値依存症」という病気が、アルコール依存症などと同じように、親から子ども、そして孫へと連鎖していくケースが多いことだ。

もちろん親の「偏差値依存症」の姿を反面教師にして、その連鎖を断ち切る子どもや孫もいる。しかし、その数は少ない。

一点でも点数を上げるために学習塾や進学塾に通い、受験勉強に慣れ親しむうちに、子どもたちは人間として生きるために最も大切で、必要とする自分で考えたり、好奇心を燃やしたり、悩み、苦しむこともしなくなってしまう。

自己を失い、勉強ロボット、そして企業戦士ロボットに仕立て上げられていく実態は『仮面の家』など、この「少年たちの未来」シリーズの各巻で取り上げてきた。

そうした「偏差値依存症」の連鎖を断ち切るには、どうしたらよいのだろうか。

アルコール依存症などの自助グループが取り組んでいるように、同じ問題を抱えた人たちが集まってミーティングを開き、体験を語り、耳を傾け、支え合いながら、失ってしまった真の自己を取り戻していくしかない。

学校教育で点数にこだわらず、競争させずに、子どもの発達段階に沿って真の自己を育む人間教育をしているところがあるのだろうか、という訴えが私に寄せられてくるようになった。

そして私がたどりついたのが、この『もうひとつの道』で取り上げたシュタイナー教育をはじめ、各地で実践されている人間回復のための取り組みである。

目先の経済的な利益よりも自分らしく生きる、人間性豊かな道を模索し、実践している人たちがいることを知ってほしいと願う。

もうひとつの道――競争から共生へ――●目次

第2章　なぜシュタイナーなのか

第3章　広瀬家のシュタイナー教育

第4章　日本でもシュタイナー教育

第5章　保育所は大人の学校

第6章　競争から共生の時代へ

第1章　シュタイナー学校四年B組

知識偏重、詰め込み教育に押しつぶされそうになっている日本の子どもたち。その元凶でもある〝詰め込みカリキュラム〟の改訂作業が文部省の教育課程審議会で進行中だ。だが明治以来はびこっている国家や社会のための〝人間づくり〟という発想を根底から改めないかぎり、子どもの自立を促すカリキュラム、そして人間性豊かな学校教育に転換することは不可能のように見える。知識偏重や詰め込み教育とは無縁の、一人ひとりの子どもの本性や感性を大切にする人間教育で知られるドイツの私立シュタイナー学校。そこでは、どんな教育が営まれているのだろうか。ドイツに飛んで取材した。

祈りから始まる授業

南ドイツ地方の、ある街。第二次大戦で完全に破壊された街並みを再現した旧市街。そこから車で十五分。郊外のなだらかな丘の住宅街に囲まれた一角に、目指すシュタイナー学校はあった。人間の真の姿を認識しようという人智学を打ち立てた思想家、ルドルフ・シュタイナー。人間には超感覚的な霊的側面があるとか、有機農法の意義を説くなど、彼の思想がほぼ同時代を生きた宮沢賢治の思想ときわめてよく似ているのは不思議なことだ。

そのシュタイナーの思想を軸に新しい教育運動が起こり、最初のシュタイナー学校が創設されたのが一九一九年。いまでは世界各地に六百五十校のシュタイナー学校ができ、行き詰まった現代の学校とは違った学校教育を実践しているとして脚光を浴びている。

ドイツでも七〇年には二十五校だったが、九五年現在、百六十校にまで急増するなど再評価されてきている。

周囲の環境にマッチする淡いレンガ色の壁に三階建ての校舎。私が訪れた学校は約五十年前に創設されたというから、数多いシュタイナー学校のなかでも歴史の古いほうだ。

一クラス三十四人。各学年二クラスで、日本で言えば高校四年に当たる十三年生まで合わせて約九百人近くの生徒が学んでいる。その四年Ｂ組に、一週間、子どもたちと机を並べて、勉強した。

シュタイナー学校は午前八時から始まる。その十分前。カラフルな服装の子どもたちがカバンを背に続々とやってくる。目が生き生き輝いている。服装も自由だが、それぞれが自由に振舞っているというのが第一印象だ。

一階入り口のすぐ横が四年Ｂ組だ。担任のクラウゼン先生は四十代半ば。セーターに茶色のズボンというラフなスタイル。教室の入り口に立って、一人ひとりに笑顔で声をかけ、握手して迎え入れる。

「今日の先生は違った服装だよ」という声。先生は「前のは一週間着たから洗濯に出したんだよ」と答える。

日本からやってきた私のために、おしゃれをしてきたのを、子どもたちは目ざとく見つけたようだ。

午前八時。黒板前の先生の机の上にある赤いロウソクに火がともされた。授業では日常と違う崇高な力が働くという意味があるのだろう。

一斉に起立して「おはようございます」と、あいさつを交わすと、初めのお祈りだ。

太陽の光が私を照らしています
聖霊が私の手足に力を与えてくれます
神様、私は心に宿っている人間の力を敬います
私は意欲をもって学びたいという気持ちでいっぱいです
光はあなたから生まれます
神様に愛と感謝の気持ちが通じますように

いよいよシュタイナー学校の一日目が始まるのだ。

先生から贈られた言葉

祈りが終わると、リズム体操、早口言葉、笛の合奏と、授業に入る前に体と頭脳を柔らかくす

る作業が続く。

先生が両手をたたいてリズムをとると、生徒がついていく。足で床を鳴らしたりして、リズムは次第に複雑になる。

トトトン、トン、トト、トントン、トト……。

次が早口言葉。これも先生について、子どもたちが同じ言葉をくり返す。クラウゼン先生は、意識的に口を大きく開ける。難しい言い回しを口にすることで、ノドや口の周りの筋肉をほぐすと同時に脳に刺激を与えている感じだ。

今度は笛。子どもたちがカバンから笛を取りだすが、先生の顔色がくもった。

「今日は三人も忘れてきたので、前に約束した通りやりません。その代わり歌を歌いましょう」

二部合唱、三部合唱が終わると、先生は、子どもたちの通信簿が入っている黒いファイルを手に教室のうしろに移動した。何をするのかと思ったら、先生は、その日の曜日が誕生日に当たる子の名前を読みあげた。呼ばれた子は黒板の前に一人ずつ進むと、クラスメートのほうに向かって、頭に入っている先生から贈られた〝課題〟の言葉をスラスラと言っては席に戻る。

課題は、こんな調子だ。

「いい職人は自分の仕事を喜びをもってします」

「道がわかっているからといって、怠けるなと神様はおっしゃっています」

「自分が正しいからと、相手に強制するのではなく、愛を持っておたがいに生きていくことが大切です」

「言葉の力が私を支え、そのことによって想像力が生まれます」

「大海のあらしで船が大揺れに揺れても、乗組員のように、きちんと立っていられる強い体と温かい心が大切です」

一人ひとりの内容が違う課題は、先生が学年末に渡す通信簿に、上級生になったときの目標として、その子に見合った言葉を苦心して考え、書きこんだものだ。

「言葉は、自分で詩を作ったり、シュタイナー学校の同僚たちの詩集のなかから選んだりします。このように育ってほしいという深い願いのもとに、一人ひとりにふさわしい課題を作って与えます。それがその子どもの成長のエッセンスになるのです」と、クラウゼン先生。

一連の日課が終わると、いよいよ授業開始だ。

シュタイナー学校の特色は、最初の一、二時限が「エポック授業」と呼ばれるもので、一つの科目を三、四週間にわたり連続して毎日、集中して授業を展開していく。担任教師が担当するのだが、学んで、忘れて、また思いだして、という収斂《しゅうれん》と拡散のリズムの流れのなかで子どもたちの集中力を培《つちか》うという狙いが込められている。

私が滞在した一週間の四年B組の「エポック授業」は、自然学・生物学。内容は動物学と人間学を合わせたもの。既に二週目に入っていて、一週目では、人間の特色、つまり手が自由に使えることを学んだばかりだ。

「今日はイカについて考えてみます。イカはどんな魚ですか」と、先生は、子どもたちにイカの特色を言わせて、それを板書していく。

二時限目は、先生が黒板に茶色のチョークでイカの絵をかき、子どもたちもイメージを膨らませてクレヨンでノートにイカの絵をかいていく。教科の枠を外した合科授業でもあるのだ。

ネズミは〝胴体動物〟

四年Ｂ組のエポック授業では、一週間かかってイカとネズミについて学んだ。

それも単にイカやネズミの構造など、知識を詰めこむのではなく、常に子どもたちにその動物の持っている特色について考えさせる。そして人間が他の動物と違って、崇高な課題を持っていることになんとなく気づかせていくという仕組みになっているのだ。

たとえば三日目のエポック授業では、ネズミについてクラウゼン先生は、こんな子どもたちとのやりとりで始めた。

「ある動物がいます。当ててください」と前置きして、その動物の特徴を話しはじめた。

「その動物は大きな耳が立っていて、胴体が長く、前脚が短く、後ろ脚は長いです」

瞬間、私はウサギだなと思った。ところが先生の説明を聞いていくと、どうも違う。

「ヒゲがあり、しっぽが長く、とがった歯があります」

今度は猫かなどと思った。

「しっぽには毛がはえていません。屋根裏が大好きで、いつも何かを食べています」

このあたりにくると、子どもたちのあいだからも「ネズミだ」という声が上がってきた。

こうして先生は、ネズミの特徴をイメージさせながら、「実はネズミは〝胴体動物〟で、ほかの動物と違って極端に消化器官が発達しているから胴体が長い。だからいつも何かを食べつづけなければならないのです」と説明した。

そしてイカについては「頭が進化の過程で発達し、頭だけで生きる動物になった」と、ネズミとは構造的に違うことを強調するのだった。

私自身、恥ずかしながら、この年にして初めて動物の持っている機能や特徴について考えさせられ、それでは、ほかの動物はどうなっているのかと関心を広げることができた。

「さまざまな動物の機能や特色を生徒たちに知ってもらい、人間だけは手足が自由になる。祈りをし、ものを作る、これがほかの動物にない人間の大切なところ。人間が優れているのは脳が発達したからだと言われていますが、そうではない。手足が自由になり、好きなことができるからこそ動物と違う、それを子どもたちにわからせたいのです」

一見すると四年生にしては幼稚なように見えるが、実は人間の役割、生き方を考えさせる質的に深い教育内容になっていることに驚かされた。

エポック授業の教科書はない。シュタイナー教育のカリキュラムには、教育目標が示され、イカやネズミを使って教えるとあるだけで、何を、どう教えるかは、それぞれの先生に任されている。

「教え方は、先生一人ひとりが見つけるんです。だから努力が必要です。イカの絵と解説した文を子どもたちに渡し、『勉強しろよ』と言って、すませることもできる。そして最後に（　）のなかに正解を入れなさいと、暗記で覚えさせるやり方もあります。でも先生がイカについて話すとき、三十四人いる子ども一人ひとりが、内的な目、心の目でイカを見るから、三十四種類のイカになるんです」

子どもたち一人ひとりの内面に働きかける授業、それがシュタイナー教育の神髄であると、先生は強調した。

黒板に先生がイカについて書いた説明を子どもたちはエポックノートと呼ぶ大型のノートに書き写していく。子どもたちによる手作りの自分の教科書が先生との協力で出来上がっていくのだ。

ファンタジーのような水彩画

クラウゼン先生のエポック授業を見ていると、常に子どもたちに絵をかかせる。イカやネズミについての授業でも、先生と生徒のやりとりが終わると、子どもたちが感じたイカやネズミのイメージを絵で表現させるのだ。

「シュタイナー教育では、人間が備えている認識、感情、意志の三つの能力を共に生かしながら、調和的に発達させることが大切で、なかでも認識と意志を結びつける役割を果たしているのが感情だと強調しています」

絵や音楽などを通じて感情や感性を大切にすることで、子どもたちは自分たちが持っている能力を静かに熟成させているようにも見える。

「黒板に絵をかくときも、写実的にではなく、ファンタジーのようにかいて、子どもにできるだけ『私のイカ』になるように言います。思考の柔軟さ、一つのことに凝り固まらない発想、つまり『イカはこれこれである』と決めつけず、子どもたち一人ひとりに心の目でイカを想像し、生き生きしたイカに対するイメージを持たせるようにする。そうした方法をシュタイナー教育では重視しています」

クラウゼン先生の説明の通り、子どもたちが絵の具を使ってかくイカとネズミの水彩画は、ユニークなものだ。

机の上に置いた画板に水を垂らし、画用紙を置く。ペタッと画板についた画用紙の上に、今度は刷毛《はけ》で水をつけ、その上に絵の具でかいていくのだ。

「なるべく輪郭をつけないようにしたほうがいいよ」と、先生は、机の間を回りながら子どもたちにアドバイスしていく。先生の指示を待つまでもなく、子どもたちのかくイカやネズミは、画用紙がぬれているので、自然に輪郭はにじんで、幻想的な雰囲気の絵になっていく。

シュタイナー学校のカリキュラムによると、四年生のエポック授業は、土曜日も含め毎日二時間。年間では、国語（九週）、算数（同）、社会（八週）、動物学（四週）、人間学（同）と、計三十四週になる計算だ。

「動物学と人間学を組みあわせてもいいし、いつ、どこで、何をやるのかは自由です。理想的には一つの周期としては月の満ち欠けと同じ四週連続がいいと思いますが、それだと時間が足りなくなるので私は三週連続を原則にしています。でも子どもたちの反応がよかったりすると、臨機応変に変えていきます」

カリキュラムはあるが、子どもたちの反応次第で、先生が自由に対応できる。しかも教科書はなく、先生みずから工夫して授業を進めていく仕組みだから、準備がたいへんだ。

「教師によって違うけれど、私の場合は、自宅で準備をします。一日をふり返って、子どもの状態を見ながら、明日はこれぐらい進もうと、百科事典や本を読んで、少しずつ準備をしていきます」

シュタイナー学校では、一年生から八年生、つまり日本の学校で言えば中学二年生まで、クラス替えはないし、担任も交代しない。

「いちばんたいへんなのは反抗期に入る七年生のころで、いままで私の話を聞いていた子どもたちが、わざとうるさく騒いだりするようになります。そこを抜けて八年生を終えると、心身ともに疲れるので、一年間の休みがもらえるんです」

先生にとってはたいへんだが、八年間、同じ子どもを担当しつづけると、子どもの性格や成長過程、そして家庭の状況なども把握でき、きめ細かい指導が可能になる。先生自身も成長を迫られていく。

気の流れを踊るダンスも

二時限のエポック授業が終わると、休み時間になる。全校生徒が教室から中庭に出て、新鮮な空気を体に入れる。

子どもたちの多くは、ハムやチーズを挟んだパンを食べ、腹ごしらえをする。そして十時十分から専科の先生による授業に入っていく。

四年B組の子どもたちは、エポック授業のあとは、どんな勉強をするのだろう。

一週間の時間割を見たが、授業時間数が実に少ない。たとえば月曜日は、英語、音楽、手芸、宗教と四教科で、最後の宗教が終わる時間は午後一時十分。火曜日も授業の終了時間は同じだが、水、木、金の三日間は、わずか二時限で、午前十一時四十五分に、そして土曜日は、フランス語だけで、午前十時五十五分に終わる。

エポック授業以外の教科は一年生から必修の英語、フランス語が各三時間、あとは手芸が三時間のほかは、音楽と宗教が各二時間、笛と体育、オイリュトミーが各一時間で、語学と芸術分野が多い。

公立学校では五年生から学ぶ英語、七年生からのフランス語が、シュタイナー学校では一年生から必修となっているのも大きな特色だ。

「子どもたちは、母国語であるドイツ語を文法を頭に置いたりして観念的に話すわけではありません。リズムや体の動きなどで言葉を覚えていくのです。だから模倣したり、記憶するのが得意な一年生から外国語に親しませるのはよいことなのです」

四年Ｂ組で使っている英語の教科書は、日本の中学一年生の後半の内容だった。

専科のなかでもユニークな教科は、必修のオイリュトミーだろう。シュタイナーが創設した踊りだが、気の流れや動きに沿って、体を動かしていくダンスという感じだ。

「言葉や音楽の持っている気の流れを、自分の体を通して表現することによって、体育のように、ただ肉体だけを鍛えるのではなく、体の気の流れをはぐくもうとするのがオイリュトミーなんです」

オイリュトミーの先生の一人である二十代のイエーレ先生は、こう解説してくれた。

子どもたちはオイリュトミーのために特設されたホールに移動して学ぶ。赤、青、黄色の上着を羽織って、ピアノのリズムに合わせて、踊る。

真剣に体と手を動かし、気の流れをつかもうとする子、ふざけ半分に動く子もいる。

「子どもたちのなかにはなんでやっているのか理解していない子もいます。でもそれでよいのです。やがて青年になってオイリュトミーが何かを理解し、再び勉強したいという子はたくさんいます」

五年B組のオイリュトミーの授業では、南米のペルーから移住してきた子がいた。

「私生児で生まれ、四歳まで孤児院にいた子でした。最初は反発してホールを転がったりしましたが、私と取っ組みあったり、じゃれあったりしているうち心を開きはじめたんです。専科の教師でも担任と常に話しあいながら問題のある子とかかわっています」

三カ月に一回開かれる学習発表会が講堂であった。全校生徒が見守るなか、二年生から十一年生まで十クラスが日ごろの成果を公開した。

モーツァルトの曲の流れをオイリュトミーで表現した八年生の男の子たち。その真剣な表情が低学年の子たちをひきつけていた。

評価は記述式の通信簿

二日目から毎朝、学校近くにあるホテルに、四年B組のラオラが小学一年生の妹と一緒に私を迎えにきた。彼女の家から学校へ行く途中にホテルがあるので、日課になった。

いつもニコニコ笑って、愛想がよいラオラ。社交性があり、人付きあいはよいが、授業中は、手を挙げたりは、あまりしない。

州によって違うが、このシュタイナー学校では、十一年生までは試験をしない。毎年七月の学期末に、記述式の通信簿が渡されるだけだ。試験をせずに評価ができるのだろうか。シュタイナー学校の評価を知るために、ラオラの三年生の通信簿を見せてもらった。

通信簿はまんなかで二つ折りにした紙一枚。ノート大の表紙に、名前、生年月日、出生地が記入してあり、その下にクラウゼン先生がラオラに与えた言葉が書いてあった。

「神は静寂と落ち着いた雰囲気のなかで創造物を作る。計画を素早く立て、ゆっくりと作業に取りかかる。作りあげたのち、問いかける。よかったか、悪かったか。もし必要なら、もう一度最初から始めよう――ハインツ・ミュラー」

詩人の書いた難しい詩を、誕生日に当たる曜日にラオラが、皆の前で発表する姿を思い浮かべた。

表紙の裏、二ページ目にクラウゼン先生の評価が記してあった。全部、ペンで手書きだ。

「いまの学期になり、クラスの仲間に入っていくのが少し難しくなる。授業にも注意深く入りこめない。でもラオラはフォルムを描くことに集中しようと努力した。エポックノートでも課題をきれいに書こうと努力した」

点数ではなく、教師の観察したままを伝えているのだ。

「新しいことを学ぶとき、簡単にいかない。読むことも、文章や言葉の構造をしっかりつかみ、スペルを間違いなく書くことも難しい。それでもゴシック調の文字を一生懸命、きれいに書こうと努力した跡はよくわかる。計算力でも、数の把握が難しい」

だがよい面も書いてある。

「いちばん楽しそうに生き生きしていたのは農業、手芸、工作など手を使ってやる課題だ。絵のような表象表現では、とても理解力を示した」

そしてクラウゼン先生は最後にこう結んでいた。

「ラオラ。とても頑張ったね。授業中、注意深く聞いたり、心を傾けるのは難しいようだね。だから今度は課題としよう。そして君が、もっとしっかりと確実に自信を持って行動できるように」

三ページ目から最後の四ページは、宗教、英語、フランス語、音楽、刺繍《ししゅう》など専門教科の先生の手で、それぞれの評価が書かれていた。

宗教　ラオラはとても興味深く話を聞いた。旧約聖書の話は大好きで、喜んでいた。

英語　授業中、ちゃんとついてきた。正しく書いたり話したりすることもできた。でもかなり注意散漫だった。

フランス語　ほとんど集中した勉強はせず、隣の子の邪魔をしていた。

音楽　笛がとても上達した。メロディーを聞き、笛で表現するのは難しい。でもゆっくり変化していくでしょう。

オイリュトミー　一生懸命、周りに惑わされず集中しようと努力した。よく頑張る生徒になろうとした。足を美しく持続的に動かすことが難しかったようだ。すぐ気が散って、シューズを忘れることが多かった。四年生になったら、もっともっと頑張ろうね。

手芸　毛糸で帽子を編んだりするのはとても熱心。残念ながら不ぞろいな編み目に。

力は他人のために使う

シュタイナー学校の一角に畑がある。それほど広くはない。午前十時すぎからの専科の時間になると、生徒たちがクワやスキを手に雑草を取ったり、温室で苗の世話をしたりしている光景が見られる。

ノイルドファー先生（四〇歳）は、十年前から農業の実習を担当している。

「六歳から農家で働き、公立の学校に行き、公立の教員試験に受かって高校の教師をしていました。しかし農業の体験を生かす仕事をしたいと思っていたとき、シュタイナーのバイオ・ダイナミックスの農業に興味を持ち、シュタイナーの教員養成ゼミナールに通いました。クラウゼン先生のように担任になりたいと思っていましたが、農業の実習を担当しないかと言われて……」

シュタイナー学校での農業教育の役割は大きい。

「大地から芽が吹き、植物が生長するのは大地の気であり、意志なのです。それを支えることで、人間が自然の発展を手助けする。つまり人間が大地と結びついていなかったら、一人の人間とは言えない。そのためにも子どものときから、自然と親しみ、遊び、その自然のリズムを通して大地との結びつきを理解させていくのです」

農業の実習は、六年生になって本格的に始まる。

「なぜ六年生かというと、骨が成長し、筋肉が固くなってきて、農作業ができる力がつく年齢だからです。しかも思春期を迎えて内面の感情が出てくるいちばん難しい時期に、その感情がエゴに傾いて、自分だけがいい思いをしたりしないように、外に目を向けさせる必要があるからです」

体のリズムに合わせて、子どもの成長、発達を考えるのがシュタイナー教育だ。

「課題を与えられ、生徒たちは力作業をする。しかも、その力を単に自分のためではなく、他の人のために使う。それが真の人間的成長につながっていくのです」

六年A組の農業の実習は、実習というより、大地に親しむことを最優先するノイルドファー先生の思いが見事に表れていた。仲のよい者どうしが二人一組になって、さまざまな作業につく。生徒たちの多くは、作業よりもおしゃべりに熱中している。

「楽しそうにしているでしょう。それでいいのです。『ここの草を取りなさい』と命令し、それをやれば終わりというのではなく、みんなが共同し、楽しんでやる。六年生での体験が、体や心に埋めこまれ、三、四十代になったとき、社会でも皆と一緒にやっていく力になる。自己中心的にならないのです」

農業に限らず、手芸やオイリュトミーなどでも目先のことにとらわれず、将来の人生を見すえた広い視野のもとに教育が営まれているのである。

「十一、十二年生では、春が早くくるイタリアのトスカーナ地方の大きな農家で働くことで、自我を育成する手助けをします。実践的な作物の育て方のほかに、環境保護や地球を、どうはぐくんでいくかについても学びます」

十二年生の学年末には、ドイツやオーストリアの国境山岳地帯で、共同の合宿生活を五日間から一週間続ける。

「小屋に泊まりながら、最後の植物学を学ぶのですが、家族のような共同生活をすることで、仲間どうしの気遣いや助けあいを、それも生徒自身が自主的にやる。それを見守っていくのです。卒業生で自然保護や農業、生物学方面に進む子がかなりいますよ」

手仕事で培われた創造力

シュタイナー学校で学んだ子どもたちは、自分たちの受けた教育をどのように受け止めているのだろうか。

カロリーナさんは、十二年生、日本で言えば高校三年生だ。四人きょうだいの長女。弟は公立高校一年生。妹二人は同じシュタイナー学校の四年生と六年生である。

「母は、農薬を使った作物は健康によくないと自然農法の店を開き、劇場で演劇担当だった父と結婚したんです。子どもができて、知人から自然農法的な教育をしているシュタイナー学校の存在を知り、父も共鳴したんです」

十二年間の教育で何がいちばんよかったのだろうか。

「すごい影響を受けたのは芸術的、実践的教科を通じて単に頭でなく、手を使って学ぶことができたことです。もし公立学校に行っていたら私は知識だけのガチガチの人間になっていたと思います」

六年生からの農業や十年生でのワイシャツの製作を通して、自分の服や自宅の庭に小さな花壇を作ることができるようになった。

「それだけではなく何度も手仕事や作業をくり返すうち、課題が出ると自分自身の力でこうしたらどうか、こうしてみたいという創造力、自分で作っていく力が培われたと思います」

絵や手芸などの時間が多いため、公立学校に通っている仲間に遅れているという感じはしなかったのだろうか。

「公立学校の友だちの話を聞いたり、宿題を抱えひーひー言いながら勉強している姿を見て、かわいそうに思いました。逆にシュタイナー学校では一年から英語、フランス語を学んでいるし、たくさんの卒業生がアビトゥア（高校卒業資格試験）に合格しているから、私だって取れるという自信があります」

通信簿に担任の先生が書きこむ教訓的な言葉についてカロリーナさんは、四年生までは覚えていない。

「低学年のときは、皆の前で話すのがいやだった記憶はありますが、七年生のときは『星々が地上に光をささげてくれます』という言葉でした。自分に凝り固まらず、他の人を助けるようにと先生が願っているのだと思いました。八年生のときは『さまざまな川の流れは、いずれは一つになって大海にそそぐ』でした。私自身、友だちの問題などで支離滅裂になって苦しんでいたので、先生からすれば、そういう状態になっても、いずれは正しい方向に向かっていくという祈りを込めた言葉で、私にはすごく役立ちました」

毎日、集中して行うエポック授業は、集中力を培うのに役立ったという。

「毎日、時間割で規則正しく違った教科を勉強するよりは、集中して勉強し、またしばらく間を置いて始めるというやり方は、呼吸のようなリズムがあっていいと思います。植物学のエポック授業は、私にとってはとても待ち遠しいものでした」

すべて問題がなかったわけではない。彼女は語学が好きだったから、自分でどんどん先に進んでしまった。

「だから学校でやっていることがつまらなくて、窓の外を見ていたら、フランス語の先生に『なんで外を見ているんだ』と怒鳴られたり、十年生のとき、英語の時間に寝ていたら、先生が『また寝たら家へ帰す。学校へ来なくてもいい』と、怒られました。でも成績には関係なかったです」

仲間の支えで危機克服

カロリーナさんは、一年から八年まで受け持ちだった担任の先生とは、気が合ったので、問題はなかった。

「だけどクラスのなかの何人かは合わなくて、八年が終わって担任が降りたとき『ああ、せいせいした』と言ってました。そのうちの何人かは、先生がプライベートなことで、いちゃもんをつけてきたのでいやだという子もいました。システムを変えるわけにいかないので、運命的に受け止めるしかないと思います」

十二年生になると、シュタイナー学校の勉強のほかに、十三年生のアビトゥア（高校卒業資格試験）準備コースに入るための試験を受けなければならない。というのも卒業生の七五％がアビトゥアに合格しないと、州は補助金を交付しないからだ。そのため合格しそうな生徒だけを十三年生に進学させる。成績とは無縁だった学校生活で、初めて試験と直面させられる。

「それが十二年生だと思っているから苦にはなりませんけど……。シュタイナー学校の芸術分野の科目のほかに試験のための科目もやらねばならず、十二年生のいまは、週に四十九時間も授業があります」

カロリーナさんは、将来、何を目指しているのだろう。

「私はやりたいことがたくさんあるんです。アビトゥアを取ったら、スペインに渡り、どこかの施設で働きながらスペイン語を学びたい。一年生から英語、フランス語を習ったせいか、語学が大好きで、三カ国語が話せたらすぐに仕事が見つかるし。美しいスペイン語を勉強したあとは、自然農法の農業や自然環境を守る方面の仕事をしたい。やりたくないのは事務職や経済関係の仕事です」

カロリーナさんは、十三年生のいま、反抗期に入り、母親と毎日、けんかしている。

「実は九年生のとき両親が離婚して……。原因は母が十九歳のときに私を授かったため、ほんとうは望んでいなかったのに結婚した。その後、父は大学で勉強を始め、母も勉強したかったけれど、子どもが生まれたためできず、子育ての負担を一人で背負った。二人はいつもけんかしていて……。私は小さいころから別れたほうがいいと思っていました」

二年前、母親は「私には好きな人がいたのよ」と言い、父親も「二年前から彼女がいる」と大げんかになり、離婚したという。

「その難しい家庭状態を自分なりに克服できたのも、やはりクラスの仲間が支えてくれたからなんです。十二年間一緒のクラスが家族のようで、なかでも十人とは深いところで付きあって、きょうだいのようです。何十年先に会っても、自分の弱みを心から話し、助けあえる仲間でいることが、これからの人生では大切なことだと思います」

夫婦げんかの絶えない家にいると何もできず、つらかったが、学校に行けば、家のすべてのことを忘れて芸術などに没頭できたという。

「母が気の毒になって、十年生までは家の手伝いをしていたんですが、クラスの仲間から『あなたは、いつまで母親の言う通りになってるの』と、ガンガン言われて……。無意識のうちに『いい子をしていた』ことに気がついて、いまは徹底して反抗しています」

母親は「家の手伝いをしなさい」「妹たちの世話をしなさい」と、うるさいという。

「私だって、自分の時間が欲しい。自分のやりたいことがあるからね。あまりうるさく言うなら、もう家にいたくないと、けんかしています」

先生自身も人間的に成長

週の後半になると、シュタイナー学校の午後は、ざわめきが消え、落ち着いた雰囲気になる。低学年の子どもたちが帰宅してしまうからだ。構内の自転車置き場でたむろしている十二年生たちが十六、七人いた。八年生までの担任がクラウゼン先生だったと聞いて、いろいろと質問してみたくなった。

男子「クラウゼン先生は、六年生までは最高だったけど、思春期になってぼくたちが反抗を始めたら、先生の嫌いなところや問題が目についてきた。だけどそれは自然なことだから、先生が悪いのではなくて……。ある時期までは、いい先生だったと思う」

女子「彼は低学年のときはうまくいくけど、高学年になると、接し方がわからなくて悩んだみたい。私たちも怒ったり、問題を起こしたし」

男子「ぼくは最高の先生だと思うし、問題はなかった。ただ七年生で反抗したり、むちゃくちゃになったとき、その意味がわからなかったようだ」

男子「先生が言ったことに対して、すべて反抗して、先生が説明する考えは全部駄目だといって反抗したんです」

女子「どんな反抗かっていうと、授業中にわざとうるさくしたり……」

七年生での反抗期は、予期されるとはいえ、教師にとってもたいへんなことだ。

「生徒ではなく人間どうしのぶつかりあいになる。私たち教師も自分をさらけださないわけにはいかないから、人間的に成長していくのです」と、先生たちは異口同音に言う。

シュタイナー学校で、いじめはあるのだろうか。

「低学年の一、二年に弱い子をいじめたけど、四、五年になったら仲間になるので、いじめなくなった」と男子。

いじめに気がついたクラウゼン先生は、弱い子のそばに授業中もずっと座っていた。

「いじめると先生は、ぼくたちをしかったけど、先生が何を言っても関係なかった。先生に怒られたからやめたのではなく、時が解決したと思う。十二年もいると、いじめている意味がなくなるんです。弱いところがあっても、それがそいつなんだ、弱い者でも一人の人間として尊敬の気持ちが出てくるから、いじめるのはばからしくなるんです」

将来、何になりたいか、どんな職業を目指しているのか、聞いてみた。

女子「助産婦さんの手伝いをしたい。子どもの誕生に付き添いたいんです」

男子「機械を作る仕事をしたい。たとえば、製品を作る機械とか」

男子「建築の勉強をして、最後は建築家になりたい」

男子「前は、バイクのレーサーになりたかったが、無理だから芸術関係に進みたい。映画とかの芸術方面に」

男子「ゴルフプレーヤーになりたい。いま、ぼくのハンディは8です」

男子「クラリネット、サクソホンの演奏が好きなので、大学では音楽方面に進み、室内楽をやるとか、子どもに教えるとかをしたい」

女子「将来、アジア方面、中国とか日本のことを学んで両親がしているマッサージの仕事をしたい。だけどメーキャップコーディネーターにもなってみたい。インドに渡ってみたい気持ちもある。マザー・テレサの下で働いてみたい。死の直前の人たちが、食べ物をもらい、涙を流しながら死んでいく場面をテレビで見て、人を助けることをしたいとも考えています」

次から次へと、将来やりたいことが出てくるのは、シュタイナー学校で、さまざまな実体験を積み重ねているからなのだろう。

シュタイナー思想知らぬ親

シュタイナー学校の先生は、夫婦で生徒を教え、しかも子どもを自分の学校に通わせるケースが多い。給料が公立学校に比べて低いためでもある。宗教を教えているガイニッツ先生（四五歳）と奥さんのドリス先生（四二歳）もそうだ。

大の日本ファンであるガイニッツ夫妻の自宅に招かれた。自慢の日本庭園は、庭に石をきれいに敷き、鹿威《ししおど》しで水を落とす泉水もある。

「はっきりしているのは公立学校の目的は、いわゆる社会の求める人間をつくること。だから子どもを、どう社会に合わせるかに力を入れている。その点、シュタイナー学校は『子どもは何になりたいか』に重点を置いています」

ガイニッツ先生は、オーストリアとの国境近く、ザルツブルグで教会の牧師をしていた。隣村で牧師だったドリスさんと知りあい結婚した。

「五年間同じ大学、同じ学年だったけど、当時は知らなくて。たまたま牧師の講習会で隣に座ったのが彼で、講師にいちゃもんをつけて、『あ、いやなやつ』としか覚えてなかったんだけど……」

二人とも公立学校で、苦い思いをした体験がある。

「私は成績中心の学校だったので、なぜ点数で人間を判断するのか疑問に感じたし、妻は一年生から九年生までずっと成績が悪くて、先生から見放されてました。高校に入って勉強をしたら、成績は上がったのに、先生は相手にしてくれず苦しんだそうです」

長男（一二歳）、長女（一一歳）、二男（九歳）の三人の子どもがいる。長男が入学の時期になったとき、たまたまガイニッツさんは病に倒れた。

「シュタイナーの『病気になるのは人生が危機に陥っているときだ』という言葉を思いだし、牧師として説教することをやめて、子どもたちを相手に何かをしたいと考え、それを機会に六年前から、この学校の先生になりました」

八年間の担任制で、子どもたちとのあいだで問題が起きたときの対策はあるのだろうか。

「問題は毎年、生じています。才能がない先生でも教師になったからには、自分の人生の課題として克服していかねばならない。子どもたちと合わないから担任を辞めさせることはしません。どうやったら教師自身が人間として成長していくかを皆が支えていく。それが大切なことです」

親にもさまざまなタイプがある。担任教師との関係が難しくなっても続ける親と、すぐほかの学校に移す親もいる。

「いままでの例だと二〇％の親は子どもを移します。問題なのは親の六〇％がシュタイナーの思想を知らずに、子どもを入れてくるのです。彼らは公立は厳しいから、楽しく学校で学ばせたいと思っている。ところが高学年になり、アビトゥアが近づくと、母親たちの頭はアビトゥアでいっぱいになり、芸術などはよいから、受験勉強をさせてほしいと言いだす。楽しく過ごせて、アビトゥアもと、欲ばる親が最近増えてきて問題です」

シュタイナー学校でのアビトゥアの合格率は、公立と比較すると実に高い。

「シュタイナー学校に入学した一年生がアビトゥアを取る割合は、三十七人のうち二十六人です。公立は十人以下で、率としてはすごく高い。公立のように低学年から知識を詰めこまないにもかかわらずです。一年から十三年まで同じクラスで過ごすこともたいへん有意義だと思っています」

教師と親が白熱論議

シュタイナー学校では、担任との父母会議が夜八時から開かれる。開催日はクラスごとに異なる。一年A組の父母会議を傍聴させてもらった。

参加者は三十一人、うち父親は九人だ。黒板の前の担任をU字形に取り囲むように席に着く。出席者が自己紹介のあと、担任の女性教師、ロウボルト先生が、シュタイナーの子ども観について解説する。彼女は新人教師のため、父母会議担当のブロンツ先生が付き添っている。

ロウボルト先生の説明は、要約すると、こんな調子だ。

「子どもの成長は、七年周期で変わっていく。七歳までは模倣の時期、七歳からは親が権威を示すことが大切です。十四歳を過ぎると観念や判断が必要な時期になります。それまでは無理に判断させたり、観念的なことを詰めこんではいけません」

この「観念や判断は、十四歳から」という説明に、親の一人が「もっと具体的に説明してください」と質問した。先生に代わり親が答える。

「たとえば子どもが学校から帰ったとき、『今日は学校はどうだった？』という問いかけは、学校がよかったか、悪かったかを子どもに判断させることになります。『今日何をやったの？』と聞くと、自分が何をしたかを自然に話すことができるんです」

先生が付け加える。

「一年生は、学校での出来事に自分を集中させているので、距離を置いて客観的に判断できる状況にはありません。判断を要求すると、無理に自分を現実から引き離すことになり、よくありません」

「判断」の是非をめぐって、親と教師の激しい教育論議が展開されていく。

「通学ズボンの色をめぐって、子どもは自分で何色かを選択することで、判断力は養われていくと思う」などと、次々に親たちは発言する。

ロウボルト先生「ほんとうの子どもの自由とは、親がしっかり子どもに言うことです。親に自信がなかったら、子どもはあやふやになります」

親「でも子どもが選ぶのはいいことでしょう」

ブロンツ先生「子どもが好きな色を選ぶというのは、真の自由ではありません。たとえば判断をつけさせようと、四日続けて色の違うセーターを与え、毎日好きな色のセーターを着せることは子どもにとって、いいことですか。何が大切かを考えてください」

親「うちの息子は『このズボンは女っぽいからいやだ』と言います。好みをはっきりさせるのはいいのではないか」

親「私もそう思います」

ロウボルト先生「六、七歳の子が、毎日好きな色の服装を着る必要はありません」

親「現代の子どもは、二十年前と比べると早熟です。子どもにシュタイナーの言ったことを強制はできません。昔は十一歳だったのが、いまは七歳で起きているのです。そのことを考慮してください」

ロウボルト先生「わかります。しかし六、七歳の子に判断させるのは早すぎます」

ブロンツ先生「最近の子は個性的なことは認めます。親が権威的になるのを怖がっているようだが、早い時期から判断を迫ると、子どもは親の目の色をうかがって主体性を失い、心が破壊されていくことに気づいてほしいです」

最後は「シュタイナーの思想を勉強し理解を深めたい」という親からの提案で、約一時間半にわたる父母会議は終了した。親たちが自分の考えをはっきり述べ、時には教師たちと激しいやりとりをするのは、日本では想像もできないことだ。と同時にシュタイナー思想を知らぬ親たちが多いという実態を見せつけられた思いがした。

生徒たちから直訴の手紙

毎週木曜日の夜は、シュタイナー学校では職員会議と決まっている。会場は、三階のオイリュトミーホール。参加者は男性二十五人、女性三十三人だ。父母会議と同じようにU字形に議長を囲んで教師たちが席に着く。U字形だと、おたがいの顔が見えるだけでなく、参加者の気が集中、凝縮した議論ができるからだ。

「外向けの校長はいますが、すべての決定は職員会議で行い、毎回交代する議長が議事を進行します。前半は課題研究、後半は学校運営についてです。問題児のケース研究は常に行い、教師全員がその子に対する理解を深めます」

このシュタイナー学校では、九年生から十年生に進むときに、アビトゥア（高校卒業資格試験）、職人技術、職業高校（レアールシューレ）の三つのクラスに分かれる。

職業技術には大工と金属加工（定員各五人）の二つのコースがある。この日のテーマは、職人技術コースを希望したが、第一次選考で不合格になった生徒二人の「ぜひ入れてほしい」という直訴を、どうするか――だった。職人技術への応募者は二十七人。約二カ月かけて、職員会議で選考のための議論を七、八回も重ねた。結果として大工希望者が多く残り、金属加工に合格したのは三人だけ。つまり金属加工に空席が二人分出たのだ。

先生が生徒からの手紙を読みあげた。

「ぼくたちは七年生から金属加工に進みたいと思っていたのに、不合格となり、ほんとうに悲しいです。空席が二人分あるのだから、やりたいというぼくたちの希望を受け入れてください。お願いします」

真っ先に発言したのは金属加工の先生だった。

「二人は最初の選考で落ちたが、ほんとうにやりたがっている。空席があるのだから、やらせたらいい。作業場にも顔を出し、ぼくとも親しくしているし、やる気がある」

「私も賛成」との声。

大工の教師「一次選考で落としたのだから、議論することがおかしい。大工だって、あれだけやりたい子がたくさんいたのに、落としてつらい思いをさせている。もし入れたら、大工はどうするのだ」

青シャツの男性教師「ここは学校なんだ。二人は勉強をしない生徒だから、希望を認めるわけにいかん」

女性教師「私の数学の授業では頑張った。私は二人を入れることに賛成です」

英語の教師「ぼくの授業では三回も宿題を忘れ、親に手紙を書いたのに駄目だった。理にかなっていないと思う」

クラウゼン先生「試用期間を与えて、勉強をするようになるなら採用し、それでも駄目ならやめさせたらいい」

女性教師「私も賛成」

金属加工の教師「試用期間を与えれば、どれだけ本気でやりたいかわかると思う」

オイリュトミーの教師「ここは学校で金属加工の工場ではない。一次選考のために、職員会議で七、八回も議論して結論を出したのに、一から出直しでは、何のために話しあったかわからない」

青い服の女性教師「私は二人の担任でした。二人は七年生から金属加工の仕事をしたいと言ってました。空きがあるのだから合格させてほしい。金属加工の修業は、絶対に彼らの成長に役立つと思う」

年配の女性教師「既に合格した者も特別に勉強ができるわけではないのだから、先生の負担は同じ。どうして採らないのですか」

この日は結論が出ず、終了したのは午後十時だった。参加したすべての教師が、自分の意見を言い、生徒の将来を真剣に考えている姿に胸を打たれた。こうした真剣な論議のなかで、教師自身も、日々、成長していくのだと実感した。

発達に合わせた教育を

シュタイナー学校四年Ｂ組の〝生徒〟になっての一週間は、あっという間に過ぎた。担任のクラウゼン先生は、土曜日のエポック授業が終わり、子どもたち一人ひとりと握手を交わして見送ると、ほっとした表情を見せた。

「戦災のガレキのなかで、二十歳の私の母がシュタイナーの本に出会い、自分の子どもが生まれたら、その学校に入れたいと思ったそうです」

母親は美容師で、父親とはすぐに別れたという。

「母はシュタイナー学校の近くで店を開き、女手一つで私を学校に通わせました。アビトゥアを取ってふり返ったとき、そんな私に先生がどれだけ尽くしてくれたかを知りました。問題の多い社会を変えたいと思ったとき、政治家になるより、内側から社会のひずみを変える、それには子どもたちの教育に携わることだと思い、教師になったんです」

そんな先生は、シュタイナー学校での教育で、どんな人間形成をたどったのだろう。

「シュタイナー学校に通わなかったら、私はどうなったかわかりません。シュタイナーの教育観による芸術的な授業を通して、創造力が培われ、自分から新しいことを生みだす考えや力が養われた。世の中にはいろいろな考え方があり、これだと決めつけず、さまざまな思考方法ができるようになり、私自身も人に優しくなり、温かく付きあっていけるようになったんです」

そして最後に、こう結ぶのだった。

「シュタイナー学校は、子どもを国家に合わせるのではなく、その子の成長のために存在している。『こう生きたい』という、その子なりの人生の目的をつかみ、自分の力で生きていってほしいと願っています。これが公立学校と根本的に違う点です」

新聞連載中に広島の読者から電話があった。子どもの人権問題などに関心を持つ定者吉人《じょうしゃよしと》弁護士だ。

「私は三人の子の父です。上の子が六歳で小学校に入学する時期を迎え、子どもの本性を大切にするシュタイナー教育に関心を持ったんです。でも日本で私立学校を設立するとなると資金や設置条件などの壁が厚くて……」

莫大《ばくだい》な設備費、厳しい設置基準のほか、学習指導要領の法的拘束制の問題などもあって、日本の学校と違う授業内容の学校をつくろうとすると、簡単にいかないのが実態である。

また福島県の母親からは「もし私が生まれ変わったら、こういう教育を受けたいと痛感しました。日本の教育もこのような学校であればいいなあと思います」という手紙も寄せられるなど、シュタイナー教育への関心は高い。

市民が望む学校をつくるのは、ほんとうに難しいのだろうか。

一人ひとりの子どもの個性や能力に合った教育を審議している中央教育審議会は、公立の中高一貫教育校の設置や、理科、数学の優れた生徒を十七歳で大学に飛び入学させることなどの審議に時間をかけている。だが、肝心の文部行政による中央集権化した学校教育をどう改めたらよいか、学習指導要領による教育課程のしばりを緩和し、現場教師の判断と責任において授業を創造していくといった根本的な改革には、手をつけようとしない。

オランダでは、新しい学校をつくりたいという親たちが一定数集まると、教育省が設立のための援助に乗りだし、予算措置をとってくれる。その背景には行政は、市民の願いを実現するために手助けするのが役割だという発想がある。国家のためではなく市民の求める教育を実現する教育行政に日本も転換するのはいつになるのだろうか。

第2章　なぜシュタイナーなのか

競争や点数を付けず、子どもの本性に沿いながら、自立した人間に自ら成長しようとするのを支えていくのがシュタイナー教育だろう。その実像を伝えた「第1章　シュタイナー学校四年B組」を読んだ読者から、日本ではどうしてシュタイナー教育ができないのか。シュタイナー教育を受けた子どもたちは現実にどう成長をしているのか——といった声が寄せられた。

調べてみると全国各地でシュタイナーの読書会や勉強会が野火のように広がっている。学習指導要領の厳しい拘束をあまり受けない幼稚園では、シュタイナー教育を取り入れている幼稚園がかなりの数にのぼっている。そこで第2章と第3章では、シュタイナー教育に情熱を注ぐ大学教授一家に焦点を当てながら、読者の疑問にこたえていくことにしよう。

シュタイナーを授業で

JR山陽本線西条駅からタクシーで十五分。人工的な緑の平野のなかにレンガ風の校舎が現れた。広島市内から東広島市に移転した国立広島大学だ。その西端にある学校教育学部の七階に広瀬俊雄教授（五四歳）の研究室はある。

広瀬教授は、日本の教育荒廃を打開する手がかりをシュタイナー教育に求め、九〇年には家族四人でウィーンに一年間留学したこともある。『シュタイナーの人間観と教育方法』（ミネルヴァ書房刊）などの著書もあり、日本でのシュタイナー教育研究では第一人者と言ってよい。

教授室のドアを開けると、四人の大学三年生が、教授を囲んで選択教科の「教育方法学」の授業を受けていた。驚いたことに授業は先生の話を聞くのではない。学生たちは画用紙にクレヨンで相似形のフォルメン（形）を描いている。クレヨンはドイツのシュタイナー学校で使うのと同じ蜜臘《みつろう》でできたもの。力を入れないと色が出ないため、学生たちは必死だ。

「絵画や造形を重視するシュタイナー教育では、心の動きを表現する大切さを、小学一年生からフォルメンを描くことで学ばせます。単にシュタイナーの教育論を講義するだけでなく、実際に学生たちに子どもの立場、絵をかく喜びを実感してもらおうと思って、私はやっています」

広瀬教授は、専門課程前期の三年生約四百人に、昔で言えば教育原理に当たる「学校教育学Ⅲ」を教えるなかで、シュタイナーの教育論を展開している。だがシュタイナーに興味を寄せて、さらに広瀬教授の講義を後期に選択する学生は少ない。

「シュタイナー教育では、競争がない。点数の付くテストもやらない。教師は一年生から八年間、同じ子どもの担任をするなどと説明すると、学生たちはけげんな顔をするんです。毎時間、授業が終わったあとに感想文を提出させていますが、それを読むとおもしろいですよ」

学生たちはテストや競争がないことに強い拒否反応を示してくる。こんな具合だ。

「テストがなくて勉強する人間がいるのか。テストがあったから、私たちは勉強してきた。そんな夢みたいなことは言わないでほしい」

「人間は競争させないと駄目になる。競争社会だから、小さいときから競争させることが大事だ。

ビリになっても、努力するとトップになれるのだという体験が大切だ」

「同じ担任が八年も続けて受け持ったら、仮にへんな教師に当たったらたまらない」

子育て真っ最中の母親たちが抱く疑問と同じである。

疑問持たぬ学生たち

広瀬俊雄教授が所属する広島大の学校教育学部は、毎年、約四百人の学生が卒業していく。そのうち教員採用試験に合格して中国地方だけでなく、四国、九州各地の小、中学校の教師に赴任するのは約半数の二百人だ。

「広島大は東京学芸大のように、教員養成では西日本一帯に大きな影響力を持っている。その教員養成学部の学生なのに、日本の学校教育のどこがいちばん問題で、何が大切かを深く考えている学生がきわめて少ないのが問題なんです」

九六年春、NHKテレビの教育特集で「不登校」や「いじめ問題」を放送したが、学生二百人に質問したら、見た者は二人しかいなかった。

「教師になろうという学生の多くが、いじめや不登校は自分に関係ないと考えている。つまり彼らは小、中、高と、試験ではよい成績をとってきた優等生なんです。それでは学校現場に出たとき、勉強ができない子どもの気持ちを理解できない。そこで私は、シュタイナー教育の実例を示しながら、日本の学校教育の問題点を説明していくと、感想文も変化してくるんです」

シュタイナー教育が、日本で関心を集めるようになったのは、子安美知子さんの『ミュンヘンの小学生』（中央公論社刊）が出版された一九七〇年代からだ。しかし昭和の初期にシュタイナーの教育理論にひかれた教育学者がいた。

「『日本近代教育史事典』にも載っている東京帝国大学教授の入沢宗寿《いりさわそうじゅ》で、彼は『哲学的人間学による教育の理論と実際』を出版したんですが、『シュタイナーのなかに新時代の教育の道を見いだそうとして書いた』と述べているんです」

にもかかわらず日本の学校教育にシュタイナー教育が根づかなかったのはなぜか。

「それは国が決めた教育課程・内容に合わないからです。シュタイナー教育は、興味、意欲、能力の育成に力を入れ、知識は詰めこまない。日本は近代化を急ぐあまり、学校を富国強兵・殖産興業のための要員をつくる手段としてしまった。そのため子どもたちの本質とか、発達段階とかに関係なく、一定の学力と知識を持った人間を効率的につくりだそうとした。その結果、子どもは〝国家の道具〟になってしまったんです」

こうした説明を学生たちにすると「国の決めた教育課程のどこが悪いのか」と、感想を書いてくる学生がいる。

「ドイツやアメリカ、英国などの欧米諸国では、国の教育課程に従わなくても、シュタイナー学校は認められている。ただスイスは補助金を出さないとか、経済的な制約はあるけれど、法的にはかなり自由なんです。先進諸国でシュタイナー教育に厳しいのは日本だけだと説明すると、日本の文部省は、そんなに固いのかと初めて気づくのが実情なんです」

感想文に「広瀬先生は、外国の教育ばかり説明しないでほしい」と書く学生もいる。

「医学、自然科学、音楽、文学と挙げたらきりがないほど、外国の影響を受けて日本は発展してきた。なぜ教育となると君たちは拒否反応を示すのか。中学校の丸刈り問題でも、校則で頭髪を規制する国は欧米諸国にないと言いますと、学生たちは『そうか』といった表情を示すんです」

広瀬教授は、十七、八歳ころまでに凝り固まった若者たちの硬直した思考を打ち砕き、閉じた心を開いてやることが、日本の学校教育の再生につながると信じている。

希薄な親の教育権意識

「先進諸国のなかでシュタイナー教育を行う学校を認めないのは日本だけです。そういう点で、日本は教育後進国と言ってよいでしょう」

広瀬俊雄教授は、明治以来、親の教育権に対するとらえ方がきわめて希薄な点が、日本の学校教育の後進性を産み落としたと見る。

「文部省の管理が徹底している点で、日本と似ているオーストリアでさえも、憲法では『両親の世界観にもとづいて、家庭で自由に教育することもできる。それを普通の小、中学校卒業と同等と見なす』という一項があって、親の教育権を大切にしているんです。もちろん学力認定試験にパスすることは必要ですが……」

だが日本では「教育はお上がするもの」という考え方がきわめて強い。国は親の教育権を肩代わりし、「教育してやる」というかたちで、子どもの状態を無視し、国の論理や国の教育要求を押しつけてくる。

その点、欧米諸国は、教育権は最終的には親にあるという意識を、親だけでなく行政側も持っているという。

「なぜかと言うと欧米諸国では、一昔前までは教育権は教会が持っていた。もともと親は教会に所属し、その宗教観、世界観にもとづいて教会が子どもを教育してきた。近代になって国家が教育権を教会から取りあげた。しかし教育権は親にあるという考えまでは一掃できなかったんです」

広瀬教授の「学校教育学Ⅲ」は、前期だけの週一回、十五回ほどの講義だが、九、十回目ころから学生たちの感想文は変化を見せてくる。

「日本の学校教育にどっぷり漬かっていて、いかに考えが狭かったかがわかった」

「シュタイナーを学び、私の考えが百八十度変わった」

「テストがなくても自分が好きで、楽しく勉強する方法があるんだ。これこそほんとうの勉強方法だと思います」

こうした感想が増えていくのは、うれしいことだ。

「私の授業で、自分の受けた学校教育に疑問を持ちはじめる学生が出てくるんです。それが私にとって救いなんです。多様性を認め、世界には教育に対するさまざまな考え方があって、自分たちの受けた教育を客観的に見なおす。そうでなければ、そのまま教師になって、同じ考えを学校現場で子どもたちに押しつけることをくり返すんです」

小、中学校時代に子どもにとって大切なのは、知識を詰めこんだり、点数で子どもを見る教師ではなく、子どもが心から尊敬と信頼を持てる人間性豊かな教師だと、シュタイナーは強調する。

「教師の人間性にまるごと触れて、子どもたちは尊敬したりする。医学部の教授が学生たちに手術の現場を見せて『手術はこうやるのだ』と示すように、教員養成学部の教授も教室で子どもたちを前に授業をし、『授業はこうやるのだ』と、学生の模範にならねばならないというのがシュタイナーの考え方なんです」

だが日本の教員養成の現実は違う。教官になるのも論文を何本書いたかという業績主義がまかり通り、教官の人格や、現場の教室で授業ができるかどうかは問われない。

「そんな雰囲気のなかで、子どもが心から尊敬できる教師が育つかどうか疑問なんです。私は学生に『知行合一《ちこうごういつ》』、認識と実践を一致させる必要があると説いています」

広瀬教授が、シュタイナー教育に関心を持つようになったのは、みずからの少年期の体験と無関係ではない。

貧乏だからと卑下するな

「いま、ふり返ってみると、私が中学二、三年のときの担任の先生が、今日の私をかたちづくっている大きな要因じゃないかと思います。その先生はシュタイナーを知らなかったはずですが、結果的にはシュタイナーの教育方法論を見事に実践していた感じですね」

広瀬俊雄教授は、自分の少年時代をふり返る。

「当時、私の家は貧しく、生活保護を受けていたんです。新制高校の社会科教師だった父が肺結核で倒れ、入退院をくり返したうえ、私が小学二年ころ退職したんです」

母親が内職を始めたが、三人の子を養うには十分でなく生活保護を受け、それまで山梨県大月に住んでいた官舎を引き払って、甲府に移った。

「自分で学費を稼ぐため、私は小学五年生ころから朝五時半に起きて納豆売りをやり、中学時代には朝刊と夕刊の新聞配達をしたんです。勉強も人一倍、頑張りました」

東京の立川米軍基地の拡張反対闘争で住民と武装警官が激突するなど、世相は保守と革新に大きく割れていた。クリスチャンだった父親が、病床で月刊誌『世界』を読み、当時の社会状況に怒りをぶつけているのを俊雄少年は見聞きして育った。

「ショックだったのは、私が『長靴が欲しい』と言ったら、父が『そんなに欲しいなら総理大臣のところに行け』。それからはいっさい、欲しいとは言わなくなりました」

現在九七％の高校進学率は当時は四五％。貧しいため高校に進学できないかもしれないと、悶々と不安な日を過ごしていた。中学の担任教師は、二十四歳の青年教師。ユニークな言動が生徒たちをひきつけ、俊雄少年の不安な気持ちを和らげた。

こんなこともあった。

「あるとき、『これは石川啄木の未発表の小説で、たいへんおもしろいから聞いておれ』。しかし耳をすまして聞いていると恋愛小説のきわどい話なんです。読み終わったあと、『これは啄木ではなく、おれが書いた小説だ』と……」

給料日には、生徒たちを連れて映画を見にいった。

「授業が終わると『おい、今日は映画に連れていくぞ。行きたいやつは放課後残っておれ』と。すると映画館の株券を持っている家の子が『先生の月給、なくなってしまうから、家にある映画の招待券持っていきます』といった調子でね。木下恵介監督の『野菊の如き君なりき』は、いまでも忘れられません」

先生は俊雄少年に目をかけてくれた。父親が元教師だったこともあるが、家が貧しいことを気遣っていた。

「私に『広瀬、暗くなることは一つもないのだよ。人生の勝負は三十歳以降だぞ』と。二十四歳の青年が、そんなことをよく言えたと思うんですね。先生は『高校へ行けなくても、家が貧乏だからといって絶対に卑下することはないぞ。定時制でも、実力さえあれば、どんどん上へ行けるんだから』って。この言葉は、私にとって、ものすごい励みになりました」

当時、クラスの生徒数は六十三人。放課後、職員室に生徒を一人ひとり呼んで、話をするのが先生の日課だった。

シュタイナーは、十三、四歳の少年期には、心の奥底に将来への夢やあこがれがわき起こるので、教師は折に触れ、将来どうするか、何になりたいかを問いかけることが大切だと説いている。

ある日、俊雄少年が職員室に呼ばれた。

人生は高校で決まらない

それは広瀬俊雄教授が、中学二年のころだった。

「担任の先生に呼ばれて職員室に行ったら、先生はひと言、『将来どうするのか。お前はどう考えているんだ』と聞いてきたんですね」

俊雄少年は、漠然と自分の未来について思っていることを率直に語った。

「少年としての正義感もあったんでしょうね。検事みたいな仕事をしたい。それから船に乗って世界中を回ってみたいと答えたんです。おそらく当時、商船大学にも関心があったと思うんです」

先生は、それには直接触れず「ところで広瀬は、どんな勉強をしているのだ」と話題を変えた。

「英語はこうして、数学は教科書の少し先を進んだ参考書を買ってきてやってますと言ったら、『それが勉強だと思っているのか』と一喝されて。『勉強とは英語や数学だけをやることじゃない。ところで、どんな本を読んでるのか、言ってみろ』と、こうきたわけですね」

前に先生に勧められた福澤諭吉や石川啄木の作品を読んでいると答えたが、それがきっかけで、俊雄少年は、学校の図書館での読書に、いっそうのめりこんでいく。

「先生の問いかけで、シュタイナーの言う通り、私の心の奥底にうごめいていた将来への夢やあこがれに火が付いたんです。自叙伝とか伝記をむさぼるように読んだ。その私の心にクサビを打ちこんだのが、内村鑑三と徳田球一の二人だったんです。そのときの強烈な印象をいまでも忘れることができません」

キリスト教徒で、唯心論者の内村鑑三と、共産党員で、唯物論者の徳田球一にひかれたのはなぜなのだろう。

「なぜ貧困が起こるのか、なぜ不平等があるのか、母が朝から晩まで身を粉にして働いているのに、生活が楽にならないのはなぜか……。社会問題に関心を持つなかで、内村鑑三は、国民の九九%が天皇を神と思っているときに『天皇は神ではない』と言った。これはすごいと。共産党員が網走刑務所で電気ショックなどの拷問で転向していくのに、徳田球一は転向しなかった。こんな強い人間がいるのかと。思想ではなく、二人の生き方にひかれたんです」

当時、既に高校は、いまほどではないが、テストの成績でランク付けされていた。進路指導が話題になりはじめた三年のある日、俊雄少年は校長室に呼びだされた。

「校長室に行ったら、担任の先生と校長がいて、『広瀬、授業料を払わず行ける高校があるんだ。アルバイトもしなくていいぞ』と。ランクがいちばん下の高校が校名を上げるため、成績優秀な生徒を特別奨学生として入学させようという制度を新設したんです」

俊雄少年の心は大きく揺れた。授業料が払えないため全日制高校は無理だと思っていた。ところが進学できるという。だが考えてもみなかった最底辺の高校なのだ。

「行きたかったのは旧制の甲府中学、甲府第一高校で、石橋湛山《たんざん》の出た母校です。仲間は『なんで、あんないちばん低い高校に行くのか』って言うし。私のプライドが許さないところもあって……。そしたら先生が『心次第で勉強はいくらでもできるんだ。そんなに心配することないぞ。人生は高校で決まるんじゃない。高校なんて、どこでもいい。あとは自分でどうにでもできるんだ』と。その言葉で私の心は決まったんです」

教師としては最低と抗議

「高校なんてどこでもいい。あとは自分でどうにでもできる」という先生のひと言で、俊雄少年は、授業料を免除する高校に特待生として進学した。だがランクがいちばん低いという高校の現実は、想像を超えるものだった。

「入ったはいいけれど、もう話にならないんです。高校二年になっても一年の教科書は終わらない。数学などは、三年になっても一年の教科書。私は期末試験などは簡単にクリアして、余ったエネルギーを読書やバイトに注いで、学校にも反抗しましたね」

純粋な俊雄少年の正義感を揺さぶったのは、教師の生徒をばかにした態度だった。

「先生が生徒をばか呼ばわりして。『おれはこんな学校で教えるつもりはなかった。お前たちみたいなのは別の先生がやればいい』と、生徒の前で言うんです。英語の教師はテストの成績が悪いと『こんな点数の低い生徒は見たことない』と。反抗心がムラムラと起きるじゃないですか」

高校一年の冬休みに入る二日前のことだ。副担任だった社会科教師が一時間目に、授業を中止し、掃除をすると言って、雑巾《ぞうきん》を持ってきたかどうかの検査を始めた。

「授業もお粗末で、参考書をただ黒板に写してノートをとらせるだけ。『こんな学校に来るんじゃなかった』と言うのが口癖で、ついに私の堪忍袋の緒が切れたんです」

俊雄少年は立ちあがって、その副担任に向かって、怒りを爆発させた。

「いま考えても、よく言えたと思うんですが、『こんな大事な時間に、なぜ授業をしないんですか。見ていると、いつも気にくわない生徒に掃除をさせている。教育の平等の精神に反します。先生のような授業は、おれだってできます。先生は、教師の部類では最低です』と、最後に生徒の口から吐いてはならない言葉を言ってしまったんです」

副担任は顔を引きつらせながら「広瀬、きさまはなんとひどいことを」と、興奮して言った。

「その日は、二時間しか授業がなく、掃除が終わってから別の部屋で、私と先生は夕方暗くなるまで、やりあったんです。そして最後に先生は『こういうことは校長に知られるとうまくないから、仲直りしようじゃないか』と。私はしませんと拒否したんです。ところが、その先生の家は私の家の近くにあって、銭湯ではいつも一緒になるんですよ。知らんぷりが続きました」

高校三年になって俊雄少年が考えたことは、卒業後どうやって経済的に自立し、しかも勉強を続けていくか、ということだった。

「父は少し回復して塾を始めたんですが、相変わらず貧しい。卒業後二年間は、朝は豆腐売り、昼間は勉強。といっても自分の理想を追って片っ端から本を読みました。とくに戦没学徒の手記『きけわだつみのこえ』は、座右の書でした。夕方からは父の塾を手伝い、大学に進学するためのお金をためたんです」

シュタイナーは、青年期は自立と理想の追求が際立つという。俊雄少年の追求は、教育の世界へと向かっていく。

「最終的に思ったのは人間の生き方で、社会悪や社会の矛盾をつくりだすのも人間だし、その社会悪と対決して理想の社会をつくるのも、最後は人間なんだ。人間の生き方にかかわる仕事となると、教育か哲学しかない。よし、教育に進んでみようと、東北大の教育学部に決めたんです。なぜ東北大にしたかと言うと、教育思想哲学で立派な先生がいる。私の親類に東北大を出た人がいて、『仙台はいいぞ』と。私も海の近くにある街が好きだったんです」

言葉によって堕落もする

広瀬俊雄教授が東北大に入った一九六〇年代の初めは、学生運動の激しかった時代だ。

「私は金がなかったので寮生活でした。一部屋三人で、サークル別なんです。私は聖書研究会に入り、土曜日に十四、五人で牧師を囲み、矢内原忠雄などの著作を読み、激論を戦わせていたんです」

学生運動の拠点は学生寮だった。松川事件、水俣病公害問題、原子力潜水艦寄港、ベトナム戦争などをめぐって、連日、反対闘争や学習会が開かれた。

「勉強は語学ぐらいで、青年の正義感から集会やデモにも参加しました。当時、私が考えていたことは、人間を人間らしい行動や実践へ突き動かす根源的な力は、単なる衝動や感情ではなく、『思想』だと。だから思想を学び、身につけることは、このうえなく大切なことだと……」

俊雄青年は、豊かで確固とした思想をエネルギーにして、人間らしく行動し、実践する人物を求めつづけた。

「三木清、田中正造、賀川豊彦……と歴史上の人物が私の前に現れた。そのなかでもっとも私の心をひきつけたのは、スイスの教育実践家、ペスタロッチだったんです。彼は人間とは何か、どういう生き方がよいかという問題に実に深い思想のある人なんです」

ペスタロッチは、ナポレオンの専制政治やヨーロッパの道徳的堕落に厳然と立ち向かった思想家でもある。

「その思想は『どんな人間でも豊かな充実した生活を送る権利がある。そのために人間は、どういう力をつけたらよいか』ということで、ペスタロッチ自身も教育にのめりこんでいった。私も貧乏生活をしていたから、すごく心を動かされました。ペスタロッチを自分のものとして、思想も哲学も深く勉強してみたいと……」

東北大大学院教育学研究科で、ペスタロッチの著作をドイツ語の原典で読んだ。

「ペスタロッチを自分のものとするというのは、私の場合、文献を原典で読み、ひたすら感動し味わう思索です。一行一行かみしめながら、日本では江戸時代なのに、よくそんなに深いことを考えた人間がいるなと……」

二年の修士課程を終え、博士課程に。論文は何を、就職はどういう方面に、といったことも視野に入りはじめた。

「博士論文を書くには創造的な新分野を開かなくてはならない。ペスタロッチの文献を読んでいたら、言語の問題について、『人間は言葉によって向上もすれば、堕落もする』と言っているのにぶつかったんです。また英国の著名な評論家が、ナチスの宣伝相ゲッベルスを、『あれは言語を最大限に利用して人間を陥れた、とんでもない見本だ』と酷評している本を読んで、私の頭がひらめいたんです」

というのは俊雄青年は大学紛争を体験するなかで、言語がいかにむなしいものかという言語不信に陥っていた。

「対話はまったく無意味で、最後は暴力行為に走る。だから大学紛争での言語不信とペスタロッチの考えが結びついたんです。聖書にも『初めに言葉ありき』と。そうか、聖書も言葉だ。だれもペスタロッチの言語教育に焦点を当てた人はいない。それから寝ても覚めてもペスタロッチに……」

職業訓練大学校の教官に

ペスタロッチの生きた時代は、十八世紀末から十九世紀にかけてだ。政治や宗教にわいろが横行、男女関係も乱れて、未婚女性による私生児殺しが社会問題となっていた。

「奇妙にも現在の二十世紀末に似ているんです。ペスタロッチは『学者は真理の仮面をかぶって歩いている』『政治家は言葉で人をだます。これがヨーロッパ荒廃の根源だ』とまで言いきっている。『民衆は、主張すべきなのに、その術を知らず、心のなかで疑問を感じても、それを明確に表現し、論破することができない貧しい状況に置かれている。だから人々に話すことを教えなければならない』と……」

博士課程の二年目に、当時は東京・小平市で、現在は神奈川県相模原市にある職業訓練大学校の学長、成瀬政男博士から一通の手紙が届いた。ペスタロッチ研究に情熱を傾けている大学院生の存在を知り、「ぜひ教官に」という招請の手紙だった。

「成瀬博士は東北大の名誉教授で、歯車工学の世界的権威者。精密機械の先進国であるスイスを何回か訪ねているうち、スイスを豊かな国にした根源はペスタロッチの教育思想だと気づいて、私に目を付けたようなんです」

手紙には「日本をほんとうに豊かな国にするには、ペスタロッチの教育思想が必要だ。ぜひわが職業訓練大学校に来て、ペスタロッチを学生や労働者に講義してくれませんか」と書いてあった。

職業訓練大学校は雇用促進事業団の運営で、全国から高卒者や熟練工を集めて教官の養成や研修をする機関。現在の名称は職業能力開発大学校である。

「会って話をしたら『時間とお金は十分にあります。こちらで博士論文をお書きなさい』と。無名で、貧乏なときがいちばん研究が膨らむという考えも私にあって、成瀬博士の言葉に打たれ、東北大の助手の話もありましたが、大学校に行くことを決心しました」

東北大の博士課程を修了。職業訓練大学校に赴任したのはいまから二十五年前。二十九歳になっていた。

「私は、ペスタロッチのことを話すだけでなく、美術館や音楽会などにも学生たちを連れていき、夕食を食べたりする。私より年齢が上の三十五歳前後の学生が、いろいろな話をしてくれたんです」

それは日本の高度経済成長を支えた熟練工や労働者の〝人間〟のナマの声であった。

「彼らは『パチンコ、競輪に金を使っても心は満たされない』『ナマのオーケストラを初めて聴いて心にジーンときた』などと訴えていく。彼らの話を聞きながら思いました。日本の教育は、人々の心の深層にある願いや思いに目を向け、これを育てるような教育ではない。モノとカネだけあれば、それで十分だという薄っぺらな教育でしかない。国家や社会のためではなく、シュタイナーの言うように、人間の内面の要求を満たすのが教育だ。その結果、個性豊かな人間が出てきて、国家や社会も豊かになっていくのだと……」

日本でどう実践するか

広瀬俊雄教授は、職業訓練大学校の教官になって二年後の七四年三月、「ペスタロッチの言語陶冶《とうや》論」という博士論文を書きあげた。

「二年間は、夏休みになると原稿用紙と文献を詰めたリュックを背負って、長野県の鬼無里の学生村に二カ月泊まりこみました」

論文は四百字詰め原稿用紙六百枚。ペスタロッチ生誕二百五十周年に当たる九六年には文部省の刊行助成金を得て、『ペスタロッチの言語教育思想』（勁草《けいそう》書房）の書名で刊行された。

「論文の中身をひと言で言うと、人間を高め、豊かな充実した精神生活へと導く力のある言語に焦点を当て、その言語教育のあり方をペスタロッチが生涯にわたって追究したプロセスを体系的に解明したものなんです」

博士号を取得してホッとしたのもつかの間。新たな難問が高校時代の友人から広瀬教官に突きつけられた。

「その友人は小学校の教師なんですが、『広瀬、ペスタロッチのいう理想はわかった。それを日本の教育で、どうやって実践するんだね』と。参りましたね。これからなんだと答えたんですが……」

「ペスタロッチの実践」が、重い課題となって広瀬教官にのしかかってきた。

「ペスタロッチの実践を思案していたとき、ペスタロッチと親交があった哲学者のフィヒテが、『哲学は人間の行動につながらなければならない』と、説いていることを知ったんです」

熱血の実践哲学者といわれるフィヒテは、荒廃したドイツを救うのは教育だと説き、しかも、その教育は目に見えるモノの世界を追い求めるのではなく、「目に見えない世界」を大切にする教育でなければならないと説いていた。

「日本はモノ、カネと物質主義に支配され、モノ中心の教育に子どもたちの心は荒廃している。私はこのフイヒテの考えに心を奪われたんです。しかし『目に見えない超感覚の世界』という意味が、よく理解できなかったんです」

そんなある日。本屋で『神智学』というシュタイナーの翻訳書が目に入った。

「その副題に『超感覚の世界』とあるんです。おやおやと。当時、私はシュタイナーの名前を子安美知子さんの本で知っていた程度で……。待てよ。シュタイナーに、こんな深い思想があったのかと。それから文献を取り寄せて読んでみたら『どんな人間も充実した人生を営んで、この世を全うする権利がある』と。これはペスタロッチからフィヒテへの流れとぴったり合う。これはすごい。今後の私の研究方向は決まったと思いました」

広瀬教官がシュタイナーにひかれたのは、幼児期から青年期までの教育だけでなく、農業、医学、社会運動と、あらゆる面でシュタイナーが、思想を実践に移しているという点だった。

「ペスタロッチは、思想や理念はすばらしいんですが、方法論や実践では失敗して、いまは何も生きていません。創設した学園も最後は、実践が未熟で崩壊してしまうんです。どうやって幼児期から青年期まで教育するかという発達段階も押さえていない。ところがシュタイナーは、こうやったらこうなると具体的に答えを出しているんです」

職業訓練大学校に勤務して五年目。博士論文を書きあげてから四年後。三十五歳になってシュタイナーに出会ったのである。

発達段階に合った教育

シュタイナー教育実践を知れば知るほど、広瀬教授はシュタイナーの世界にぐんぐん引きこまれていった。

「シュタイナーは、アルファベットはこうやって、外国語はこういうふうにと、それも一学年はこう、二学年は……と、具体的に子どもの発達段階に合わせて、教育内容を提示している。それも文字だったら絵から入るとか、四年生ではイカやネズミ、ライオンを使って動物と人間の関係を教えるとか全部、シュタイナーが作ったんですね」

しかも、その教育理論の有効性が、七十年という歴史のなかで実証されているのだ。

「日本でもさまざまな教育理論が打ちだされてきました。しかし、それにもとづいてこういう実践を展開すると、子どもにこのような能力が育成され、成人してからは真に人間らしい充実した生涯を享受できる力が形成されるという実証がないんです。だから説得力に乏しく、その理論の有効性は疑わしいんです」

シュタイナーの教育理論は、薬の効き目と同じように、ドイツをはじめ各国のシュタイナー学校での教育実践により証明されているという。

「シュタイナーは天才的な人間なんです。古今東西とは言わないまでも、全ヨーロッパの教育の歴史を全部勉強しているんです。ペスタロッチはもちろんフレーベル、ヘルバルトも、当時の実験心理学も。どこで勉強したのかと思うほどで、驚嘆に値します」

シュタイナーは十五歳から二十九歳までのあいだ、勉強のできない子どもの家庭教師をしたりした。その体験がシュタイナー教育の基盤になっているとみずからも書いている。

「とくにウィーン工科大学卒業後、実業家の住み込み家庭教師になり、六年間、四人の子どもを教えていた。そのなかに十歳の脳水腫《すいしゅ》を患った子がいて、読み書きもできなかった。シュタイナーは、その子には独自の方法を工夫して教え、医学部に進ませ、医者にしたんです。三十分の授業の準備に二時間かかったと書いている。そうした体験が有効な教育実践を生みだす原点なんです」

シュタイナーの教育理論と実践を研究すればするほど、広瀬教授は、日本の小、中学校にかかわる仕事をしてみたいという思いを強めていく。

「そんなとき、恩師から広島大で教官を募集していると知らされて応募したんです。だれも知りあいはいないし、難しいと思ったんですが、試しに出してみたら、どういうわけか採用が決まったんです。四十歳でした」

学校教育学部で広瀬教授は、小、中学校の教師になろうという学生に、シュタイナーの教育理論を中心に授業を展開した。その一方で、自分の目でシュタイナー教育の実態を確かめたいと思った。その機会は広島大に来て八年目の九〇年に実現した。

「私のシュタイナー研究にかける思いやプロセス、見解をドイツ語でびっしり書いた十枚ほどの手紙や著書をウィーンのシュタイナー学校協会に出したら、シュタイナー学校に招待したいという返事がきたんです。二人の子どもを連れて家族四人で一年間、留学しました」

帰国してから、ウィーンのシュタイナー幼稚園や学校で一年間、見聞したことを『ウィーンの自由な教育』という本にまとめて勁草書房から出版した。

広島大の学校教育学部に勤務して既に十四年たつ。

「教え子のなかには、ドイツやスイス、オーストリアのシュタイナー教員養成所に入り、日本とはまったく違う教員養成の仕方を体験して帰ってくる学生もいるんです。話を聞いてみたらおもしろいですよ」

広瀬教授は、何人かの教え子を紹介してくれた。

シュタイナー教育を実践

近鉄京都線の新田辺駅は、京都といっても奈良県境に近い。その駅を中心に広がる京都府綴喜郡田辺町。九五年から毎週土曜日に「シュタイナー学校設立を考える会」の「土曜クラス」が、公民館を借りて開かれている。小学一年生のクラスが八人、二年生は十六人、三、四年生が九人という三クラス。週一回だが、本格的なシュタイナー教育を行っているのだ。

二年生担当の武田義子さん（二九歳）は、広島大の学校教育学部から大学院に進み、在学中に二年間、ウィーンのシュタイナー教員養成所に留学、五年前に帰国した。

「修士論文をまとめたけれど公立の教師になる気がしなくて、広大の学校教育学部に博士課程がないので、関西学院大の大学院に進みました」

というのも現在の学校教育体制では、教師は学校という歯車の一つに組みこまれてしまい、自分の考えているやり方で授業を進めることは不可能だと判断したからだ。

「現場で教壇に立っている友人たちに聞くと、授業は足並みをそろえ、同じ速度で進む。テストも極端な点差が出ると親からクレームがつくから同じにする。学年主任、教科主任は自分の思い通りにやらせようとし、『できません』と言うと、いじめにあうという話ばかり……。私自身、反抗して校則や規則を破れるタイプでないから……」

関西には「シュタイナーを学ぶ会・関西」「生駒《いこま》オイリュトミーの会」など、シュタイナーの勉強会が二十近くある。武田さんは、その一つの「シュタイナー学校設立準備会」に顔を出していた。

「そのうち、シュタイナー教育をわが子に受けさせたいというお母さんたちから『学校設立まで待てない。できることからやろう』という話が出てきました。私は博士課程修了後は大学に職を得て、教員志望の人に、学習指導要領のほかに可能性があることを伝えたいという思いもありましたが、結局、理論研究だけでなく実践に主力を注ぎたいと考えるようになりました」

週一回だが、武田さんが一年生から受け持った十六人の子は、確実に変わってきた。

「最初は、私のお話が聞けない、座っていられない子が多かったんですが、いまは、お話を始めると教室が静まります。集中力がついてきたようです。子どもたちと向きあって、シュタイナーの教育理論のすばらしさを初めて実感させられています」


武田さんは、外国のシュタイナー学校と同じ「エポック形式」で、同じ教科を四、五カ月続けて教えている。一年生からフォルメン（形）線描、国語と水彩画、算数と続いて、九六年九月から再び国語の授業になっている。

「いまの学校教育では、文章を読んで『この』は何を指しているかなどが重視され、話の全体をつかまえることは軽視されている。それで二十分ほど私が話をして、いちばん心に残った場面を絵にかくことをしています」


武田さんの国語は、この一月からアッシジの聖フランチェスコの話になっている。

「全紙の紙に、一度は追い払ったこじきをフランチェスコが追いかけて、銀貨を渡す場面を私がかいたんです。それまでは、私がかいた通りを子どもたちはまねていた。ところが『先生、違う場面を書きたい』と言いだしたんです。話を聞いて心に残った場面があったからなんでしょうね。とてもうれしく思いました」

言葉でなく体験で学ぶ

毎週土曜日に公民館でシュタイナー教育の実践を試みている武田義子さんは、子どもたちとかかわる活動を公立学校ではない場に求めたのは、なぜなのだろう。

「その理由を説明するには私の小学校時代までさかのぼります。私は福山の常石という田舎の町の小学校で、いま思うといい授業を受けました。国語、算数などは二時間授業で、とくに五、六年の理科の先生は、いっさい教科書なしで、地質を教えるのに山まで連れていき、貝殻を見つけると『ここは昔、海だったかも』と。田んぼで稲を植え、できた稲をさまざまな時代の機械で脱穀したりもしました」

中学は福山市にある私立中学に通ったが、担任は極端に成績、点数にこだわった。

「入学したとき担任から『あなたはクラスで一番だから頑張りなさい』と言われて。ところが入学直後に蓄膿症《ちくのうしょう》にかかり極端に成績が下がりました。そしたら担任の態度が変わって……。先生とはこんなものかと思うと同時に、勉強ができる、できないは努力とは関係ないということも実感しました」

家が広島に引っ越したため高校は県立高校へ。小学校の教師を目指したので、広島大の学校教育学部を志望した。

「ところがたまたま共通一次の点数がよかったので、高校の先生が『お前、教育学部を受けないか』と。学校教育学部よりも高校の教員になる教育学部の偏差値が高いんです。先生の言葉にも驚きましたが、さらに二次試験を受けにいくと法学部、薬学部に行きたかった子たちが、共通一次の点数が足りないからと、学校教育学部を受けている。点数で自分の将来を決めることに疑問を感じました」

教員免許のための教育実習で付属小学校に出かけた。当時、点数教育の弊害が叫ばれ、通知表を苦に自殺する子も出て社会問題になっていた。

「付属の中学に上がるためには受験があるんです。教室のうしろに夏休みの日記が張りだしてあって、『今年の夏休みはよかった。一生懸命勉強できたから』『この夏は田舎ではなく塾に行かされた。お母さんは、頑張るのよと言って田舎に行った』といった内容ばかり。私には子どもたちが苦しんでいるようにしか見えませんでした。何がなんでもよい学校に行かせようとすることがよいのかどうか……」

教育実習のころだったろうか。子安美知子さんの『ミュンヘンの小学生』を読み、「これだ！」と思った。

「テストがない、点数が付かない。何よりも子どもたちが喜んで授業を受けている。私がいちばん心をひかれたのは社会科の授業の場面で、先生が羊の毛を持ってきて、みんなで毛糸を作り、布を織る。そして羊が多い地方では、織物が盛んだということを、単に言葉ではなく、体験させることで学んでいく。一部の子どもに標準を合わせて、落ちこぼれが出るのを知りつつ、授業することに疑問を持っていた私は、この教育ならば、喜んで先生になれるという思いがしたんです」

もっとシュタイナー教育を知りたいと調べたら、偶然にも武田さんが所属していた数学研究室と同じフロアに、広瀬俊雄教授の研究室があることがわかった。

「アポイントもとらずに突然、広瀬先生を訪ね、シュタイナー教育を学びたいという思いを率直にぶつけたら、『それなら卒論を指導しよう』ということになりました」

勉強の仕方に違い

シュタイナーに理想の教育を見つけて広島大の大学院修士課程まで進んだ武田義子さんだったが、シュタイナーの思想に触れたとたん、わからないことが増えた。

「『神智学』の最初に人間の本質という章があり、『人間は身体と魂だけでなく、人間を崇高なものに導く霊を持っている』と書いてあった。そして生命力を与えているエーアル体とか、感情を与えるアストラル体とか、読めば読むほどわからなくなってきて。また日本では教育問題が深刻化しているのに、一方で子安さんの本では、シュタイナー学校はパラダイスみたいに書いてある。ほんとうにパラダイスのような学校があり得るのか、これは自分の目で確かめる必要があると思いました」

　ウィーンのシュタイナー学校協会に手紙を書いたら、「受け入れます」という返事が送られてきた。九〇年から二年間、シュタイナー教員養成所に留学することになった。

　教員養成コースは二十人で、元機械技術者や医者など三、四十代の人もいた。

「授業は、『一般人間学』と『教育芸術』のゼミが朝と午後の二回。残りは芸術活動で、一年目の一学期は線描でした。植物の変化を四季の循環に合わせ、濃い木炭のようなものでかいていく。一枚かくのに何週間もかける。最初はなんでこんなに絵ばかりかくのだろうと。私の思っている勉強はこんなのではないと思いました」

　芸術コースもあり、そこに在籍する人は、一年を通して植物の変化を観察するという課題を与えられ、毎日、公園で一本の木を眺めていた。

「植物を一年間も眺める、という話を聞き、初めて植物に意識を向けたんです。じっと眺めつづけていると、ある日、植物って上に向かう力があるんだ、植物は生きているんだという感じになりました。そのときに、呼吸している、関係のなかで広がりを持っている、生命体とは、これなんだと。エーテル体とは言葉で定義できるものではなくて、この生きている力なのだと感じたんです」

　それからは、読めば読むほど理解が難しく、袋小路に入りこんでいたシュタイナーの理論が、氷解しはじめた。

「それまで私は、本を読んだら、まとめたり図式化したりするのが好きで、言葉で定義することがわかったことだと思っていました。そうではなく勉強の仕方そのものに違いがあることがわかりました」

たとえばシュタイナーは「教師がどれだけ教える内容と深く生き生きとつながりを持っているか、それが授業を左右する。教師の生き生きした感情が地下を通って子どもに伝わる……」と、述べている。

「私はそれを読んだとき、生き生きした感情って何だろうと一生懸命考えました。ところがいま、子どもたちを相手に授業をしてみると、生き生きした感情がどういうものか、どういうふうに子どもに流れていくかがわかった。体験して初めて理解できたんです」

体験することの大切さを実感したとき、それまでわからなかったナゾが解けたのだ。

「体験しないかぎり、言葉だけではわからないのだ。だから教員養成課程では何かを体験させようとして芸術活動をさせていたんだ。よい作品を作るのが目的ではない。すばらしい絵をかく人もいましたが、『何を感じるか』と質問されるだけで、『上手だね』という評価は一度も先生からはありませんでした」

子どもの観察が中心の教育実習

シュタイナー教員養成所に留学した武田義子さんは、教育実習の仕方に大きな違いがあることを知った。

「日本では教育実習で小学校に八週間、そのあと中学校に二週間通いました。一週間の授業見学のあと、十人の学生で一クラスのすべての授業を分担する。そして自分たちで反省会をし、『発問がよくなかった』『意義が見当たらない』といった批判をしあう。先生は、それをただ眺めているだけでした」

　子どもたちも慣れたもので、先生がいれば静かにし、実習生だけだと「授業なんか聞いてやらない」といった態度を露骨に示す。

「いかに授業をするかが中心で、子どもの家庭状況を聞いたり、ある子どもを取りあげて話題にすることはタブー。与えられた材料をいかにこなして授業を成立させるか、どれだけ子どもの興味をひきつけられるかが課題でした」

　ところがウィーンのシュタイナー教員養成所では、実習生は一クラスに一人など、すべてが日本と違った。

「日本では実習生は教室のうしろで先生の授業を見る。ウィーンでは先生の横で、前方から授業を受ける子どもの表情を見るんです。授業が終わって先生と話す内容も『今日、子どもたちはどうでしたか』と。『あの子はどう思うか』『昨日とどこが違ったか』『明日は、そこに気をつけて見て』といった具合で、中心は子どもの観察なんです」

実習期間は三カ月もあり、第一週が終わった時点で、「観察する対象の子を一人決めなさい」と言われた。

「最初から気になった子がいて……。すごく頭のいい子ですが、鋭い目をしていて、ほかの子とちょっと違ったんです。ぼんやりしてはいなくて、大きな声で自己主張するような子で。最初は、悪いとは思いませんでしたが、ずっと継続して見ていると、その目が気になってきたんです」

武田さんが感じた気持ちを先生に伝えたら、先生はその子の家庭の状況を具体的に説明してくれた。

「親は、プラターという遊園地に店を出していて、シュタイナー教育にはさほど興味がない。『あの学校に入れておけば、自分たちができないことをやってくれるから』という感じで、家に帰っても親が不在で、いつもお金を与えられて、プラターで買い物をしては時間をつぶしているという子だと……。そういう目で見ていくと、家庭での満たされない部分が、こういうかたちで出ているのでは……。そういうのが実習だったんです」

だが武田さんは日本の実習経験から、最初は教育実習とは、授業中の先生の発問、指示、子どもとの受け答えなどを逐一ノートにとり、分析することだと思っていた。

「ところが実習先のシュタイナー学校では、私の思いとは違って、先生からは『そんなことをしないで、一緒に授業に入りなさい』と言われました」

三カ月の教育実習期間中に、「毎日の授業の最後に物語を語り聞かせることと、日本について授業する」という課題が与えられた。

「私は授業をするだけのドイツ語ができませんと言ったら、『そんなことは関係ありません。あなたが話すことで、子どもはあなたを身近に感じるようになって、あなたと子どもの関係が生まれます。その関係をつくるためなんです。子どもたちは一生懸命聞こうとしますからやってください』と言われました」

授業にノウハウなし

武田義子さんが、現在、毎週土曜日に公民館で教えている子どもたちは、間もなく九歳になる。シュタイナー教育では、「九歳の危機」と言われているいちばん難しい時期である。

「シュタイナーによると九歳というのは、子どもが初めて自分を外界から切り離す時期なのだ、と。それまでは母親も自分の一部で、木や動物なども友だちのような状態だった。それが九歳になると自分を一個の独立した人間として初めて意識する。それは子どもが初めて体験する孤独で、だから受けるショックは大きいものがある、と」

授業中、子どもたちがこれまでとは違った態度をとり、ドキッとすることがある。

「一瞬、戸惑うこともありますが、シュタイナーの教育理論を思い浮かべ、ああ、これが九歳の危機なのだと……。シュタイナー教員養成所では教授自身、授業経験が豊富で、話は具体的だし、講義も質疑応答のかたちなので心に残っています。ところが母校では、たとえば交通心理学が専門の教授が教育心理学を教え、しかも講義は一方的だから、ただ『はあ』と聞いているだけで……」

最近、子どもたちの母親から電話で相談を受けたりする機会も多くなった。

「子どもが九歳近くなると、お母さんにとっても危機らしいんです。『かわいかったあの子が反抗してきて、私から離れていく』といった電話なんです。そんなとき、お子さんは、そういう発達段階にあって、それを乗り越えるのを手伝ってあげれば、安定した時期がくるということをお母さんと話しあいます」

武田さんは、子どもが発達段階のどういう時期に置かれているかを把握することの大切さをあらためて実感している。

「ウィーンでの実習が、子どもの観察が中心だった意味がわかりました。子どもの状態をとらえられなければ、どう接していけばよいかわからない。だから教師の子どもを見る目が問われるんです」

なかでも武田さんは、教育実習で受けた四年生の動物学の授業を忘れられない。

「若い先生で、私はメモを逐一とっていましたが、授業にかける情熱に打たれ、メモも忘れて、子どもたちと同じように私もぐいぐい引きこまれていきました。そのとき思いました。この授業は、この先生にしかできないと。私は私なりの動物学をやるしかない、それには私がその教材とどういう関係を持つかだと……」

「ノートをとらずに一緒に授業に入りなさい」と先生に言われたことの意味も、いまは理解できる。

「授業での発問は、その場その場によって違う。一つの答えはない。子どもを目の前にして、自分が何を言うかは、そのときの自分と子どもの関係のなかで決まります。だからノウハウはないんです」

武田さんは、学習指導要領にとらわれず自由な授業ができ、そうした学校も国が認める時代がくることを願う。

「子どもが大人になったとき、自分がやりたいことを見つけ、他人の評価を気にせず、それをやることと自体に喜びを見いだせる。それがいちばん幸せな姿だと思います。そんな人間を育てるシュタイナー学校が、いつ日本で認可されるかわかりません。できることから始めるのが、いま、私がやるべきことと思っています」

第3章　広瀬家のシュタイナー教育

シュタイナー教育を知れば知るほど、子どもたちの心や体の発達段階を無視して、知識を詰めこむ日本の学校教育のゆがみが浮き彫りになってくる。その一方で「理想としては結構。だけど、そんな悠長なことをしていたら日本の学校で子どもは落ちこぼされてしまう」と、受け止める親たちも多い。

これから登場する広瀬牧子さん（五〇歳）も、シュタイナー教育とは対極にある日本の学校で競争させられながら育った母親である。夫の広島大の教授、広瀬俊雄さん（五四歳）が、シュタイナーを研究しはじめたのは、長女が二歳のころだ。理想を追求し、自分の子育てにもシュタイナー教育を採り入れようとする夫。「それは理想で、現実は甘くはない」と抵抗する牧子さん。「わが家の二十年は日々、理想と現実の戦いだったんです」と、牧子さんは述懐する。だが、その夫婦の葛藤に審判を下したのは二人の子どもたちであった。

広瀬家では、いったい何が起きたのか。シュタイナー教育の深奥を知るためにも、広瀬家の家庭教育を取材することにした。

理想と現実の戦い二十年

牧子さんは子育て真っ最中の母親を対象に、シュタイナー教育の連続講座を、九七年の五月から広島市の婦人教育会館で再開した。その準備を進める一方で、暇を見てはワープロに向かっている。母親としての具体的な子育て体験を織りこみながら、シュタイナーによる子どもの見方を本にしようというのだ。

「というのも一年間、ウィーンのシュタイナー学校に子ども二人を通わせた体験を、夫とは違う母親の立場から書いた『親子で学んだウィーン・シュタイナー学校』（ミネルヴァ書房）という本を出したら、新聞で取りあげられ、講演を頼まれるようになったんです。私のような肩書のない主婦が、具体的な体験を通して話すことのほうが、教育専門家が難しい教育論を述べるより、わかりやすいし、説得力があるようなんです」

三年前（九四年）に開催された国際幼児教育学会では、牧子さんは基調講演を頼まれた。夫の俊雄さんはパネリストで十五分しか話す機会を与えられなかったのに、牧子さんは母親の立場からシュタイナー学校について一時間半も講演した。

「九五年、大阪の朝日カルチャーセンターでシュタイナー学校を六回の連続講座で紹介しました。ところが参加者は、学校の実態よりも、いかに自分の子育てにシュタイナーの思想を採り入れられるか、という視点で聞いていることがわかりました。そこで翌年の春には、その視点でさらに六回、話をしたんです。それでも話し尽くせないほど、シュタイナーの思想は幅広く、多岐にわたっています」

現在、二人の子どもは、長女の綾子さん（二〇歳）は大学一年生、長男の悠三君（一六歳）は、県立高校の一年生だ。

二人が両親とともに一年間、ウィーンのシュタイナー学校に留学したのは、長女が中学二年、長男が小学四年のときである。

「実は、私も点数競争と知育偏重が支配する日本社会の風潮にどっぷり漬かって育った人間です。子どもの発達段階を大切にして、などと考えたこともありません。夫を通してシュタイナーと出合わなかったらと思うと……。とくに娘には、ごめんねとほんとうに手をついて謝りたくなることがあります。それほどひどいことをしたんです」

家事と育児の毎日に疲れ

牧子さんが俊雄さんと出会ったのは、いまから二十一年前。俊雄さんが神奈川県相模原市にある職業訓練大学校（現在は職業能力開発大学校）の教官時代のことだ。牧子さんは東京女子大哲学科を卒業、コンピューターによるプログラム学習のソフトを開発する研究財団の研究員として、さまざまな教育プログラムの開発に従事していた。

「たまたま仕事で私が職業訓練大学校を訪ねたときに出会い、二、三週間後にデートを申しこまれたんです。職場で接している企業人間とは違って、清潔な学究肌の青年らしさを感じました」

当時、牧子さんは就職して六年目。社会の裏側の汚い部分も見聞きし、自分が人間であり、女性であることを捨ててしまっているのではないかという不安を感じ、仕事を続けるかどうかで悩んでいた。

俊雄さんは、ペスタロッチの博士論文を書き終え、新たな研究へと意欲満々だった。

「彼と話をしていると、職場で構えている自分とは違って、心を持った一人の人間に戻れました。ペスタロッチの話、聖書の話、私の学生時代の話と、何時間話をしても飽きなかったんです。失いかけていた自分が戻ってきたような感じがしました」

おたがいに日本基督《キリスト》教団の教会に所属していた偶然も重なり、出会って一年後の七六年四月に結婚。翌年、長女が生まれた。

「初めての出産なので、育児書だけが頼り。退院した日に保健所に、赤ちゃんの布団は何枚かけたらよいか、とか、赤ちゃんを寒い部屋に寝かせたら、急にしゃっくりを始めたけど、大丈夫でしょうかと電話したり……。思いだすとわれながら苦笑してしまうんです。でも当時の私は、生まれて間もない子の命が、この私にかかっている。一つひとつが、これまで直面したことのない重大事に思えて……」

俊雄さんは、自宅から自転車で十五分の大学校に通っていた。夕飯を家で食べると再び大学校の研究室へ。そして帰宅するのは夜十時。研究に没頭する毎日だった。

「結婚前は、夫と対等に教育論を話しあったのに、結婚したとたん、私だけが家庭に取り残された感じがしました。赤ちゃんと朝から晩まで二人だけの生活。赤ちゃん相手に赤ちゃん言葉で話すだけだと、社会から隔離されてしまっているような気がして……」

掃除、洗濯、食事の世話で明け暮れ、自分の自由な時間が持てない。結婚前にあこがれていた生活とは違いイライラがつのっていく。

「私が夫にそうした不満をぶちまけて、私はカゴの鳥じゃないのよ、と訴えるんです。夫は『気分転換に、外に出かけたらいいじゃないか』と。私の心理状態をまったく理解していないと感じました。赤ちゃんはかわいいし、夫は家に帰ると、赤ちゃんを相手にしてくれましたが……」

赤ちゃんは、ちょっとした大人の行動や気持ちにも敏感に反応する。生後十一カ月たったころのことだ。

「泣きやまず、ぐずる娘を、思いっきり壁に放り投げたくなったんです。部屋の壁が檻《おり》のように思えてきて……。そうしたらどんなに気持ちがすっきりするだろうと……。思いとどまりましたが、当時はシュタイナーのいう幼児期の本性を知らず、自分の感情だけで、子どもと接していたんですね」

点数で人を見る目が

俊雄さんが、本格的にシュタイナーを研究しはじめたのは、長女が二歳のころからだ。その日に原書を読んで感激したことを夕食時、牧子さんに興奮した口調で語った。

「とても感激したらしく、熱が入ってました。でも私にとっては、あまりにも理想すぎて、理想を追求する研究領域の話だと理解してました。だから私には直接関係ないこととして、ふーんと相づちは打つものの、いつも聞き流し、子育てという現実の領域にシュタイナー理論を持ちだされると拒絶していたんです」

牧子さんがシュタイナー理論を拒否したのは、牧子さん自身がそれまでの学校教育に大きな影響を受けていたためかもしれない。

「私は東京で生まれ、三人きょうだいのまんなか。そのせいか負けず嫌いで、親から勧められたわけでもないのに、自分から小学五年になると日曜日には進学教室の四谷大塚に通い、学校より広い世界で、成績順にランク付けされてくる模擬テストの結果に一喜一憂していました」

牧子さんは自宅近くの中高一貫のミッションスクールに進学した。皇室の英語の家庭教師を務めたアメリカ人女性が校長の、評判のお嬢さん学校だった。進学校でもあったので二年からは英語と数学は成績別にX、Y、Zという三クラスに分けられた。

「いままで親しかった友だちが成績別に三つに分けられる。あの人はいいZクラス、あの人は……となるわけで、学期始めになるとZからYに落ちる人がいた。もしかしたら自分も……とドキドキして。私は落ちないようにしよう、それが卒業まで続くと、成績や集団で人を見る目が自然についてしまったんだと思います」

東京女子大も、ほとんどが東大出身の教授陣で固められ、牧子さんの所属したコーラスクラブでは東大生と混声合唱を組んでいた。

「一人ひとりの人間はかけがえのないものだというキリスト教の神髄と、ランク付けで人を見るという矛盾したものが私のなかで違和感なく共存してしまったんです」

就職先の研究財団で研究員となった牧子さんが携わった仕事は、プログラム学習のソフトを組む仕事だった。

プログラム学習というのは、先生がいなくても、テキストの指示に従って、一人で学習するシステム。ちょうどコンピューターを使った教育（コンピューター・エイデッド・インストラクション＝ＣＡＩ）が注目されはじめたころだ。コンピューター会社は、学校関係に市場を拡大するためにも、学校関係のプログラム学習のソフトが必要だった。

「プログラム学習のソフトを組む場合に、できるだけ無駄をなくし、効率よく、しかも速くということを念頭に置くんです。だから速く、正確に仕事をすることが有能なんだという考えが私にしみこんでしまった。つまり私は中学、高校から大学、そして就職するなかで、人との競争で生きてきたと思います。だから点数が悪ければ評価が悪いし、そういう発想がほんとうに身についてしまったんです。恐ろしいですね」

そんな競争社会のなかで、常にトップ集団で走りつづけてきた牧子さんが、母親になったからといって簡単には変わることができない。

「私は、娘に簡単な絵本を何回もくり返して読んでやっていたんです。あ、ねこちゃんが見つけた。わんちゃんが見つけた……と、暗記するほど読んであげていたんです」

長女が三歳になったころ、こんなことがあった。ある日、よく遊びにくる近所の子どもがやってきて、居間に置いてあった絵本を広げると一人で読みはじめた。

「長女と同じ年で、たどたどしいけど読んでいくんです。あのときのショックはなかったですね。急に血の気が引いて、心臓がドッキン、ドッキン高鳴って……。その子が帰ってからがたいへんですよ。ちょっと座りなさい。今日から、あなたも文字を読む練習をするのよ。この字は、りんごの『り』。よく覚えるのよと……。私の髪は逆立ってましたね」

日本では通用しないのよ

「ほかの子に遅れないように」と、心がけてきた牧子さんにとって、この長女の遅れを見すごすことはできなかった。

「近所の子が文字を読めたと、私がパニック状態になっているところに、夫が帰ってきますよね。私は引きつった顔で、明日から毎日、娘に文字を教えるようにしますからと言って、その日にあった一部始終を話したんです」

俊雄さんは、学んだばかりのシュタイナーの教育論を説明しながら、はやる牧子さんにブレーキをかけようとして激突した。

「おい、ちょっと待てよ。シュタイナー幼稚園では、文字は一つも教えてないぞ。文字を覚えることは、子どもにとって知的なことで、幼児期には、まだふさわしくないとシュタイナーは言ってるぞ」

「だって、近所のA子ちゃんは、文字が読めるのよ」

「そんなに早くから文字を教える必要はないよ」

「冗談じゃないわ。シュタイナーは、あなたの研究分野で、仕事として理想を追求するのは結構ですけど、そんな夢みたいな考えは、いまの日本では通用しないのよ。ここは日本なのよ。シュタイナーに共感したからといって、すぐにわが家に持ちこんでもらっては困るの。手遅れになったらどうするの」

牧子さんは、わが子に対しては、世界のだれよりも知っているという自負があった。

「それで、翌日、夫が出勤したあと、娘を相手に、この文字は何と読むんだっけ？　と、必死でやったんです。娘はとくにいやがらず、私の言う通りに覚えたんです。でも『小学校で学べば十分だ』という夫の助言も完全には無視できず、私としては心もとないところがあって、ほかの子より遅れてしまうのでは……という不安が、いつもありました」

シュタイナーの教育論では、子どもの発達のプロセス、とくに目に見えない内面の発達を重視する。そうした視点が、当時の牧子さんになかったため、長女が思うようにならないと、いらだった。

「三歳のころでした。公園に連れていっても、ほかの子がいると、私のスカートのすそをしっかりとつかんで離れないんです。私は二番目の子を妊娠して、つわりがひどく、娘に、あなたもみんなと遊んだらと言うんですが、逆にますます私にしがみついて」

夫に相談すると「君がそばにいてほしいんだよ。子どもが要求しているんだから、気がすむまで一緒にいてやれば」というアドバイス。

「つわりで体はだるいし、ゆっくり横になりたいと思いながら、でも、そうかもしれないと、娘とべったりするよう心がけると、そのうち娘は自然に私のそばから離れていきました。突き放すのではなく、満たしてあげることが必要だったんです」

子どもは誕生後、お座り、ハイハイ、立つ、歩く……というように、成長が目で見てはっきりとわかる。だからほかの子と比較しながら、わが子の成長具合が判断できた。

「しかしシュタイナーは、それ以後は、想像力などの目に見えない内面の力が目立って伸びると言っています。私はそのことを知らなかったので、周りの子がお稽古《けいこ》ごとを始めたと知ると、娘にも何か……と、いつも周りの子との比較でした。だから娘が本来持っている性格とか個性といったものは、まったく目に入りませんでした。それこそが大事だったのですが、それよりも、ほかの子に後れを取らないことで頭がいっぱいでした」

早く、早くと長女に迫る

「シュタイナーは、子どもの個性を見るとき、古代ギリシャの知恵であった気質という見方を採り入れているんだぞ」――こんな説明を俊雄さんから聞いても、牧子さんは最初、ピンとこなかった。

「何さ。シュタイナーはなんでいまさら、現代の心理学とは違う、遠い昔の見方を持ち出すの？と夫に不満をもらしたんです。ところが長男が生まれてみると、長女と性格が何もかも違うので、オヤッと思って……。気質という見方に関心を持ちはじめました」

長男は、一歳すぎて歩けるようになると、一人でも表に出ていきたがった。外への関心が強く、ブランコなど動くものが好き。寝付きがよく熟睡する。目覚めたら、遊びたくて、もう寝てなどいない。

「一歳すぎたころ、一人でひょこひょこと歩いて、工事中の作業員がお弁当を食べている輪のなかに入って、ちょこんと座って……。息子がニコニコしているのに誘われて、おじさんたちも、なんとも言えない優しそうな笑顔になったことがあるんです。でも目を離すと、どこへ行くかわからず、新たな心配のタネになりました」

長女は室内で、ゆっくり一人遊びをしたり、本を読んでもらうのが大好き。感受性が強く、ちょっとしたことにも反応する。だから不安感が強く、新しいことには、しりごみして人見知りも激しかった。

「生後六カ月のころ、夫がハーモニカで哀愁が漂う曲を吹くと、娘は悲しそうに首をうなだれたんです。耳の感覚が繊細で、鋭いようなんです。ピアノの鍵盤《けんばん》の音を聞いただけで、その音を当てるし、ドミソやシレソを同時に弾き、その和音からも、一つの音を聞き取れるんです」

こんな二人の違いが明らかになるにつれ、自分のおなかを痛めて誕生した子どもたちだから、二人とも同じなはずだという牧子さんの思いは、軌道修正を迫られていく。

「シュタイナーの気質をあらためて見なおすと、長男は多血質にぴったり合う。多血質は、活発で、生き生きしている。外への関心が強い。血の循環、つまりリズムを特性としているので、動きがあるものが好きで……。気性が激しい胆汁質も少しある。娘は粘液質なんです。体が粘液、つまり水分で満ちているので重い。だから、ゆっくり、おっとり、機敏でないだけ持続力がある。娘に当てはまるんです」

さらに牧子さんを納得させたのは、シュタイナーの原典を読んだ夫の解説だった。

「シュタイナーの考えでは、気質は自分で意識すれば変えられる。幼児は生まれて間もないから、どれか一つか二つの気質が顕著に出てくる。ところが私たち大人は成長してきているから、四つの気質のどれか一つだけにぴったり当てはまることはないはずだと……」

その夫の話を聞いて、牧子さんは、長女が音に敏感なのは、「もの悲しげで周りが静かなのを好む。繊細で、耳がよく、音楽的である」という憂鬱《ゆううつ》質も兼ね備えているのだと納得させられた。

「娘は食べるのがとくに遅く、毎食、一時間はかかるんです。最初のうちは優しく接しているんですが、そのうちにイライラしてきて、早く食べなさい！　と大声になって……。早く寝なさい、早く起きなさい、早く、早く……と。気質がまったく違う子だから、比較することがナンセンスなのに、気質を知らなかった私は、比較で姉弟を見てしまって……」

模倣は子どもの本性

子どもの発達段階を重視するシュタイナー教育で、幼児期に親が知っておかねばならないことに「模倣」がある。

牧子さんが、この模倣に気づくきっかけは、生後十一カ月ころの長女の行動だ。

「娘がハイハイしていたころ、夫は帰宅すると、コタツに入って新聞を広げて読むのが習慣でした。いつのころからか、娘が夫の向かい側にお座りして、夫と同じように小さい両手で新聞を広げ、のぞきこんでいる姿に気がついたんです。笑っちゃうのは、その新聞が逆さだったんです」

俊雄さんが新聞を読み終えると、長女も新聞を置く。それが毎日のようにくり返されたのだ。

「一歳をすぎて、自分の体が自由に動かせるようになると、子どもは何でも試してみたくなります。娘は、おむつが取れると、私がトイレの紙を引きだすのを見て、自分もまねして、トイレの紙を次々に引っ張り、トイレのなかを紙の海にしてしまったんです」

牧子さんは、当時、まだ模倣の意味について知らなかったので、「駄目でしょう。そんなことして」と怒り、長女はワーッと泣きだした。

「息子も二歳のとき、私が洗濯を始めると、いすを持ってきて洗濯機の前に置き、その上に立って、洗濯機のなかに手を突っこんで、洗濯物に触ろうとしたんです。危ない、落ちたらどうするの！　これはお母さんの仕事なの。遊びじゃないんだから、あっちへ行ってて！　と……」

だが牧子さんはシュタイナーの教育論を知るにつれ、こうした子どもの行動は、子どもの本性から生じる模倣で、子どもの遊びも、実は模倣衝動から始まることがわかっていく。

「模倣を通して自分と周りの世界とのかかわりを子どもながらに学んでいくからです。だから幼児がまねしたくなるように親が振る舞うことが大切なんです。日常の家事をさっさと片づけてから、幼児と遊ぶのではなく、幼児が模倣できるところは一緒にする。子どもにしてほしいと思ったら、母親が手本を示すことが必要なのです。それも模倣を強制しないかたちで……」

シュタイナー教育を行う幼稚園では、この模倣を積極的に活用している。

「始業時間前に先生が教室に入り、園児が来るころには縫い物をしたり、果物を切ったりしているんです。登園した園児たちは、先生が楽しそうに熱中している姿を見て、やがて『ぼくもやりたい』と言いだすと、先生は『じゃあ、やってごらん』と、用意した道具を渡して、自由遊びが始まるわけです」

四歳をすぎたころから、この模倣に、創造的想像力を伴った遊びが加わっていく。

「娘は食事中に私から、早く食べなさい！ を連発されていたんです。すると、そのあと、娘はお人形を相手に私とそっくり同じことを、同じ調子で話しかけているんです。『これは栄養があるのよ。もっと食べないと』。しまいに、かなきり声で『早く食べなさいったらぁ』と言う口調も、私とそっくりなんです」

模倣に熱中し、没入することによって、将来、自由で創造的に生きる力が培《つちか》われるという。模倣の意味が頭に入っていると、幼児の遊びや行動を見て、「やめなさい」と言うかどうかも違ってくる。それよりも模倣の対象として親たちの日常生活が問われてくる、トンビからタカは生まれないのだと牧子さんは思う。

感覚通して体験させる

長女が小学校に入学するとき、俊雄さんは、広島大学学校教育学部の助教授に赴任、牧子さんら一家四人は、相模原市から広島市に引っ越してきた。

「夫のシュタイナー研究が深まるにつれ、模倣だけでなく、さまざまな実践を家庭で試みるようになってきて……。私は学校の成績や勉強に関係ないので別に否定しなかったんです。でも、このちょっとしたことが、あとになって大きな意味を持ってくるとはほんとうに想像もしませんでした」

俊雄さんが最初に始めたのは「ありがとう」という言葉を、口に出すことだった。

「夫が『新聞取ってくれ』と言うので渡すと『ありがとう』。そんな調子で、いつしか私も子どもも感化されて、『お皿取って』と頼んで、息子がお皿を渡してくれると、『ありがとう』と。息子が青年期になったいまでも、わが家ではこの習慣は続いていています」

シュタイナーは、幼児期に自然なかたちで、自分に何かしてくれた人に対して感謝する気持ちを育てることが必要だと説く。人間は一人では生きられない存在で、周りの人の助けがあって大きくなっていく。

「感謝の気持ちを無意識に表現する習慣が大切だ、と……。感謝しなさいと言葉で指示するのではなく、大人みずからが手本を示し、それを子どもが模倣し、習得していく。それが大人に成長してからも、周りの人に対する感謝に通じ、最後にはこの世に自分を生かしてくれた神への感謝にもつながっていくというのです」

ある日曜日の午後、俊雄さんは一人で自宅近くを流れる太田川の上流に釣りに出かけ、夕方帰ってきた。長男が三歳になったころだ。

「夫は釣った魚の入ったバケツのなかにまず自分で手を入れて、泳いで回る魚を触ってみせるんです。すると子どもたちは夫のまねをして、手を突っこんでは歓声を上げる。『わあ、ぬるぬるしてるんだね』『お母さんも触ってごらん』と。そして夫は子どもたちが寝静まったあと、魚を川に戻してきました」

子どもは、感覚で確かめながら対象に入っていき、それを自分のものにしていくというシュタイナーの教育論を夫は試したのだ。

「不思議なことに、子どもたちは、この体験をきっかけに、魚に興味を持っていくんです。感覚を通じて体験したことはあとまで残る。そして次の関心が呼び覚まされてくるとシュタイナーは言っていますが、ほんとうなんです」

長男が二、三歳ごろから、週末に俊雄さんは外でキャッチボールを始めた。

「それも最初は、夫は息子にボールをゆっくり転がしてやるんです。それからボールを一、二メートル上に上げる。ところが息子はうまく捕れない。それで息子が捕れるまで、何回も、何日も続けて……。決して無理をしないんです。息子が少しできるようになると、逆に息子から『もう少し遠くから投げて』って次々に指示するようになるんです」

小学校に上がっても、週末の父親との遊びは続く。

「夫と息子が楽しそうにキャッチボールを始めると、近所の子どもたちも集まってきて一緒に遊ぶようになっていきました。児童期まで、子どもは自分の体全体を動かして、身につけていく体の活動が大事だとシュタイナーは言っていますが、それを夫は実践に移した。それも子どもの状況に応じて手助けしてやるというかたちをとったんです」

尊敬、信頼できる教師を求めて

小学校時代の子どもは、尊敬し、信頼できる教師に出会うことを求めている。そして、そのような教師に従いたいという欲求を持つ――とシュタイナーは言う。

牧子さんは二人の子どもが成長するにつれ、教師への尊敬と信頼が、いかに子どもにとって大切なことかを実感させられた。

「娘が小学二年生のとき、担任の先生が産休に入り、代わりにきた先生と娘との関係がぎくしゃくしはじめました」

ある日、長女は「あんな先生は嫌い。明日から学校へ行きたくない」と言いだした。

「話を聞いてみると、その先生は若い女性で、ガラガラ声で『広瀬！』と呼び捨てにする。それまでの先生は家庭を持った優しい先生で、『広瀬さん』と言われていたのとは極端に違うので、おとなしい娘は怖がったんですね」

夜、子どもたちが寝たあと、牧子さんは俊雄さんに相談した。

「児童期の子どもは、尊敬できる教師の下で学びたいという欲求を持つんだ。呼び捨てにされて、先生を尊敬できなくなったのだろう。でも、その先生にも何かいい点があるだろう。いい点をそれとなく見つけてやったら……」

数日後、長女は再び教師に対しての不満をもらした。

「今度の先生ったら、毎朝、はだしで運動場を駆けさせるの。この寒いのに、いやになっちゃう」

そう訴える長女に、夫のアドバイスを頭に入れた牧子さんは「そうよねえ、でも、先生も一緒にはだしで走るなんて、すごいじゃない。お母さんにはとても無理よ。前の先生とは違った、いい点もあるのかもよ」と答えた。長女の愚痴を受け止めながらも、先生のよい点に目を向け、尊敬できるようになるよう配慮したのだ。

さらに効果を発揮したのは、毎日、長女が持ってくる父母と先生との連絡帳に、長女がかいた絵に俊雄さんが色付けしたことだった。連絡帳は右半分が翌日の時間割と、その日の宿題、左半分には、子どもがその日に学校で体験したなかで、心に残ったことを「お母さん、あのね……」という書き出しで、自由に書くようになっていた。

「最初、娘がノートの隅に文章に添えるように小さな絵も鉛筆でかいたんです。それを見た夫は、シュタイナー教育では絵を重視するというので、娘の絵に色鉛筆で色を塗りはじめたんです」

たとえば、長女がチューリップの花の絵をかくと、俊雄さんは花だけを赤色に塗るといった具合だ。

「娘は自分が絵をかくと、翌日には色がきれいに塗ってあるので、どんなふうになるか楽しみになり、『お母さん、あのね……』が『お父さん、あのね……』になり、『ここに塗って』と注文を出したりするようになったんです」

　この長女と父親の絵を通しての〝対話〟に、先生も次第に関心を示していく。

「こんなに子どもは絵をかくことが好きだったのだ。絵のおかげで、娘は先生と親にぐっと近づいてきて、なんとも言えない心温まる関係ができていったんです。夫が娘がかいた絵に色を塗るだけのことなのに、娘が絵をかきたいという自然な気持ちを満たすだけでなく、生き生きしてきたんです」

　シュタイナーは言う。

「児童期は、もっとも感情が発達する時期である。この感情を発達させる手段として絵をかくのが有効である。子どもは、絵や音楽を用いると対象にすっと入ってくる」

　そんなことが重なって、長女の教師に対する見方は、少しずつ変化していった。

「娘は、その先生にもよいところがあると認めるようになりました。いつの間にか批判はしなくなり、その先生とのお別れのとき、クラスでいちばん悲しんだのは娘だったんです。先生は『未熟な私でしたが、おそらく、家で私のことをずいぶん援助してくださったのではないかと思います。ありがとうございました』って言われました」

　長男の担任も、三年のときに産休で、別の先生が来た。男性で、グレーの作業服に身を包み、高校の製図の先生がぴったりという感じだった。

「ある日、息子がいつもより遅く帰ってきたんです。訳を聞くと、掃除のあと、だれかが紙を散らかしたので全員残され、一時間も話しあったと……。『こんなことをしたら駄目だぞ』と先生が、はっきり言えばすむことなのにと、息子は不満顔なんです」

しばらくして先生から父母たちに説明があった。

「ぼくは生徒を一人の人間として認めたいから、生徒と対等な立場で接することを信条にしています。だから生徒と、とことん話しあっています。帰りが遅くなることもありますが、ご了承ください」

だが「生徒と対等な立場で」という先生の意図は子どもたちには伝わらず、クラスの運営は行き詰まり、悩んで、校長に何度も相談しているという話が伝わってきた。それを聞いた俊雄さんは牧子さんに、こう説明してくれた。

「子どもは、尊敬と信頼に値する教師の指示を待ち願っている、とシュタイナーは言ってるんだ。子どものほうから従いたいと。だから子どもが先生と対等に話しあうというのは、一見、子どもをいかにも尊重しているようだが、この時期の子どもの本性を理解していない。だから、子どもは戸惑い、教師から離れていってしまうのさ」

エーッ、東大知らないの

母親たちの多くは、子どもが上級学年に進むにつれて成績が気になってくる。牧子さんも例外ではなかった。

「息子は体を動かすのが好きで、周りのお母さんたちからも『運動神経がいいのね……』と言われました。でも、もともと運動神経がいいのではなく、夫が暇を見つけては息子と一緒に体を動かして遊んでいたからで、幼児期に体を動かす遊びが大事だというシュタイナー教育のやり方を夫が採り入れたことを私は評価したんです。でも授業の点数になってくると、また、かつての私がモコモコと頭をもたげてくるんです」

子どもたちが学校から帰宅して「お母さん、百点取ってきたよ」と報告する。

「息子は次に私に何と言うと思います？『百点はクラスでぼく一人だったよ』と。私は、偉い、今日の夕食は大好きなステーキにしてあげるわ、となるんです。でも百点取った子が二十人だと、あ、そう……って。クラスの順番でトップならうれしいんです」

長男が「お母さん。ぼく、すごくいい字書けたよ」と、満足そうに言う。

楽しみにして授業参観日に行くと、教室の壁に張られた長男の習字の上に「良」のスタンプ。「優」や「秀」ではなかった。

「帰宅した私に、『ぼくの字うまくなったでしょ』と言う息子に、フーン、あれでも……と。子どもがどのくらい努力したかじゃなく、クラスのなかで、どの位置にいるかが問題なんです。その見方が私の体にしみついているんです」

多感な中学、高校時代に、進学校の能力別学級で刻印された点数至上の競争意識を、牧子さんが捨て去るのは容易なことではないのだ。
あるとき、家族団欒《だんらん》で、牧子さんの友人のことが話題になった。
牧子「その人のご主人は東大卒。お兄さんも東大。ともかく優秀で頭がいいのよ」
子どもたち「東大って？」
牧子「エーッ、東大知らないの。日本でいちばん、いい大学のことよ」
子どもたち「ふーん。東大ってすごいんだね」
俊雄「東大出たって、いろんな人がいるさ。人間としての偉さは、どこの大学を出たかではなく、実際に何ができるかだよ」
俊雄さんは、牧子さんが東大の話を始めると、必ずほかの話題に変えるか、それを否定した。
そして夜、子どもたちが寝たあと、夫婦の会話で再び話題にした。
俊雄「今日の話、ぼくはドキッとしたぞ」
牧子「エッ、何が」
俊雄「どうして、あんな話をするんだ。横で聞いていてハラハラのしどおしだったぞ」
牧子「何がいけないの」
俊雄「君の話は、学歴重視とか、人をランク付けする見方を、子どもの心に植えつけることになるんだぞ」
牧子「事実じゃない。それが一般的な見方よ。私なんかまだ甘いほうよ。あなたは子どもたちがいい点取っても、たいして喜ばないわね。これじゃ、子どもたちの意欲をそぐわ。子どもたちにいい大学に入ってもらいたくないの」

俊雄「いい大学に行くかどうかではなく、問題は子どもたちが何に興味を持ち、何を学びたいかだ。シュタイナー的に言えば、どこに人生の意義を見つけるかなんだ」

牧子「それはわかるけど、でもね、やっぱりいい大学じゃなきゃ」

牧子さんと夫との、こうしたやりとりは、何度くり返されたかわからない。

早期の知的教育は間違い

成績で常にわが子の位置が気になる一方で、シュタイナー教育にもひかれる……時計の振り子のように揺れる牧子さんが、シュタイナー教育を体系的に知る機会に出合ったのは、長男が小学校に入学してからだ。

「たまたまドイツのシュタイナー学校の先生が広島で講演したことで、夫の存在も知られるようになり、一般の人たちを対象に市民講座を企画して、私がその事務局を引き受けることになったんです」

俊雄さんを講師とする「広島シュタイナー教育研究会」は、毎月一回、学校や幼稚園の先生、会社員、主婦、学生と、シュタイナー教育に関心を持つ人々を対象に三年間続いた。

「わが家での具体的な体験を交えながら話す夫に、最初のうちは『また、あの理想論か』と思ったんです。でも日ごろ断片的に聞く話とは違って、一つひとつ段階を追って、体系的にシュタイナーの教育思想をひもといていく話に吸いこまれていきました」

子どもの発達をゼロ歳から大人になるまで、幼児期、児童期、青年期という長期の視点でとらえるシュタイナーの見方はあらためて新鮮に映った。

「ドキッとさせられたのは、幼児が単に表面的な動作だけでなく、親の内面の思いや価値観、たとえば高慢やねたみといったものまで模倣することです。だからシュタイナーは、幼児の前に立つ人は、聖職者のように清い心を持たなければと。幼児は周りの環境をすべて取りこんで、自分を形成していく。ヒステリックな母親がそばにいると、幼児は、ヒステリック性を自分の内に採り入れる。心配性の母親がそばにいると、幼児も……。そして、その結果は大人になってから表れるのだと……」

俊雄さんの講義は、広瀬家の子育て体験を例に出すため説得力があった。牧子さんは反省を迫られているようにも思えた。

「幼児は何かしたいという衝動が起きると、どんな結果になるかを考えないで、ただちに実行する存在です。そして衝動は、身体活動を伴ったもっとも初歩的な段階の意志だから、何か始めたときに、すぐに『……してはいけない』と言って禁止させることは、とりもなおさず、幼児の意志を抑えることになるのです」

長女のトイレットペーパー騒ぎ、長男の洗濯機をのぞいて慌てたこと……。「駄目」と、禁止文句を吐いていた牧子さんは身が縮まった。

「私たち母親にとって、子どもが母親の言う通りになると、いい子だと思ってしまうでしょ。でも実は子どもの意志を抑え、自立を妨げることになるというのです」

俊雄さんの解説は、牧子さんの子ども観を揺さぶった。

俊雄さんは説明する。

「シュタイナーは、あるものが十分に発達すると、次のものが出てくるというゲーテの変容論を発展させた考え方をします。たとえば、チョウの幼虫が、えさを十分に食べて成長し、立派なさなぎとなったあとに、美しいチョウになるように、子どもも、ある段階で変容して成長するのです」

実は、牧子さんは、子どもが思考力のある自立的な人間に育つには、早期の知的な教育が必要だと考えていた。

「思考力のある人間に育ってほしいから、小さいときから知的なことを積み重ねる必要があると。ところが、それは間違いだ。早く知的なことに目覚めさせると、本来、幼児のなかで発達しようとしているものが十分に発達しなくなるというのです」

意志や感情の発達が土台

幼児期、児童期に意志や感情が十分に発達すると、青年期になって、思考力が著しく深まるようになる――「広島シュタイナー教育研究会」での俊雄さんの講義は、牧子さんにとってギクッとする耳の痛い話が続いた。

「児童期までに、さまざまな体験をして、心を動かされたり、感情が揺さぶられたりすると、青年期になって、かつて楽しかったとか、おもしろかったことを理論的に知りたくなる。つまり思考力が働くようになるんです。だから青年期に思考力を発達させるためには、その前までに、十分に想像力、意志や感情を育成しておくことが必要です」

シュタイナー教育というと想像力、意志や感情を豊かにする点が強調されている。しかし目指すところは、思考力のある人間の育成にあることが日本では、あまり知られていないと俊雄さんは言う。

「シュタイナー教育では、四歳から九歳ごろの子どもは、メルヘン、つまり空想、想像の世界にいるととらえています。この時期、子どもは長い人生のなかで想像力の発達がもっとも著しい。ところが、この時期をすぎると、別のものが発達してくるので、想像力を発達させようとすると、たいへんな努力が必要となってきます」

夫の説明を聞いた牧子さんは、長男が小学校低学年のころ、釣った小さな魚が弱ってきたので、川に逃がしてやろうとしたときの場面を思いだした。

「夫が魚を取りだして逃がそうとすると、『ここじゃ駄目だよ。魚のお母さん、お父さんのいるところじゃないと』と、夫の手を引いて、釣った元の場所まで戻っていったんです。そこで逃がしてやると、『いまごろ、きっと、お母さんとお父さんの世話で元気になっているね』と。息子はまだ、メルヘンのなかに生きているのだと、夫は実感したというんですね」

シュタイナー幼稚園では、毎日、先生が子どもたちに童話を語り聞かせている。

「むかし、むかし、あるところに……」で始まる童話は、子どもを、どこか遠い、ファンタジーの世界に誘いだす。

そして「お母さんが死んでしまいました」という場面では、「かわいそうだなあ」という哀れみの気持ちを起こさせる。

「……オオカミがやってきて、ガブリと……」となると、いつの間にか、子どもは主人公になった気分になり、「悪者なんか消えろ」といった悪に対する怒りの感情がわいてくる。

「……○○は、勇気を出して闘いました」「王子さまが通りかかり、助けてくれました」「最後に、王子さまと結婚して、幸せに暮らしました」というように、童話は、場面、場面で、子どもたちはドキドキしたり、ホッと胸をなでおろしたり、といったことをくり返し、最後には、「よかったぁ」と喜び、安心する仕組みになっている。

「童話を聞くと、子どもはただちに想像力を働かせます。いつの間にか主人公になって、かわいそうな人に同情したり、悪者には怒る感情が呼び覚まされ、正義感などの道徳感情が知らず知らずのうちに養われていくんです。また正直、誠実、勇気など、人間としての生きる道も知らされます」

つまり童話は、喜怒哀楽の感情を呼び起こし、この感情が、悪を憎み、正義を喜ぶという正義感、道徳感情を培っていくのである。

シュタイナーは「童話は魂のミルクであり、どんなに大きな家に住もうと、どんなに小さな家に住もうと、親が子どもにしてあげられること、それは童話を語ることである」と、述べる。

牧子さんは、日本の学校でいじめ問題が多発したり、女子高生が簡単に性を売ったりするのも、テレビなどの影響で幼児期に子どもたちが童話の世界に浸《ひた》る機会が少なくなっているのと無関係ではないと思えてきた。

「体全体を使った遊びも大切です。遊びに熱中、没頭することが、その後、どんなに大きな力になっていくか……」

長男は、小学三、四年のとき、家の周りで、〝けいどろ遊び〟に熱中した。警官と泥棒になって、追いかけ、逃げる遊びだ。

「姉も加わり、近所の子どもたちと一緒に暗くなるまで、遊びに熱中してました。想像力を働かせながらの全身運動で、『楽しかったぁ』と汗びっしょりで帰宅しました。楽しいことは、もっとしたいという意欲にもつながり、熱中、没頭する。それが青年期以降、集中力とか、根気、粘り強く続ける態度になって表れると、シュタイナーは言っています」

本来なら知的関心がわき起こってくるはずの高校生の多くが、無気力となっている。しかも社会のさまざまな問題に関心を示さないのは、子ども時代に、やるべきことをしていないからではないか。

お母さん、別世界だよ！

「夏休みは、子どもたちに自然の豊かな環境のなかで、生の体験をさせたい」――シュタイナー理論を実践にという俊雄さんの思いから、広瀬家では、長男が幼稚園のときから、毎年、夏休みには、山のなかで約一カ月間、家族四人で過ごすことが恒例となった。

「できるだけ人口が少ない自然のなか、夏でも涼しい標高五百メートル以上、近くに清流が流れている条件に合う場所を夫が地図で探し、役場に問いあわせて、人がかろうじて住める廃屋寸前の空き家を紹介してもらうんです。春のうちに夫が下見して……。未知の場所に想像力をかきたてられ、ワクワクして待つんです」

最初に出かけたところは、岡山県の津山から北に入った阿波村《あばそん》で、日本でも指折りの過疎地。

翌年は兵庫県の村岡町から奥に入った辺境だった。

「山沿いで、近くに渓谷があり、人が住まなくなった古い民家での生活で……。テレビ、電話など文化的なものは何もない。でも都会の狭い団地からやってきた子どもたちにとって、家のなかを駆け回れる別天地だったんです」

自然のふところのなかでの、テレビのない生活は、都会では考えられないほど、一日がゆったりと流れていった。

「夕食後、暗くなると子どもたちは虫の音を聞きながら寝ました。四年目に行った島根県の匹見《ひきみ》町《ちょう》では、蛍が飛び交う夜景を見ながら床につきました」

午前中、俊雄さんは原稿書きや仕事。子どもたちは宿題と読書。午後は川遊びや魚釣り、そして付近の散策と、思いきり体を動かしての遊びに熱中した。夕方は、まき割り、ふろたき、裏の畑で採ってきた野菜を使っての夕食づくり……というのが日課だ。ときどき、朝早くから地図を片手に山奥に冒険に出かけていく日もあった。

「暗くなれば寝て、明るくなると起きる生活で、シュタイナーは『人間は自然、宇宙の一部である』と言ってますが、まさに宇宙のリズムに従った毎日で、子どもたちは健康そのものでした」

長男が小学三年のときに行った高知県池川町安居《やすい》での体験は、いまでも忘れることができない。

「川は澄んだ渓流で、蛇行、急流、大きな岩、深み、浅瀬と、実に変化に富み、もう子どもたちの遊びの宝庫でした。『今日はここから飛びこんでみる』と、だんだん難しい場所に挑戦していく。

スリルがあって楽しいんです」

水泳の好きな牧子さんも子どもたちに誘われ泳いだが、水の冷たさと流れの速さが怖く、すぐにやめてしまった。

「子どもって、ほんとうにすごいなあと感心しましたね。飛び込みに飽きると、流れのリズムにのって上流から下流へ泳ぎ下る。水中メガネを付けて潜っては、魚のいそうな場所を調べる。『清流をすいすい泳ぐヤマメ、ゆらゆら揺れる水草。なんてきれいなんだろう。お母さんも見てごらん。別世界だよ』って……」

「心ゆくまで体を没入し、浸ることを通して、驚きや感激の感覚が目覚めさせられ、その後の生活への意欲とエネルギーがわき起こる」というシュタイナーの教育理論を広瀬家は実践したのである。

「このような夏の生活は四年間続きましたが、息子が小学四年の夏は、一家でウィーンのシュタイナー学校に行ったので……。いま思えば、子どもが児童期だった時期にしかできない貴重な体験でした」

ウィーンに一家で留学

シュタイナー教育を少しずつ家庭教育に採り入れてきた広瀬一家にとって、ウィーンのシュタイナー学校に一家四人で留学するという、またとないチャンスが訪れた。

俊雄さんが、「教育実践を深く学びたい」とウィーンのシュタイナー学校協会に長い手紙を書き、家族の写真なども添えて送ったところ、招待したいという返事がきたのだ。長女が中学二年、長男が小学四年のときである。

返事のなかに俊雄さんの心をひく一節があった。

「私たちは、シュタイナーの祖国で、国の学習指導要領の拘束性に起因する多くの問題と闘いつつ、理想の教育を実現すべく、日夜努力、前進しています」

日本にシュタイナー学校をつくるとき、大きな励ましと手がかりになると俊雄さんは考え、ウィーン行きを決めた。

留学が決まってから不安が一つあった。言葉、つまりウィーンでのドイツ語の問題である。だが、それは無用の心配にすぎなかった。子どもたちは言葉が話せないのに、喜んで学校に通いはじめたのだ。

「息子の担任のブレイジー先生は、初対面のときに私たちに『私はこの子に会えたことを感謝します』と……。息子の肩に両手をしっかり置いて息子の名前を呼んだんです。その優しく、たくましいまなざしに息子は尊敬、信頼できる先生だと思ったんでしょうね。風邪で熱があっても、『ブレイジー先生が待っているんだ』と学校に行くんです」

言葉で意思疎通ができない長男にとって、幼児期から培った遊びが威力を発揮した。

「ドッジボールのような遊びを通して、自然に友だちのなかに入っていったんです。外で遊んでいたのが功を奏したんです。二週間後には、『彼は強い』と、息子の存在が認められたのには驚きました」

日本の学校で、一斉に同じものをという集団方式に慣らされていた牧子さんにとって、シュタイナー学校のやり方は驚きの連続だった。

「日本の家庭科に当たるハンドアルバイトという科目が毎週二時間あり、息子は、胴体がすっぽり手にはまって、その上に顔を付ける指人形を作ったんです」

先生は、まず生徒たち一人ひとりに作りたいものをイメージさせ、絵で表現させた。

「息子は、羽根の付いた帽子をかぶり、チョッキを着ているチルチルミチルのような感じの男の子の絵をかいたんです。先生は、その絵に合う材料を準備してくれ、指人形という具体的な形を作れるように指導するんです」

長男は、自分が作りたいイメージのものをみずからの手で実現できるとあって、やる気十分だった。

「毎日、『早く、あの授業がこないかなあ』と、楽しみにして……。生徒が作りたい人形を製作するので、人形は一つひとつ、みな違っていました。個性が徹底して尊重されている感じなんです」

長男は、家に帰ってからも、自分で黄色の毛糸を買ってきて、金髪の三つ編みの女の子の人形を作りはじめた。

「日本にいたとき、指人形はおろか、手芸などにまったく関心を示さなかった息子が、私の目の前で楽しそうに熱中している姿に、私はショックを受けました。と同時に、ただ、ものを作るというのではなく、子どもたちの想像力や意欲を引きだすことを、こんな自然なかたちで具体的に授業に採り入れている。シュタイナー学校の先生のやり方にあらためて感心させられました」

切り替え難しかった長女

ウィーンのシュタイナー学校に二人の子どもたちが通いはじめて数カ月がたった。

「ある日、息子が帰宅して、『学校が毎日、こんなに楽しいことばかりでいいのかなあ』と言ったんです。私はハッとさせられました」

「学校が楽しい」というのではなく「楽しくていいのかなあ」という言葉の裏には、いかに日本の学校が楽しくないかという思いが隠されていた。日本の学校とどこが違うのか。牧子さんは授業見学などあらゆる機会を通じて、日本の学校とシュタイナー学校の違いを探っていった。

「教育方法のユニークさ以上に、生徒一人ひとりの個を徹底的に大事にし、尊重している。つまり生徒を他の生徒と比較しない。作品も優とか秀とかの評価はしない。点数を付けるためのテストがない。これらのことは、子どもの発達段階を深く洞察した理論にもとづいた実践なんです」

長男がシュタイナー学校に体ごと没頭していったのに比べ、思春期に入っていた中学二年の長女は少し違った。

「仕方がないことなんでしょうが、言葉の壁や、まったく新しい異なったクラスのなかに投げこまれて、初めのうちは違和感を持っていました。帰国したらどうなるだろうかと心配もしていたようです。担任の女性教師も異国の子どもの扱いに戸惑いを感じ、娘もそれを敏感に受け取って……」

中学生の長女にとって、それまでの日本での学校生活を、すぐに切り替えるのは容易ではなかった。

「娘のことで、あれっと思ったのは、答えにいたるまでの違った解き方をいく通りでも考えてくるという数学の宿題が出ました。さすがシュタイナー的と、親のほうが興味を示したんです。ところが娘は、私たちが出した方法をさっと写して……。答えを出して学校に持っていくことに気を配ったんです」

違和感と戸惑いのなかで大きな救いだったのは、友人たちが長女をクラスの一員として温かく迎え入れてくれ、とても親切だったことである。

ドイツ語を教えてくれたり、家に招待してくれたり……。そして長女は次第にシュタイナー教育に引きこまれていった。

「歴史の授業でも、宗教改革のことを学んでいるときは、マルティン・ルターの肖像画を写したり、当時の貴族の紋章をかいたりと……。授業だけでは十分にかけないときは、家で楽しそうに娘はかいているんです。子どもは本来、絵をかきたがるというシュタイナーの教育論が見事に生かされていたんですね」

児童期に、もっとも発達するのは感情であり、意志であるというシュタイナー理論にもとづいて、シュタイナー学校では、感情と意志を培うために毎時間の授業で、絵をかき、音楽を採り入れている。感情に響くことは、その後もずっと心にとどまるから、記憶としても残っていくのだという。

そんな授業を見て、牧子さんは、長女が小学五年生のときの出来事を思いだした。

学校から帰宅した長女が、居間のテーブルに飾られた真紅のバラの花を見て、においをかいだり、触ったりした。

「娘は、バラの花が気に入ったらしく、夕食後、宿題の自由課題として、バラの花を色鉛筆でかきはじめたんです。ほんとうに楽しそうでした」

そのバラの絵は、翌日、自由課題として先生に提出されたのだが、夕食後の団欒で、長女の様子がおかしい。

「どうしたの？　と娘に聞いたら、娘は『昨日かいた絵が……』と言って、ノートを持ってきて私たちに見せてくれました。そこには大きく赤鉛筆で『B』と書いてあったんです」

それまで長女は、宿題の評価で「B」をとったことがなかった。どんなに悪くても「Aダッシュ」だった。

「私は、せっかく二時間もかけて、しかも久しぶりに自分から宿題のテーマを見つけて、楽しそうに書いたのに、Ｂとはひどい！　と言ったんです。夫は『とってもいい絵だ。お父さんが、花まるのＡを付けてあげるぞ』と言って、Ｂの横に花まるのＡを付けて娘を励ましたんです」

　翌日、長女は今度は何かの本を丸写しして、ノートに文章ばかりをぎっしり書いて、提出した。今度は花まるのＡが付いてきた。

「ウィーンのシュタイナー学校では、化学や歴史など、どんな授業でも常に子どもたちに絵をかかせるんです。シュタイナーは、単なる説明では、死んだ概念になるが、イメージや絵を通すと、子どもにとっては、生きた概念になると言っています」

　子どもの本性にもとづいて授業を組み立てていくシュタイナー教育と日本の学校教育の違いを牧子さんは、ウィーンのシュタイナー学校で学ぶ長女の体験を通して実感させられたのだった。

「ウィーンに行く前は、シュタイナー教育をよく理解していなかったので、『シュタイナー学校では、授業中に、絵をよくかくんだ』と、夫は言ってましたが、私は少なからず疑問に思っていました。バラの絵でも、娘がバラの絵をかきたかった気持ちは、よくわかる。でも先生の気持ちもわからないではない。絵をかいたって、何の役に立つのだろう。絵をかくのが勉強だろうか。そんな時間があったら、計算練習とか、漢字を覚えたり、何かためになる知識をノートに書いて覚えるほうが勉強になるんじゃないかと、先生は考えたんでしょうね」

ウィーンの留学から戻ってきて二年後、長男の授業参観が美術の時間だと知って、牧子さんは、どんな授業をするのか見にいったことがある。

色の三原色を扱った授業で、先生は教科書を手に次のように説明しただけだった。

「黄色と青と赤が色の三原色で、これをもとにして虹《にじ》のような十二色ができるんだ。これは美術の基本で、試験では必ず出ます。だから、この名前は確実に覚えてください。さあ青から順番に十二色の名前をみんなで言ってみよう」

「さあ、はい、青、黄緑、だいだい……」

「覚えられたかい？　リズムをつけて言うと、覚えやすいかもしれないね。では、もう一度言ってみよう」

その後、同じような調子で補色についての説明があり、「赤の補色は何か、青は……と、すぐ言えるように、この図をよく覚えてください。これを次回までの宿題にしておこう」と言って、一時間の美術の時間は終わった。

「実際に三原色を自分でかいたりする実習もせず、ただ暗記させる美術の授業を見せられて、シュタイナー学校とのあまりにも大きな差に驚かされました。そしてこんなふうに勉強させられている日本の子どもたちが無性にかわいそうになってきたんです」

ウィーンから帰国後、長女は公立高校に進学、その後の大学受験では、大学入試センター試験を受けた。そして絵をかくことを通して学んだことが、その後も記憶となって残り、大学入試センター試験のときに見事に実証されたのである。

コロンブスがアメリカ大陸に向かうとき使った船を次の四つの図絵のなかから選べという問題が出たのだ。

長女は興奮して牧子さんに、こう語った。

「私、うれしくなっちゃった。だってシュタイナー学校でコロンブスの帆船の絵を、よくこんな船で渡れたもんだとか、船の生活ってどんなだろうとか、いろいろ想像しながらかいたので、よく覚えていたんだ。あれから何年もたっているのに、不思議だけど手がすべてを鮮明に覚えている感じ……。言葉だけで覚えたことは忘れちゃうのにね」

こうした子どもたちの言動を見たり、聞いたりするにつれ、牧子さんが抱いていたシュタイナー教育に対する違和感、疑問は次第に消えていった。だが帰国して一年後、予想もしていなかった新たな問題が起きた。

丸刈り廃止運動を展開

ウィーンの留学から帰国した翌年の九二年。長男の中学校進学をめぐって新たな問題が持ちあがった。広島大学が広島市内から東広島市に移転したため、俊雄さんは東広島市に家を新築、長男が中学に入学する前年の九月に引っ越す計画を立てた。

「広島市内の中学は長髪ですが、引っ越す先の中学は丸刈りだったんです。団欒のとき、息子が『お母さんたちは移っていいよ。ぼくはここに残るから』と……」

丸刈りをいやがったのは、違いを尊重するウィーンのシュタイナー学校で、長男の黒髪はトレードマークとなり、誇りにもなっていたからだ。

俊雄さんが調べてみると丸刈りの中学は、広島市内はゼロ、東広島市は六校のうち四校あることがわかった。

「私立にするか、引っ越しをやめるか、いろいろ悩んだ末、ウィーンで学んだことは、シュタイナー学校は大人たちみずからの手でつくったもの。子どもの教育は、私たち大人自身の問題だと受けとめるようになりました」

まず牧子さんが新聞に、丸刈りに困惑していることを投書したら、地方版で大きく取りあげられた。

次に俊雄さんが教育委員会に「市民と学校のあいだで丸刈りのことを考える話しあいの場を持ってもらえないか」と要望した。

「ところが『検討します』と言うだけで、教育委員会からは何の応答もない。ただ日がたつばかりなので中学校を訪れたら、『丸刈りは学校創設以来の伝統です』と。『子どもさんがいやがるのは、親がおかしいと言うからです。子どもさんを一人でよこしてください。私たちが刈りましょう』と言うんです」

学校が丸刈りを改めないことは明らかだった。

「そこで一月末の入学予定者説明会のときに、声を上げようと……。当日、学校側からは『丸刈りは校則です。入学までに二センチ以内に切ってください』と。私は勇気を奮い起こして発言したんです。そうしたら次々に声が上がって。同じ思いの人が何人もいるんだと心強く思いました」

説明会が終わって帰宅する父母たちに牧子さんはビラを配った。「丸刈り校則問題を考えよう」と呼びかけたのだ。集会では、丸刈りで苦しんだ卒業生、不登校になったり、自殺まで考えた子どもや親たちが、ナマの声で次々に廃止を訴えた。

「こんなに多くの子どもたちが悩み、心に傷を負い、学校に反感や怒りを持っている。丸刈り校則が、いかに子どもたちを抑圧してきたかを肌で感じました。これは息子一人の問題ではない。多くの子どもたちの重大な問題だと痛感したんです。日本の教育・社会問題だとも思いました」

「子どもたちのよりよい教育を保障すること、それは私たち親の責任です」と、ウィーンのシュタイナー学校をつくった人たちが語っていたのを牧子さんは思いだした。目の前に直面している問題に目をそむけて、シュタイナーを論じることはできなかった。

「そこから同じ思いを抱く人たちと一緒に、丸刈り撤廃に本格的に取り組み、反対運動を大々的に展開していくんです。いま思えばほんとうによくやったと思いますね。シュタイナーからもらったエネルギーでした」

長男が中学に入学する九三年、丸刈りは、ついに廃止となった。そして翌年の九四年までに東広島市の全公立中学校で、丸刈りは校則から削除された。

未知の世界に翼を広げ

ウィーンのシュタイナー学校から日本に帰ってきたばかりのことだ。長男の部屋から怒鳴り声と、ドンドンと机をたたく音がした。牧子さんは驚いて飛んでいった。

「びっくりして部屋のなかをのぞいてみたら、息子が『くそー。こんなにたくさんの宿題、遊ぶ時間がないじゃないか。シュタイナー学校じゃ、いっぱい遊べたのに』と、わめいているんです」

こんな状態がしばらく続いた。登校拒否を起こすのではないかと牧子さんは心配だった。だが担任との関係がよかったためか、最悪の事態にはいたらず、中学に進学した。

シュタイナーは「子どもは七年を周期にして発達していく。十四歳ごろからは青年期で、目に見える身体的変化とともに、注目しなくてはならないのは心の変化だ」と言っているが、その通りだった。

「中学二年ごろになると、娘もそうでしたが、長男も声変わりが始まり、背がぐんと伸びて、私や夫より高くなって……。私が女性のせいか、それまで『お母さん』と慕ってきた子どもが男に変化していく入り口に入った感じで、まぶしいような……」

小学生のころは、担任の教師は絶対的存在だったのに、中二のころからは、「あんな教師じゃ、生徒はついていくわけがない」と、平気で批判したり、図書館で本を借りてきては、「ゲーテは、人間というものは……」と、一人でつぶやいたりした。

「未知の世界にぐんぐん翼を広げているんです。生徒会長立候補演説も自分一人で考え、親にはおよびの声もかかりませんでした。小学生のときは『お母さん、見て』と言ってきたのに。私から離れていく一抹《いちまつ》の寂しさを感じて……」

しかし学校の現実は、子どもの自主性の尊重や、世界への関心や意欲を育成するのではなく、テストと受験勉強が中心だった。高校受験も終わり、やっと迎えた春休みに開かれた高校入学説明会に牧子さんは出席して、驚いた。

「そこで渡されたのは、なんと春休みにしておくようにという何冊もの問題集だったんです。入学直後に試験をするからと。受験を終えたばかりだというのに、こんなに子どもを勉強で縛りつけてよいのかと腹が立ってきました」

俊雄さんは、こうした抑圧から子どもを解放する一つの方法として渓流釣りを採り入れた。

「大半の子が、土、日に塾通いをしているのに、夫は、息子を連れて山奥の渓流に出かけるんです。息子も釣りが好きなので、ときには泊まりがけで……」

広島の三段峡《さんだんきょう》に行ったときのことだ。長男は、釣り竿《ざお》を構えて数時間、やっとかかった大きなイワナを寸前で取り逃がしてしまった。

「夫が帰宅して語るんです。『やめとけ。逃がしたイワナは二度とかからないぞ』と言うのに、息子は何度も何度も挑戦し、三時間も粘って、ついに釣りあげたんです。『すごい持続と集中だった』と夫は舌を巻いてました」

この渓流釣りには、実は解放のほかに、シュタイナー教育が重視する集中力と持続力の育成も意図されていた。

「澄んだ空気、緑の山々、清流、大自然のなかで、竿を動かして渓流魚に挑戦して、かかったときの手ごたえ……。お母さん、最高の気分だったよ。ぼく、明日から、また勉強したくなったぞ」

長男は、帰宅すると、生き生きと、こう語るのだった。

自分らしさを演劇で

シュタイナー学校から帰国した長女は、公立高校に進学、一年浪人ののち、いまは大学のドイツ文学科一年生だ。

「私の入った高校は進学校でしたが、強制的な補習はなく、当時、模擬テストも全員必修でなかったんです。髪形やカバン、靴なども校則で縛られず、うれしかったです」

シュタイナーは、思春期、青年期になると、青年は自分らしさを表現し、主張したくなる。また自立的に思考しはじめることによって、将来、自分はどう生きていくかという生き方についても問うようになるという。長女にも、この傾向が出てきた。

「私が高校時代、心のなかで考えてきたことは、他人の目を気にしたり、ほかと同じことを、というのではなく、『自分らしい生き方を』ということでした。だから、みんなが模擬テストを受けたとき、先生から『広瀬の家は、模擬テスト代を払うお金もないのか』と言われても、私だけは受けないこともありました」

長女が自分らしい自由な生き方として求めたものに演劇がある。高校では演劇部に入り、活動した。

「シュタイナー学校で慣れてきた、体験を通した勉強とは違って、日本の高校での勉強は、たくさんの知識を試験のために覚えることに明け暮れし、無味乾燥でした。私がもっとも楽しさと、自分らしさを感じることができたのは演劇なんです。舞台作り、脚本書き、言葉と身体による自己表現、みんなで協力して一つの劇を作る喜び……。青春時代のエネルギーを思い切り注いだんです」

長女は、自分らしい生き方の探求を、高校時代の最後まで貫き通した。

「普通、高三になると、クラブをやめ、受験勉強一辺倒になるのですが、私は私だと考え、演劇の幅を広げるため、学校外の市民劇団に入り、活動を始めたんです。高三になってでしたので、母とはよく衝突しました。『受験を前にして演劇など、しばらくやめなさい』と何度も迫られました。でも私は、演劇だけは最後まで譲りませんでした」

ウィーンに一家で留学して、芸術活動を中心にすえるシュタイナー教育のすばらしさを自分の目で実感し、自己改革を迫られてきた牧子さんだが、長女の大学受験を目前に控え、体の奥深くしみこんだ点数主義が、またも頭をもたげてきたのだった。

「受験の秋は、いちばん力が伸びるときでしょ。なんで毎週、演劇の稽古に行くのかと、もうそれはそれは……。どうやって演劇から足を洗わせたらよいかと、そればかり考えて、やめなさい、とくり返し言っていました。娘は最後まで抵抗して、貝のように押し黙ることで、自分の意志を貫き通したんです」

母親の主張をはねつけた長女を支えてくれたのは、高校の担任教師だった。

「いちばん娘を理解してくれたのは担任の先生で、娘の意志を見抜いた先生は、私に『どんなに受験でたいへんでも、娘さんには週一回の演劇の時間だけは確保してあげてください。娘さんから演劇を取りあげないよう、私からもお願いします』とアドバイスしてくれたんです」

長女は一年浪人後、大学のドイツ文学科に進学した。

だが、この大学の進学先を決めるに当たっても、長女は演劇専門の演劇学科に進みたいと主張、牧子さんと衝突した。浪人して予備校に通っていたときも、毎週日曜日には、市民劇団の活動を続け、秋には舞台に立った。それほど演劇が好きだった。

「趣味としてならいいけど、娘は大学で演劇を専門に勉強したいと言いだして、ついに私と衝突してしまったんです。演劇なんてやめてよ。みっともない。そんなの裕福な家庭で育った人の道楽よ。それに練習時間の関係などで、男女関係も乱れるんじゃないの。だから絶対反対よ……などと言ってしまったんです」

　ウィーンのシュタイナー学校では、毎年、クラス全員で演劇をし、三カ月に一度開かれる月例祭では、どこかの学年が演劇を発表した。とくに八年生（中二）と十二年生（高三）になると、二時間にわたる演劇を行うのが慣習になっていた。参観に来た父母たちも毎年、楽しみにしていた。

「それだけでなく、ウィーンの国立オペラ劇場に出演している日本人のオペラ歌手も、わが家に来ては語らいのときを持つようになって……。私自身もオペラは総合芸術で、演劇、歌、演奏、芝居、衣装、舞台装置の絵、建物などと、芸術の集大成であることも理解できたんです」

　シュタイナー学校の演劇も考えてみると、出演する人たちは、自分と違う別人になりきるため、その内面まで理解し、自分のものにしなければならない。それだけでなく、音楽、舞台装置の絵、衣装など、授業でしてきたこと、すべてが生かされた。

「私も演劇の教育的意味については、ほかの人よりも、少しは理解していると思うようになったんです。でも自分の娘が演劇に興味を持って、その道に突き進むとなると、別問題になってくるんです」

　牧子さんは、さまざまな機会を見つけては、長女が演劇にのめりこむ理由について納得できる説明を求めた。

「私がなるほどそうかと納得できれば、私のわだかまりも解消したはずなんです。娘の言うことだから、理解してもあげたかった。しかし私が聞けば聞くほど、反比例するように、娘は黙ってしまうんです」

　牧子さんが「あなたがお母さんに、はっきり言葉で説明できないということは、演劇のほんとうの意味やおもしろさを理解していないっていうことよ」などと攻めたてると、長女は、ただ目に涙を浮かべて貝になるだけだった。

「娘は耐えに耐えて、最後になると、『窮鼠《きゅうそ》、猫をかむ』というように、くってかかるところがあるんです。内面のエネルギーが追いこまれていくと爆発するんです。娘の性格も、そのころになると、だいぶわかってきたつもりで、私は爆発することを期待したのに、今回だけは徹底して貝になったんです」

　長女は、仮に説明したとしても、母親の性格から次々に追及してきて、納得することなどあり得ない。自分の深い心の奥底までは理解してもらえないという〝読み〟が、働いていたのだろうと、牧子さんは考えた。

「そんな時点でも、私は、わが子なんだから、私は母親なんだから、娘のことはなんでもわかると思っていたんです。でも娘のほうは、私と自分の人間の違いを感じていたのでしょう。最後に、私ができることは、私が理解できなくても、彼女をまるごと認めてあげる、娘といえども、人間は違うのだと、それを認めるしかなかったんです」

牧子さんが完全にお手上げ状態になったとき、夫の俊雄さんに出番が回ってきた。

俊雄さんは、牧子さんの感情的な言い方とは違って、冷静に対応した。

「お父さんは、演劇をしたいという前の気持ちはよくわかる。興味を持つこと、深めることは大事なことだから、お父さんは応援するよ」

「しかし、これからは女性も専門性を持つ時代だ。演劇で生計を立てるというのは、容易なことではない。その自信はあるのかい？」

「その道で生計を立てるのはたいへんなことだぞ。趣味では通用しないんだ。どうやってお金を稼ぐつもりなんだ。世の中は、そんなに甘くないぞ」

「演劇は趣味として、それ以外に社会に通用する実力を身につけるために勉強するなら大学進学を認めるが、それ以外は、わが家の家計では無理なんだ」

こんな父親の説得がしばらく続いただろうか。長女の沈黙は続き、ときには涙を浮かべて聞いていた。

「偏差値のこともあり、娘自身もギリギリのところまで追いこまれていったんでしょうね。演劇以外のことでは自由に話をしていたんですが、あるとき、『昨日は、指名手配されている夢を見ちゃった』などと、こぼしたりしたんです」

俊雄さんの説得は、相変わらず根気よく続けられた。

「お前は耳がいい。ドイツ語は、既にかなり理解できる。ウィーンの友だちと自由に話せるようになったら、お前の世界はもっと広がるはずだ。お前を慕っている友だちも何人かいるし、それはお前にしかない財産なんだぞ」

「このままではもったいないぞ。これからはウィーンと日本を行ったり来たりする時代だ。お前が希望する演劇とドイツ語の両方がかなえられる方法をとったらどうだ」

「演劇だったら、ゲーテも知らなくちゃな。それには、ドイツ語の原典が読めれば、演劇のすばらしさがもっと深まるかもしれない。お前にしか、それはできないことかもしれないぞ」

広い世界と社会的背景を踏まえた俊雄さんの、静かで、しかも長女の才能を目覚めさせるようなかたちの説得が功を奏したのだろう。長女は、受験間際になって、演劇専門の学科ではなく、ドイツ文学科を受験することを決めた。

長女は当時をふり返る。

「私が母の反対を押しきってでも、強く主張しつづけたのは、シュタイナー学校の影響があるように思います。ウィーンの友人から手紙がよくきますが、彼らはみんな、『私はデザインを、私は語学を、私は建築を……』と、自由に自分の好きなことを見つけ、将来への道へとつなげて、打ちこんでいるんです。大学だって、普通より一年以上遅れて入るんですが、他人と比較することはないので、平気なんです。有名な大学だからとか、みんなが行くからだとか、偏差値で専門学科を決めるといった人は、だれもいません」

長女が大学で学んでいるドイツ文学も、ウィーンのシュタイナー学校での生活体験の影響が大きい。

「シュタイナー学校の生徒は、よく外国旅行をし、農業労働体験、社会福祉施設での体験……と、日本の青年とは比較にならないほど、広く世界を知り、体をよく動かして学んでいるんです。私がドイツ文学を選んだのは、ドイツ語を武器にヨーロッパの演劇の世界、演劇教育など、もっと広く学びたいと思ったからなんです」

いま長女は生き生きと、わが道を邁進《まいしん》している。青年は、広い未来に向かうとシュタイナーは言う。

大切な父親の役割

いま公立高校一年の長男は、外の世界へと知的関心を大きく広げている。

社会問題に対する関心も高く、朝は登校前に朝刊を三十分かけて読み、社説や解説、そしてコラムに目を通してから登校する。

「昨秋（九六年）の衆院選挙では、『お母さん、裁判官の審査で、それぞれの裁判官がどんな判決を出したか知ってる?』と聞いてきました。『A裁判官は、丸刈り判決のとき、違法じゃないと判断したんだ、この人だけは×を付けてほしいな』と……。シュタイナーの発達段階をまさに息子は地でいっている感じで、もう私を超えて、夫の出番なんです」

シュタイナー教育では、青年期における広大な世界への知的関心の目覚めと、理想の追求をきわめて重視する。

俊雄さんは、その場合、大人、とくに父親の役割は大切だと考えている。

「青年期になったら、単なる知識の暗記ではなく、歴史、政治、戦争、宗教、科学、芸術、文学、環境と、あらゆる問題への関心をいかにして呼び覚ますかが大切で、私がそれをやろうと。そういう目覚めが出てきたときに、親がキャッチして、支えてやることが大切なんです」

去年の夏休み、俊雄さんは長野県の木曽福島に五日間、長男と一緒に出かけた。

「そこから木曽駒ケ岳が見えるんです。有名な『聖職の碑』という新田次郎の小説になった山で、大正期に登山で遭難事件を起こし、教育論が沸騰《ふっとう》したんです。関心を示した息子に、その本を渡しておき、渓流のことも調べて……」

朝から渓流釣りをしたが、長男は、俊雄さんとは別行動をとり、どんどん山奥へ入っていく。そして夜、宿に戻ってから、「聖職の碑」についての話が深夜まで続いた。

「校長は責任をとって下山せず、子どもたちと一緒に死んでいったけど、お前だったらどうするかね」

「そうだな、ぼくだったら生きて帰れないな。責任者は当然だよ。帰ったらたいへんなことになる……」

九七年の正月には、俊雄さんは長男とＮＨＫの「映像の世紀」を見た。ナチスのヒトラーから太平洋戦争、そしてベトナム戦争と、二十世紀の世界の動きを映像でまとめたものだ。

「人間はどれほど悪いことをしたか。日本人も加担してきたんだなあ」

「お父さん、従軍慰安婦の問題でも、日本はああいう悪いことをしているんだね」

こうして息子と二人で語りあえるのも、そう長くは続かないだろう、いずれ息子は親元を離れて自立していく日がやってくると俊雄さんは覚悟している。既にその兆候は出はじめている。

九六年十一月、長男は新聞の声欄に英語教育のあり方について投書し、掲載された。

内容は「英語教育を小学校から導入すべきだ。英語を頭で考えるのではなく、体で、耳で、口で覚えさせることが大切だ」というのが趣旨。シュタイナー学校での体験から自分の考えをまとめたのだ。

牧子さんにも長男からは何の相談もなく、掲載された当日朝も、長男は何も言わずに登校していった。

「私たちには黙って出したんです。新聞社から『行数の関係で、少し短くします』という連絡があって、初めて息子が投稿したのを知ったんです。ほんとうに時がきたら、独立自立してやって

いくんだとシュタイナーが言った通りで、シュタイナーの人間洞察の鋭さを実感させられていま
す」

テレビは幼児教育に弊害

シュタイナーは、学校と家庭が教育の両輪だ、という。日本人の多くは、シュタイナー学校に子どもを入学させれば、すべて順調にいくと考えがちだが、実はそうではない。親がシュタイナーの見方に従って子どもを育てる意志があるかどうかが問われる。大きな問題はテレビである。

「ウィーンのシュタイナー学校では、テレビは教育の害になるから捨てるか、子どもには見せないようにと言われました。情報社会のなかで、無理だと思う人たちが多いのですが、シュタイナー教育では、テレビは子どもの想像力や意志力を培うためにはプラスにならないと……」

牧子さんはシュタイナー学校で授業見学をしたとき、長男の友だちの一人、ダビットの動きが気になった。

「授業の最中に一人だけ、先生の話を聞かずに、友だちとふざけたり、退屈そうにしていたんです。なぜなのか気がかりだったんですが、息子が彼の家に遊びにいって、『お母さん、ダビットの家にテレビもファミコンもあったよ』と帰ってきたので、そのナゾが解けたんです」

シュタイナー教育では、テレビは画面が実物でないため五感などの感覚が育たない。常に受け

身で、幼児が何かをしたいという意志への働きかけがない。リアルな画面では想像力も育たない。変化する画面は、模倣する暇を与えない——など、幼児にとっては弊害になることばかりだというのだ。

「私の家でも、まだ子どもが小さいころ、夫が『テレビはよくない』と言いだし、私は、テレビは絶対に必要と、反対したんです。結局、妥協して一日三十分は見てよいことにしたんです」

それ以上にたいへんだったのはファミコンだった。小学校に上がると、ほかの子どもたちはファミコンに熱中する。

「息子が小学生のとき『ファミコンがないのはぼくの家だけだ』と、地団駄《じだんだ》踏んで悔しがり、泣きながら『ファミコンが欲しい』と訴えつづける息子との戦いの毎日だったこともあります」

結局、俊雄さんが、長男がファミコンが欲しいと言うのは、遊びが足りないからだと判断して、暇さえあれば、外で遊んだり、自然のなかに連れだしたりした。渓流釣りも、実はファミコンへの関心をそらそうという意図もあったのだ。

「私も夫も、ものすごいエネルギーが必要でした。いまになってみると、それだけの価値はありました。中学一年になって将棋ゲームのためにファミコンを買いましたが、釣りとファミコンとどちらがいいと聞くと『そりゃあ釣りさ』と、息子は言ってます」

子育てって何だったの?

牧子さんは、長女の大学も決まり、下宿への引っ越し作業を終えたあと、電車で繁華街まで出て、食事をすませ、駅のホームで別れた場面を忘れることができない。

一年前の九六年三月三十日のことだ。

「私のほうの電車が先にきたので、対面のホームに立っている娘に笑顔で手を振って別れたんです。あのスカートを握って離れなかった娘が、自分の意志で、私から離れて一人の生活を始めるのだ。私から離れていく。少し不安げな様子に映った娘の表情を見たら、電車のなかで涙が流れてどうしようもなかったんです」

この涙は何なのだろう。娘が自分から離れていく寂しさなのか。一人で生活することへの不憫《ふびん》さなのか。それはおなかを痛めた母親だけしか感じることができない寂しさのように思えた。

「教育の仕上げは育つこと、そして自立することです。それは喜ばしいことなのに……。育児に明け暮れていたころ、娘が四六時中まとわりついていたとき、ともかく一人の時間が私は欲しかったんです。その娘がいなくなったとき、寂しさに心が乱れる。私は、こんなにもろかったのか。いま問題なのは、私の自立かもしれない……と。そんなことをいままで私は考えたことがありませんでした」

牧子さんは、これまでの子育てをふり返りながら、母親の目でとらえたシュタイナー教育を執筆している。

「私のなかに深く根を下ろした点数主義や競争主義のなかで、わが子は遅れまい、勝ってほしいという思いでスタートした子育ては、いったい何だったのだろう……と。夫だけでなく長男からも、『おかしい』と言われ、少しずつ変化してきた私ですが、まったく消えたと言ったらウソになります。まだ私のなかに深く巣食っている点数主義との戦いは続いています。でも私のような過《あやま》ちはくり返してほしくないという思いも強いのです」

俊雄さんは、シュタイナーを深めるにつれ、ともすれば忘れがちになる、しかしもっとも大切なことを学んだ。それはシュタイナー教育を担う人びとが、自分の子どもの教育は国家に任せるのではなく、親や家庭がみずからの手で、という考えと姿勢だ。

「ウィーンなどでは幼稚園や学校の設立に当たっては、まず親たちが子どもの発達について勉強することからスタートするんです。そして身近なところから実践し、少しずつ輪を広げていくんです」

講演会、読書会、実技講習会などが開かれ、親たちは広く、深い勉強をする。

「親や家庭が学びの機会を持たず、ただ、シュタイナー学校に任せきりの場合、シュタイナー学校の生徒といえども、ゆがんでしまうことを、私はこの目で見てきました」

ヨーロッパでも離婚と麻薬が社会的問題になっているが、シュタイナー学校も無縁ではない。

親がしっかりしていなければ、子どもが問題を起こすのはどこも同じだ。

「現在の日本の学校教育は確かにさまざまな問題が噴出しています。でも、そうしたなかでも、シュタイナー教育を採り入れることは可能なんです。いま必要なのは、私たち一人ひとりが、しっかりとした子どもの発達のプロセスを学び、それを生かして、草の根的に実践することではないでしょうか。それが日本の学校をよくすることになり、ひいては、シュタイナー学校をつくる力にもなっていくと、私は考えます」

教育は大人の生き方

広瀬家の団欒で、年度末の期末試験を終えた高校一年の長男が、この「大切な忘れもの」を話題にした。

長男「へえー、ぼくたちは、こんな点数主義のお母さんに育てられたのか」

俊雄「競争社会のなかにいれば、こうなるのは当然さ」

長男「いい点数に比較か。そういう親に育てられると、子どももそうなるのは当然だよな。親から子へ受け継がれ、そしていまの社会か……」

牧子「お父さんは例外よ」

俊雄「ぼくは、ほかとの比較でいい点取ろうと考えたことなんかないよ」

長男「ぼくだって同じだよ」
牧子「どうして？」
長男「そうだな、それはシュタイナー学校の体験だな」
牧子「なになに？」
長男「シュタイナー学校では、点数で評価され、ランク付けされることがないんだ。ほかとまったく比較しない。これは徹底していたんだ。だからぼくも自分で勉強したいから、したんだ。そんな生活を一年したから、日本に帰ってきても人と比較して、いい点取ろうと勉強したことはないな」
牧子「たった一年で？」
長男「時間の長さじゃないんだよな。高史明《コサミョン》の『生きることの意味』という本の主人公を知ってる？　主人公は『朝鮮人』って、先生たちにばかにされたけど、一人の先生だけが、人間として扱ってくれた。そのため、つらいことがあっても、その先生を思いだして乗りきっていくんだ。たった一人の教師の、ある瞬間だけなんだぞ。それが、その人の心にずっと生きている。だから心に響かない先生にだらだら長いあいだ、教わっても、何も力にならないよ」
俊雄「教育は突き詰めれば、私たち大人自身の生き方に通じていく。私たち自身が子どもとともに絶えず成長していくことが問われているんだ」
牧子「子どもの教育というところからスタートしたのに、いつの間にか、私自身の生き方や価値観が問われていたことに遅ればせながら私も気づかされたわ」

この新聞連載が始まってから、牧子さんのところに読者から電話がかかってくるようになった。乳幼児を抱えて、子育てに自信が持てない母親がほとんどだ。必ず最後に「シュタイナー幼稚園にわが子を入れたいのですが、どこにありますか」と問いあわせてくるのだ。

「わが子は、残念ながらシュタイナー幼稚園には入れていません。でもウィーンのシュタイナー幼稚園を見学したとき、なんだ、これは普通の家庭をちょっと大きくしたものじゃないかと思いました。シュタイナー幼稚園がなくても、シュタイナー教育の考え方さえ学べば、家庭でも応用できると感じました。シュタイナー幼稚園を探すことにのみ関心を向けるのではなく、一人ひとりがシュタイナー幼稚園のように家のなかで実行してみませんか。そうすれば、わが家がシュタイナー幼稚園になると思います」

シュタイナー幼稚園や学校に関心を持ち、設立したいという親たちが全国各地で、研究会や勉強会を結成したりして、運動を展開している。

だが学校設立となるとシュタイナーの思想を身につけた教員を、どう養成するかが大きな問題になる。それよりもシュタイナー学校は文部省の教育課程に合わないという理由で、設立認可や財政援助が得られないのが実態である。

「設立のための運動を辛抱強く展開することは必要です。これだけ多様化や個性に合った教育をという声が高まってきているのですから、日本でもシュタイナー学校が認可されるときは必ず来ると思います。でもいますぐに可能なのは、シュタイナー教育を、自分の家庭教育に取りこむことだと思います」

牧子さんは、この取材を受けるにあたって、家庭のプライベートな出来事を語ることに勇気と決断を必要とした。

「失敗は恥さらしだし、成功は自慢話になる。どっちに転んでも、いいことはないのだと悩みました。でもあえて公表しようと踏みきったのは、横川さんから『子育ては日本の社会の構造的問題を反映しているのだから、牧子さんが体験したことは、だれにも共通すること、決して恥じることはない』という強いアドバイスがあったからです」

それと同時に、シュタイナーの人間観、子どもの見方さえ十分に理解すれば、どこでも応用できることを知ってもらいたいと思ったからだ。

「私たちの日常生活のちょっとしたところで応用できることを、私たちの家庭の具体例を通じて、紹介できればと考えたんです。そして子どもを育てる最後の責任は親だということも知ってほしかったんです。ある期間、子どもの教育を学校に預けても、それは一時のこと、最後は親に戻るのです。教育を他人任せにするのではなく、私たち親自身が引き受ける、これこそが、私がシュタイナーから学んだことなんです」

シュタイナーに関する本を紹介してほしいという電話も多い。

「シュタイナーの理論は壮大で、深奥で、難解なところが多いんです。それを日常レベルにまで下ろして、日常生活の視点で理論と実際を述べた本はいまのところないように思います」

最近、牧子さんは自著『親子で学んだウィーン・シュタイナー学校』を読んだ学生からの読後感に、長男がもらした「学校が毎日、こんなに楽しいことばかりでいいのかなあ」という言葉が、たびたび引用されていることを知った。

「それだけ『楽しい』という言葉は印象的で、象徴的だと思います。私もまったく無意識に書きましたが、よく考えてみると、本を書く動機になったのは、息子の『楽しいことばかりでいいのかなあ』の、あのひと言だったんです」

「楽しい」という何気ない単語が、シュタイナー教育では、大きな意味を持っていると牧子さんは思う。

「かつて息子が幼かったころは遊びが楽しかったんです。ところが青年期に入ったいまは、理屈が好きで、何かに関心を持つと、なぜそうなるのか、ルーツなどの説明には、すごくのってきます。理屈で理解できるとおもしろい、それは息子にとって楽しいことだからなんです」

楽しいと思うことは年齢によって違う。シュタイナーは子どもの発達段階に合った教育という言い方をするが、子どもの発達段階に合っている、つまり発達を促し、子どもの欲求を満たすものであるからこそ、子どもは楽しいと感じるのだ。

「息子が小さいときに遊ぶことが楽しかったのは、体を動かし、自由に想像したり、創造できるから楽しかったんです。息子が理屈を理解できるものに関心を持つのは、青年期の息子の年齢が、思考力の発達の時期にあるからなんです」

教育は、子どもの伸びようとする発達を促すことであり、学校はそのためにあるべきはずである。日本の学校が子どもたちにとって楽しくないのは、発達段階に合っていないことを教えたり、しているからだと牧子さんは考える。

「考えてみると、楽しいということは、学校の勉強だけでなく、私たちが生きていく一生を左右することだと思うんです。老後に何か楽しいことがあれば、それが、その人の生きがいになるはずです」

牧子さんは、東京都庁の職員だった父親の晩年に思いをはせる。

「父のモットーは、我慢と辛抱でした。職場でも、母との関係でも我慢と辛抱を貫いて、私たち子どもを育てあげたんです。私は老後を父にゆっくりすごしてもらいたいと思っていました。ところが我慢と辛抱のなかで生きてきた父には、楽しいことがなかったんです。私は父に書道がうまいのだから、書道をしたらと勧めたんです。でも、父にとっては、書道は楽しいことではなかったんです」

我慢と辛抱で日本社会を生き抜いてきた父親は、新しいことをしないまま、自分の意志や意欲を押し殺してしまったのだ。

「その結果、老後になっても、自分のしたいこと、楽しいことを見つけられなかったんです。シュタイナー教育は意志の教育とも言われます。人間、だれにもある、その人の欲求、意志、意欲を伸ばすこと、それが楽しいことなんです。シュタイナー教育は老後まで見渡した教育だとヨーロッパのシュタイナー関係者が言っていますが、まさに父の生き方を見ても、その通りだと思いました」

第4章　日本でもシュタイナー教育

オーストラリアに飛ぶ

成田空港から飛行機で十二時間。南半球のオーストラリアの季節は、日本とは正反対だ。いま、日本では桜の花が満開だが、オーストラリアは秋を迎えている。

ブリスベーン空港から南に国道1号線を車で南下して三時間。白地に黒字で「バイロンベイ」と書かれた標識が現れた。人口六千人という小さな町だ。

白い砂浜の海岸沿いの道路が急坂に転ずると、オーストラリア最東端の岬に出る。夜には岬の先端にある灯台から二筋の明かりが星空を照らす。

夏はショートパンツにブラジャー、おへそを出し、はだしで歩く女性たちで町はいっぱいになる。居心地がよいため、この町に住みつくヒッピーたちも多いという。

めざす「ケープバイロン・ルドルフ・シュタイナー学校」は、町の西端の丘陵地帯にある。

シュタイナー学校は、一九一九年、ドイツのシュツットガルトで、タバコ工場の労働者の子弟を対象に創設された。当時のドイツは、労働者の家庭は荒れ、子どもは学校で〝国家に役立つ人間〟になるための教育を受けるなど、いまの日本の状況と酷似していたと言ってよい。

創設者のルドルフ・シュタイナーは、哲学者、教育家、思想家、建築家として知られている。

「自由への教育」をモットーに、国家や経済の要請にもとづく人間づくりではなく、子どもの成長・発達段階を踏まえて、多様で個性的な能力をどう育てるかを考え、その教育実践を具体化した。

それから約八十年。学校の荒廃が世界的に進むなかで、手仕事や芸術的要素、実体験に重きを置きながら行うシュタイナー教育は、学校教育に不満や疑問を抱く人たちにとって、一つの救いとなっていると言ってよい。現在はドイツだけでなく欧州、米国、オーストラリアなど世界六十カ国に約七百校のシュタイナー学校ができている。

だが残念なことに日本では文部省の厳しい学校設置基準などのために、シュタイナー学校は私立学校としても認可されていない。しかし学校教育を憂える人たちが集まって、シュタイナー教育の研究会や講習会が各地で開かれ、広島、岐阜では、シュタイナー学校の設立準備が進んでいる。

「自由への教育」と言われるシュタイナー教育は、学校でのすべてを子どもの自由にさせるのではない。子どもたちが大人に成長したとき、自分の意志で、自由に、創造的に生きていける自立の力をつけることを目的とする。

日本は学校教育を画一化し、効率化することで、社会や企業に役立つ人材を育成、その結果、短期間に高度経済成長を達成することができた。しかし効率優先の学校教育のシステムや競争社会の構造的ゆがみ、ひずみが、中学生の〝暴発〟となって噴きだしているようにも見える。

価値観が多様化し、これまでの価値基準が問われる新しい時代を迎えようとしているいま、「もうひとつの道」を実践する人びとも増えている。

最近、文部省も教育改革を叫び、創意工夫を生かして、子どもたちが目を輝かせる授業づくりを呼びかけている。しかし東大を頂点とするピラミッド型の学校教育構造は依然として崩れておらず、受験戦争はますます低年齢化し、早期教育に走る親もいる。過酷な受験教育に憂える親たちも、子どもが中学から高校に進学する段階になると、点数に一喜一憂し、少しでも点数を高くしようと子どもを叱咤《しった》激励してしまう。

理想と現実の乖離《かいり》が広がるなかで、「もうひとつの道」を歩みつづけるシュタイナー学校。発祥の地ドイツとは異なるオーストラリアでも、シュタイナー学校を必要とするのはなぜなのだろうか。日本では学校教育荒廃の処方箋《しょほうせん》になりうるのだろうか。

そんなことを考えていると、なだらかな斜面の一角に、平屋建ての山小屋風の教室が中央の芝生の広場を囲むように建っているのが目に入ってきた。一本の大木の根っこには「ケープバイロン・ルドルフ・シュタイナー学校」と彫った手作りの看板がある。着いたのだ。

物語を語り、聞かせる

子どもの状態を無視して、教科書にあることを画一的に、スケジュールどおりに教えていく日本の学校。それとは逆に年齢や発達段階に応じて、子どもが必要としているものを、子どもの実態、状況にあわせて学ばせるシュタイナー学校。その違いをこの目で確認したくなったのも、ここを訪ねた理由の一つである。

緑の木々に囲まれた二年生の教室で、リン・マコーミック先生の授業がはじまった。ドアの外に並んだ子どもたち二十五人は、リン先生と握手してから教室に入ってくる。笑顔が輝いている。

教室の窓から馬が草をはんでいるのが見える。小鳥の声も聞こえてくる。壁には水彩画など、色とりどりの作品が所狭しと飾ってある。どこのシュタイナー学校もそうだが、授業に入るまえ、子どもたちは授業のはじまりの「朝の言葉」を一斉に唱える。子どもたちはリン先生といっしょに大きな輪になった。

太陽が私を照らしています
聖霊が私の手足に力を与えてくれます
神様、私は心に宿っている人間の力を敬います
私は学びたいという意欲と気持ちでいっぱいです
光はあなたから生まれます
神様に愛と感謝の気持ちが通じますように

つづいてリズム運動、笛の合奏、そして言葉遊びと、眠っている意識と体に働きかける作業はつづく。十五分間だが、毎朝くり返されることにより、子どもたちには、一日の勉強がはじまるのだという心構えができあがっていく。同時に意志力や集中力も培うことにもなる。

シュタイナー学校の特色の一つは算数、国語などの主要科目を、最初の一、二時間目に「エポック授業」というかたちで教えていくことだ。担当するのは原則として担任教師、しかもおなじ科目を三、四週間も毎日つづけていくのである。

日本のように毎日、違った教科をこまぎれで進めていく方法とは違う。

「三、四週間にわたって算数を毎日つづけて教えますが、次の算数の時間がやってくるのは三、四カ月後になります。子どもたちは教えた内容を忘れてしまうこともありますが、忘れた記憶を呼びもどすことで、いっそう自分の身についたものになっていきます」と、リン先生。

シュタイナー教育では原則として、担任は一年生から八年生（日本の中学二年）まではおなじクラスの子どもを受けついでいく。八年生になるとエポックの授業内容も高度になるため、専門の教師が教えるケースもある。担任も子どもとの接し方を変え、教え導く権威ではなく、人生の先輩のような態度で臨む。

一人の担任が八年間も受けもつとなると、日本では、子どもと教師があわなかったり、問題教師にあたったりしたら大変だと心配する親は多い。だが反抗期、思春期を迎えて精神的にも不安定となる時期に、小学生からすべてを知り尽くしている教師が見守ることのメリットは大きい。

思い起こされるのは神戸の連続児童殺傷事件で、神戸市の中学校長会が出した総括だ。事件を起こした中学三年生について小学校の教師たちは、問題を持った子であるという認識があった。しかし、その認識が中学の教師たちには十分伝わっていなかったのだ。校長会は、小学校と中学校の連携の必要性を訴えている。

シュタイナー学校では、一人の担任教師が八年間受けもつことで、子どもたち一人ひとりの性格や心理状態、家庭状況などを把握し、きめ細かい対応をしているのだ。

いじめ自殺事件が起きた愛知県では、担任は一年ごとに交代させられている学校が多い。公平を期すというのが理由だが、教師は「どうせ一年でかわるのなら……」と情熱を傾けることができず、一人ひとりの子ども、親とのかかわりも形骸《けいがい》化し、子どもの実態がつかめなくなっている。

その日のリン先生のエポック授業は算数だった。

掛け算九九は六の段だ。ただ暗記するのではなく、子どもたちは立ったまま足と手を動かし、大きな声をだし、リズムを取りながら覚えていく。

オーストラリアでもテレビなどの影響で、子どもたちは落ちついて静かに先生の話に耳を傾けることが苦手になってきている。エポック授業の最後にリン先生は、子どもたちに物語を静かに語り聞かせることを毎日くり返す。

「思考力の目覚めは思春期にやってきますが、一二年生の段階で、そこにつながるのがファンタジーの力です。この時期に十分にファンタジーの力を働かせると、思春期になって思考力が目覚めたとき、ほんとうに自ら考える人になるとシュタイナーは説いています」

物語の内容も一年では童話、二年では聖人伝、三年では旧約聖書、四年では北欧神話というように、その年齢の子どもの心の成長にふさわしいものが選ばれる。

一九九八年の一月、栃木県で起きた中学一年生による女性教師刺殺事件で使われたバタフライナイフは、テレビドラマで人気俳優が持っていたのを真似して流行したことがわかり、テレビの子どもに与える影響が注目されはじめた。

テレビやテレビゲームが未成熟な子どもに大きな影響を与えるとしてシュタイナー学校は、まえから警告を発している。家庭では、できるだけテレビを見せない、テレビゲームで遊ばせないよう親たちに求めてきた。

「テレビやテレビゲームで遊んでいる子は、すぐわかります。とくに男子に多いのですが、リモコンで操作されたようなぎこちない動きになるし、視線が定まらず、キョロキョロしていて、集中しません。テレビゲームをやっている子は絵をかかせても、普通の人間ではなく、エイリアンみたいなものをかいてしまうのです。親に『こうすべきだ』とは言いたくないのですが、子どものためにはテレビは見せないほうがよいと思います。学校によってはテレビを禁じているところもありますが、ここではそこまでやっていません」

リン先生は顔を曇らせた。

政府、州も資金援助

一、二時限目のエポック授業が終わると、二十分の休憩時間だ。子どもたちは持ってきた果物などを食べ、広い緑の芝生を動き回る。キャッチボールやクリケットをして遊ぶ子どもたち。じつに楽しそうだ。

休憩時間が終わると、午前十時半から専科の時間。科目は手芸、絵画、音楽、オイリュトミー（魂の動きによる身体表現）、そして外国語も。

二年生の担任、リン・マコーミック先生は、創設の当初から母親としてもかかわってきた一人だ。当時、幼稚園児だった娘のジェイミーさんは、いまは十年生（高校一年）のクラスに在籍している。

「一年生から外国語を学ぶのは、小学校低学年のころはなんでもまねをしたがる模倣の時期だから、顔の筋肉の動かし方など外国語の発音に慣れてもらうと同時に、外国の文化にも関心を持ってほしいという願いからです」

専科の授業も、子どもの発達段階を踏まえ、無理に知識を詰めこんだりはしない。日本の学校とくらべると、一見、遊びのようにも見える。しかし手を使い、体を動かし、五感に磨きをかけることで、人間が生きていくためにもっとも必要な知的関心や問題意識を持つようにと、その器づくりに力を入れているのだ。

シュタイナーによると、七歳から十四歳までは、感情や意志力が伸びる時期で、この時期に無理に知識を詰めこみすぎたりすると、肝心の知的関心や問題意識が出てくる十四歳以降になっても、学ぶ意欲を示さなくなるという。

リン先生の話を聞いていると、日本でいま、はやっている早期教育への警鐘を、シュタイナーは、八十年もまえに発していたことがわかる。過酷な受験勉強に精根使いはたした日本の若者たちが、大学に入ったとたん、勉強をせずに同好会やアルバイトに熱中するのも、小、中学生時代の詰めこみ教育に原因があるのではないかと考えてしまう。


この学校がはじまったのはいまから九年まえのことだ。

「最初十六人の親たちが集まって幼稚園からはじめようと一年間、シュタイナー教育を勉強して、一九八八年に幼稚園をはじめ、次の年に一年生をスタートさせました。小さな小屋が教室で、夏は熱く、冬は寒くて大変でした」

リン先生は、当時は公立小学校の教師だった。長女が四、五歳のころ、たまたま土曜日のシュタイナー教室に通ったことで、芸術に重きを置くシュタイナー教育に関心を持った。シュタイナー教育を経験した教師がいなかったので自らもシュタイナー教員養成所に通って学んだ。

「ここでは数学にしても国語にしても、子どもが関心をひく絵や音楽などの芸術と結びつけたかたちで授業をしていきます。私の長男は、公立学校で登校拒否になりましたが、シュタイナー学校に転校させたら元気になりました。シュタイナー教育は、すべてを豊かな色彩と、音楽、造形とのかかわりのなかで教えていく。それが公立学校と決定的に違うところです」

最初は狭い敷地だったが、篤志家《とくしか》が土地を寄付してくれた。それを売却して二・四ヘクタールの広大な敷地を購入。新一年生を迎えるごとに教室を増やし、現在は十年生まで二百三十五人の生徒が学んでいる。

中央の緑の芝生のすぐ横に事務室がある。そこで予算など財政問題を担当しているのは、事務局長のルース・アンダーウッドさんだ。

「オーストラリアでは政権が交代して政府がリベラルになってから、それまで厳しかった学校設立の認可基準が緩やかになりました。以前は、国が認可しないと予算がつきませんでしたが、いまは州政府が認めれば、国も自動的に認可し、予算も出るようになり、この学校では親の負担は全予算の三〇%、授業料は一人当たり平均一学期四百ドル（約四万円）です」

だが問題がないわけではない。十一年生のクラスは、選択科目数が州政府の基準に達しないため設置できず、十年生十五人は他の公立高校へ転学したり、就職したりした。

「州政府の選択科目が、シュタイナー教育の観点から必要かどうかは疑問があります。しかしわずか十五人の生徒のために認可基準に見あう選択科目を設置しろと言われても、教師を雇うための予算がかかりすぎるし、結局、現状では無理と判断したのです。十一、十二年生は、しあげの時期で大切な年ですが、いちおう、ここで基礎的なことができていれば、ほかの子どもたちより学ぶことにたいする意欲はあるので、どこへ行っても大丈夫だと思います」

八年生から十年生の時間割を見せてもらった。エポック授業の科目は、英語、数学、歴史、地理、政治、化学、基礎的なコンピューター技術、物理の八科目。そして共通の選択科目は大きく分けると外国語（フランス語、インドネシア語）、音楽、絵画、演劇、創造的技術、工芸、ジャーナリズム、写真の八分野。たとえば、ジャーナリズムではインタビュー、記事の書き方、広報、作文、小説、詩、戯曲、ユーモア文章などという時間がある。

「科目は広く、豊富に用意されているので、自分の道を探すのに役立っています。学年によって八年生は十一人、九年生は十七人とばらつきがあるので、選択科目は八年から十年まで合同でします。学年が違っても興味がおなじであればいっしょに学べるし、少ない固定した人間関係ではなく、さまざまな人間と幅広くつきあうことも可能になります」

予算は苦しいがエコシステムはしっかりしている。下水や汚水は外に流さず、敷地内の人口池で処理し、肥料などに使っている。電気もソーラーパネルを中心に、足りないところは発電機で補っている。将来は全部ソーラーシステムで賄う計画だという。

子どもたちは自然に環境問題を学習できるしくみになっているのだ。

生徒と同じ目線で

日本では中学生のナイフ刺傷事件が続発し、学級崩壊が社会問題になっている。オーストラリアのケープバイロン・ルドルフ・シュタイナー学校では、そうした問題はないのだろうか。

家庭に問題があると、子どもたちは学校で荒れてくる、と先生たちは言う。

「だから教師は、子どもの心をつかむため大変な努力をしています」と事務局長のルース・アンダーウッドさん。

「数は少ないですが、家庭が安定してない生徒のなかにはドラッグをやったり、破壊的な行動に出たりする子もいます。たとえば親が一人に子どもが四人いて、父親がみんな違うとか、親がグループどうしで住んでいて、子どもはベランダで寝ていたりとか……。そうした子どもたちは、先生に自分のほうを向いてほしいという気持ちがあります。だから担任はほかの子よりも時間を多く持つよう努力しています」

バイロンベイは、気候が温暖で住みやすい場所のためヒッピーや、精神世界にのめりこむニューエージャーが集まってきて生活拠点にしている。そのためかはわからないが、ケープバイロン・ルドルフ・シュタイナー学校には、生活保護を受けている親が四〇％もいる。

「頭が痛いのは、予算のことです。年度末には、生活保護を受けている親のなかに授業料を払わない人も出てきます。生活が安定していないので、いつのまにか、いなくなったり、親が離婚して、どちらが学費を負担するのか論争になったりして、なかなか授業料が入ってこないこともあります」

バイロンベイには公立の学校がある。シュタイナー学校の生徒たちに公立学校の教師の評判を聞くと、「先生は生徒を人間扱いしない」「お金のためだけに働いている」「生徒が理解していなくても授業を進めていく」と、厳しい批判が返ってきた。

だがシュタイナー学校の教師は違う、と生徒は言う。

教育にかける情熱だけでなく、生徒の状況に応じ、教師が独自に判断して授業を展開していくやり方が、生徒との信頼関係を築き、学校の荒れを防ぐのに役立っているようだ。

現在、九年生（中学三年）担任のソーフ・ハワード先生は、一年前に途中から担任になった。公立学校の教師生活を二十年以上もやってきたソーフ先生は、一時、事務局を手伝っていたが、それまで勤めていた教師が辞めたため、いまのクラスの担任を引きうけた。

「公立と違うのは、先生は生徒を管理するのではなく、まず生徒との人間関係をつくる努力をしています。授業も子どもの状況を見て、いまはこのほうがよいと思ったら、緩やかなかたちで変更できるのも生徒にはよいと思います」

そのベテラン教師でも、途中から担任を受けもつことの大変さは想像以上だったという。

「最初は、私の教師生活のなかでいちばん難しかったです。生徒たちは反抗期に入っているから扱いにくく、すごく礼儀正しくなったり、その反対に失礼な態度をとったり……。一人ひとりの生徒の立場に立って、視線を彼らの目の高さにして、もし自分でその立場だったらどうするかを必死に考えました。とことん生徒と話すことで、信頼関係を深めることができました」

十年生の担任、クリスト・ブレッド先生は六十二歳。もっとも生徒たちから信頼されている先生で、この学校での中核的存在でもある。

「私は鉱山技師をしたのち、二十五年前からシュタイナー学校の教師をしています。四年まえに少し年齢の高い生徒を教えてみたくなり、バイロンベイに来ました。世界が急激に変化していることもあり、生徒たちが広い視野を持って社会に出ていくための手伝いをするのに意味があると思ったからです。昔は学校を出たら鉱山技師になるとか、将来が見えていましたが、いまは目まぐるしく変化する社会にたいして確信が持てない。だから自分に確信を持つことが重要になってきています」

若者たちが将来にたいする確信を持てずにいるのは、日本だけではないようだ。

「人間が単に物理的にではなく、精神的にも存在していることを生徒たちがつかんでいくと、もう少しゆったりと自分に自信を持つことができると思います。先生が規律をあれこれ言うのではなく、自分で自分を律していくという気構えを持つようにもっていくこと、それがたいせつだと思います」

クリスト先生が四年まえに担任となった十年生（高校一年）のクラスは、公立学校からの転入生が半分近くいて、クラスをまとめるのに苦労した。うまく適応できずに、結局、転校していく子もいたという。

日本でもおなじだが、七、八年生（中学一、二年）は、教師にとってはいちばん、難しく扱いにくい年齢のようだ。

「思春期に入って、反抗したいのだけれど、まだ自分で自分を律することができないから、きちんと反抗することも難しい。だから八年生までは先生としての権威が必要です。心から信頼し、尊敬できる権威としての先生から、なにかを導いてもらいたいという気持ちが残っています」

だが十年生になると、自分で自分を律することができるようになるので、先生は、あれこれと注意する必要はなくなっていく。学期末にクリスト先生は生徒たちといっしょに自然公園に三泊四日のキャンプに出かけ、滝下りを楽しんできた。

「こんどの旅行でも私は、ただイスに座って『朝食は何時、出発は……』と言っていればいいのです。自分たちで判断して行動します。彼らは私のことが好きだし、私も彼らのことが好きです。彼らはこれまでに一人ひとりが自分を律するすべを会得してきたので心配しなくてもいいのです」

クリスト先生の話を聞いていると、生徒に圧力をかけてなにかをやらせるのではなく、自分のペースで学んでいくのを助けるのが教師の仕事だと考えているのがわかる。

「ティーンエージャーは、突出した服装や行動をとるため、社会から糾弾されることが多い。しかし教師の仕事は、いっしょになって糾弾するのではなく、そういう彼らに自分の価値に気づかせ、自信を持たせていくことだと思います」

満足と不安が交錯

休み時間にキャッチボールをしていた黒髪の男の子がいた。

井上裕己《ゆうき》君（一〇歳）は、四年生のグレゴリオ・ノークス先生のクラス。二歳下の弟、知己《ともき》君は二年生で、リン・マコーミック先生が担任だ。

父親は日本人で、母親がオーストラリア人。家はバイロン岬の灯台に向かう急坂の高台、バイロンベイでは最高級の住宅地にある。

不動産業を営む父親の博文さん（四二歳）は、シュタイナー学校に子どもを通わせる親の気持ちを語ってくれた。

「裕己は学校が好きでたまらないみたいで、毎日、生き生きして喜んで通っています。『グレッグ、グレッグ』と、グレゴリオ先生の名前を一日中呼んでいるんでしょうね。それが口癖になっているのか、よくまちがって私のことを『グレッグ』と呼ぶくらいなんです。あれだけ裕己が親しみ、信頼できる人は、今後も出会うことはないでしょう」

博文さんは、裕己君をシュタイナー学校に通わせるかどうかで迷った。最終的にはシュタイナー教育に関心を抱いていた奥さんが決断した。

「ぼくにはシュタイナー教育に関しての知識がまったくなかったんです。ある人から『シュタイナー学校では国語や算数といった勉学には力を入れず、ハイスクールに行っても計算すらできない子どもが多々いる』と聞かされ、ものすごく不安になりました」

そのいっぽうで、シュタイナー学校では、だれもが優れた能力があるという信念にもとづいて子どもたちと接し、一人ひとりの才能を見いだしては、ゆっくり、ゆっくり時間をかけて、その才能を伸ばしていこうという教育が行われていると語ってくれた人がいた。

「そんな話を聞いて、日本のように国語、算数、理科、社会、宿題、宿題、テスト、テストと小学校から子どもを追いつめるような教育は、はたして正しいのか疑問を持ちはじめましたね。どうせなら、裕己をゆっくりと大きくしてやりたい。それに彼は絵とか工作がものすごく好きだったんです。それでシュタイナー教育が裕己には適しているだろうと考えました」

井上さんは大阪生まれ。建材卸売商で、教育熱心の父親から、つねに「勉強しろ」とハッパをかけられ、通信簿の成績が下がると怒鳴られた。

「ほんとうは音楽の勉強がしたかったんです。でも父親は、『一流大学を卒業して一流企業に就職しろ』です。おかげで小、中、高校と塾に、家庭教師に絞られて、毎日、まっくらやみでしたよ。とくに大学受験なんて思い出したくもない。一浪したんですけど、いまでも予備校時代の夢を見てうなされることがあります。受験が迫ってきているのに、勉強がちっともはかどっていない。どうしよう、どうしようと焦っている自分の夢を見るんです。その反発から大学へ入ってからはまったく勉強せずに、遊びとバイトに明け暮れました。あの大学生活は時間のむだでした。自分の子どもには、そんな青春は送ってほしくないですね」

大学を卒業後、かねてからの夢であった音楽の勉強のため米国へ留学し、三年後に帰国。大阪で英会話の講師をしているうち、奥さんと知りあい結婚した。英語ができたので、週に二、三回、バイロンベイ近くの公立小学校とハイスクールで日本語を教えていた。

そのときの公立学校にたいする印象が悪かった。

「一学級の生徒数は三十人。小学校から、できる子とできない子の差がはっきりしていて、ハイスクールではクラスがA、B、Cと能力別に分けられる。先生も教育には情熱がないため、生徒は教師に少なからず反感と敵対心を持っているのが実態でした」

しかしシュタイナー学校は違った。子どもたちは心から先生を慕っている。とくにグレゴリオ先生は最高だという。

「一年生のときです。グレゴリオ先生がクラスでアルファベットを教えていたんですけど、Cの字を教える日、彼は朝六時に学校へ行き、二時間かけて運動場の芝を刈ってCの形だけ残したんです。授業がはじまると、『今日はCの字を習う日だ。みんな外に出てみよう』なんて具合に生徒を運動場へ連れだして、芝でできた大きなCの字を見せたんです。みんなびっくりして大歓声。

こんなすばらしい授業、子どもたちは一生、忘れないでしょうね」

だが、すべての教師が、グレゴリオ先生のような熱血漢ではない。教師の主体性を重んじるシュタイナー教育だけに、ひとつ人選を間違えると好ましくないケースも起こりうるという。

弟の知己君の担任に選ばれたのは、離婚後、子ども二人を抱える女性で、個人的に彼女を知っていた父母の何人かは、八年生まで、クラス担任を務める重責を果たせるかどうか不安に思った。

「結局、彼女は二年の途中で妊娠を理由にあっさりと辞めてしまった。子どもたちは彼女とのきずなを断ち切られ、放り捨てられたようなもの。経験豊富なリン先生が引きついだのですが、経験豊かでも子どもたちにとっては新しい存在のリン先生とは、一からスタートしなければならない状況でした」

シュタイナー教育を受けた子どもたちが、どんな大人に成長していくのか、井上さんにとって楽しみでもあるが、不安でもある。

「裕己がもうすぐ五年生になるというのに、九九に苦労したり、分数に四苦八苦しているのを見ると、『シュタイナー学校ではなにをやってるんだ！』と、ついカッとなってしまうんです。グレゴリオ先生は『ハイスクールに進むまでの、あと二年間のうちに追いついて、追いぬくカリキュラムなんですよ。まあ見ていてください』と、断言しています。いまは彼の言葉を信じるしかないんですが……」

そのシュタイナー学校に九七年五月から日本の女子高生が留学していた。

日本人女子高生の体験

取材当時、十年生（高校一年）のクラスに在籍していた作間真彩《まあや》さん（一七歳）は、東京都立単位制高校の一年を終えて二年目をバイロンベイで学び、九八年の五月から日本の高校に復学した。

「最初、私は英語が話せなくて……。そういう私をクラスのみんなが、優しくし、助けてくれました。素晴らしい雰囲気のなかで生活できて、ほんとうに感謝しています」

心配した言葉のほうは三カ月もすぎたころから、一対一で話をすると相手がなにを言っているかがわかるようになり、六カ月後には、自分から話ができるようになった。

「留学していちばん感じたことは、家や学校の枠からはずれて、どこにも所属しない個人として私自身を見つめ、生きることができたことです」

先生の生徒にたいする接し方も日本とは違い、感心させられることが多かったという。

「いちばんの違いは、ここの先生は自分のことをなんでも生徒に話をするから、生徒たちは、先生がどんな生い立ちで、いまなにを考えているかまで知っている。生徒も先生を全面的に信頼しているんです」

勉強の仕方も違った。日本では生徒は受け身で、先生が教科書を読んで、説明することを覚えていく。そしてテストをするというくり返しだ。

「ここは違うんです。たとえば歴史では、『十八世紀のヨーロッパについて』というテーマがあると、自分で調べて自分なりのノートを作る。だから一人ひとり違うノートができます。そのノートを提出すると先生が、これはこうだといろいろ書いてくれる。ノートも色を使って、芸術的に仕上げていく。色の使い方、想像力は素晴らしいですよ」

日本では中学、高校も「自由」「個性的」という目標は学校に掲げてはある。しかし実態は、「なんでもいっしょに」という空気が蔓延《まんえん》していた。

「ここでは七年生くらいまでは、生徒と先生とは親子みたいな関係、十年生になると先生という感じになっていく……。先生も自分の考えを無理やり押しつけるやり方はしません。日本だと宿題は提出日までにださないと点数にならない。この学校では、なにかの理由で間にあわなかったり、時間をかけて調べたい人は、先生に断れば、提出日をすぎても提出できる。先生も、単に点数をつけるという視点ではなく、丁寧に見てくれる。学ぶのを助けるのが先生だという感じがしました」

八年生（中学二年）から学期末になると二週間の範囲で、職業体験の時間がある。自分で体験したい仕事を探し、経営者と直接交渉して決めるのだ。生徒一人ひとりの考えを尊重し、社会体験を通じて、人間の生き方や社会のしくみを考えさせようというのだ。

「私は、カフェと幼稚園と市場の洋服売りの仕事をしました。ほんとうは古着屋さんで働きたかったけど断られて……。カフェでは、オーストラリアや、この町の普通の人たちの暮らしがよくわかった。しかし実際は、幼稚園での体験がためになった。先生たちが子どもの状態を察して、うまく接しているのには感心しました。ほんとうのプロの仕事ぶりというのがわかった感じです」

じつは真彩さんは、いまから十一年前、東京・高田馬場でフリースクールのかたちで発足した日本では初めてのシュタイナー校である「東京シュタイナーシューレ」の一期生だった。そのシュタイナー校は東京・三鷹に移転し、一年生から六年生まであわせて七十人近くの子どもたちが学んでいる。だが、これまで外部には非公開だったため、その存在すら知らない人が多い。

「私の場合は五年からは公立小学校に転校したのですが、それでもシュタイナー教育の一部に触れているから、自分で考えることとか、色彩感覚もほかの学校を出た子よりもよいと思っています」

一人ひとりの個性を重んじ、詰めこみ教育ではないシュタイナー校で、小学一年から四年まで学び、それから公立小学校へ転校した真彩さんは、最初はなにからなにまで戸惑った。

「教科書の漢字が読めなくて焦ったんです。でも毎日、まえもって教科書だけは読んでいって……。最初は大変でしたが、なんとかなりました」

公立中学でバスケット部に入ったら、顧問の教師から「髪の毛はショートカットにしなさい」「スカートの長さは、靴下は……」と厳しく注意されて違和感を感じた。

「先生は『おまえのこと、信頼してるからな』と言うけれど、暴力を振るっているので私は信用できなかった。試合で負けると『ちょっとこい』とロッカールームに呼ばれて、バン、バンと往復びんた。鼓膜が破れた子もいました」

アメとムチの賞罰で生徒を調教する、体育会系の教師の典型だった。

「すごく怖くて、怖くて……。それで先生のまえではちゃんとして、いないところでは手を抜いて……。毎日部活があるから自由なんか、なにもなかった。だんだん勉強する時間も体力もなくなってきたし、先生は『やめると不良になる』みたいな言い方をしてたけど、二人やめたのがきっかけで、私を含め五人がどっと抜けてしまいました」

高校受験では、たまたま単位制高校のパンフレットを読んで、受験したら合格した。

「中学と違い、細かいことで注意はされないだろうと、指定以外の靴下をはいていったら、『おい、作間、ちょっとこい』とかって……。だから生徒は先生のいないところ、電車のなかで着替えて。そのほうが恥ずかしいと思うのに。でも先生も、学校の中と外で裏表を使いわけているから、生徒もそうするのだと思う」

真彩さんの話を聞いていると、日本の学校を再生するには、まず生徒と教師のあいだの信頼関係の回復が第一。そのためには教師白身が決められたことをスケジュールどおり、画一的に教えるロボット教師ではなく、自分自身をさらけだせる人間味あふれる自立した教師になることではないかと思った。

バイロンベイで人生勉強

作間真彩さんは、一年近くの滞在期間中、学校での授業以外に、じつにたくさんの〝人生勉強〟をしたという。

「ひとことで言えば、さまざまな生き方をしている人がいて、自分の父、母のこと、親子関係についても考えるようになってきたわけです」

日本での学校生活だけでは体験できない家族や人びとに、真彩さんは出会った。

「三週間前に友だちの家に泊まりに行ったんです。十年生のクラスのジーアという不思議な感じの女の子の家です。彼女は、うれしいと感じると、すぐ表面に出すような子で、雨が降るとうれしくて、外に踊りに行っちゃうような感じです。髪形も、まえもうしろも刈りあげていて。まえから彼女の家は、どういう家かなと興味があったんです」

父親は自由人、母親は養蜂家でヒッピーだった。子どもはジーアに弟と、赤ん坊の三人。別居している兄弟がまだいるという話に驚いた。

「もっとびっくりしたのは赤ちゃんは父親とは別の人の子なんです。でもお父さんは、それを受けいれていて、お母さんが幸せだから、子どもも幸せという……。ドラッグとのつきあい方もきちんと教えていて、やるなら自分で責任を持たなければいけないと。私の母のように『あれやるな、これやるな』と、囲うようにすると、子どもってやりたくなるでしょ。いちばん信頼しあっているのが家族という感じで、新しい家族のあり方を示しているように思いました」

真彩さんが最初の六カ月間、下宿していた家族も不思議な家族だった。八歳と四歳の男の子二人の母親は、画家で三十四歳。離婚して、ボーイフレンドと生活していた。

「彼女は子どもたちのしつけはせず、動物を放し飼いしている感じというか、子どもがテレビを見ようが、外で遊ぼうが、面倒は見ない。でも子どもが寝るまえにはいつも本を読んであげるよいところもあるんです。私の部屋の隣にテレビが置いてあるんだけど、うるさいから静かにして、と言っても、『そんなこと知るか』と、子どもはわざと大きな音を出してみたり、だんだん居ずらくなって下宿を変えたんです」

新しい下宿先の家族はまえとは正反対で、大金持ち。夫婦そろっていた。

夫はオーストラリア人で牧場を経営、妻は中国系マレーシア人で専業主婦。四歳と二歳の女の子がいて、真彩さんはベビーシッターもした。

「お父さんは五十三歳で、メルボルン近くに牧場を持っていて、管理はほかにまかせ、利益が送金されてくるんです。週に二、三回しか家にいなくて、あとはゴールドコーストで、船造りに励んでいる。奥さんは三十八歳で、子どもにはすごく厳しくて、だめと言ったらだめ。お金があるから、子どもにはすてきな洋服を着せてるけど、汚すのを嫌っている。疲れたり、いらいらすると、すぐ子どもを怒る。子どもは、お母さんが好きだけど、怖がって、伸び伸びしていないんです。将来、自分に子どもができたら、もっと子どもの気持ちをくんであげるようにしたい、と思いました」

真彩さんは、先住民アボリジニの民族楽器であるディジェリドゥーの吹き方を習い、いちおう、音が出せるまでになった。その先生もヒッピーで、二十三歳の女性。彼女の母親もヒッピーで、インドの海岸で助産婦さんなしに彼女を産み、空にビーナス（金星）が輝いていたので、名前をビーナスと名づけたという。

「ビーナスさんは、『練習はしたいときにすればいい。したくないとき、してはだめ』。吹いているときも『いつも感じなさい。どういう気持ちかを』って。私、一度外に出て、大きなサッカーグラウンドで一人で吹いたんです。感じるとはどういうことかな、と思って。そしたら自分ではなく大地が吹いているような音に聞こえたんです。気持ちのよい体験でした」

滞在期間中、母親がわりをしてくれたのが日本人の愛子さんだ。

たまたま真彩さんが留学直前、母親の知りあいで、オーストラリアに住んでいる友人が紹介してくれた人で、二十年近くシンガポールで美容院を経営していた。

その後、中国人の夫と離婚したこともあって、オーストラリアに移ってきた。

「ここに来たときは私はなにもわからなかったので、なんでも教えてもらったんです。たとえば、日本は夜遅くまで遊んでも危なくないが、オーストラリアは違う。ドラッグについては『一度もやらないばか、二度もやるばか』だとか、『やるな』ではなく、これをするとこうなる、と具体的に教えてくれました。愛子さんもそうですが、バイロンベイに住んでいる人は、ヒッピーも含めて、なんで生きているのかとか、生きる目的はなにかとか、スピリチュアルなんです。おかげで私も、自分や家族のことを考えるようになりました」

真彩さんの父親はドイツ人で、真彩さんが五歳のときに母親と離婚した。だから真彩さんは、父親をあまりよく覚えていない。

「日本にいたときは、どうでもいいと思っていたけど、いろんな家族を見て、シュタイナーは『子どもが家族を選んできた』と言ってるし、私はお父さんが、どういう人か知りたくなって、北海道に住んでいたお父さんにいろいろ質問する手紙を書いたんです」

返事がこなかった。一カ月後にやっときた手紙を読んで、がっかりした。

「私と兄や、お母さんのこと、どう思っているか、とか、若いころ、お父さんはなにをしていたかと、いろいろ書いたんです。そしたら『いまはドイツに行く準備で、手紙を書く時間がない』と。忙しいのはわかるけど、ばかっていう感じ……。お母さんが、なぜ、そんな人を選んだのかわからない。お父さんは、私のことを考えているんでしょうけれど、自分勝手というか、すごく恥ずかしかった。私は小さいころ、両親が離婚したのは嫌だったけど、いまは離婚してよかったんだ、と気持ちの整理がつきました。バイロンベイに来て、ほんとうによかったと思っています」

娘を思う母親の願い

作間真彩さんの母親、ゆみこさん（五〇歳）は翻訳、編集の仕事をし、東京の玉川大学で翻訳児童文学を教えている。

一九九七年夏まで勤めていた冨山房で編集した『星のふる夜に』は、「けんぶち絵本の里大賞」を受賞するなど、児童書の編集では第一人者である。

「真彩が高校一年の終わりころに、シュタイナー学校に行きたいと言いだしたんです。私にとってシュタイナー教育は、単に知識だけじゃなく、人間全体を、そのとき、そのときの成長段階にあわせて育てるという点で大きな力を持つと受けとめていましたので、いいだろうと思いました」

英国のシュタイナー学校に手紙をだしたり、いろいろな人に相談もした。たまたま来日中の、オーストラリア各地でシュタイナー学校を設立してきたホワイトヘッドさんに広島で会った。ケープバイロンの学校がよいと勧めてくれたので、手紙を出した。十年生の担任であるクリスト・ブレッド先生から「受け入れてもよい」という返事がきた。

「日本にいると詰めこみ教育の影響を受けて、考える時間がなくなっていく。女子高生はみんな同じ格好をして、ルーズソックスに、短いスカートはいて、持っているものも同じという、すごく異常な閉じこめられた社会で、みんなとおなじにしたいという気持ちにだんだんなっていく。そんな気持ちを取っ払って、いろいろな人が、いろいろな格好や考え方をしている、それを見てもらいたいと考えました。狭い社会のなかだけで、自分を規定してしまうと、とても貧しい結果になる。ちょっと視野を広げて、多様な価値観を持っている人に触れるということが必要かなと。それも大人じゃなくて、同年齢の子がたくさんいるのはいいことだと思いました」

ゆみこさんがそんな考えをもてたのも、自らの体験があるからだ。

全共闘世代で、能率、効率を優先する経済第一主義の日本社会に疑問を感じていた。人と人との関係、人と生物との関係を考えるようになり、エコロジーや教育、アフリカの問題などに関心を抱くようになった。

「大学を卒業後、児童書の編集の仕事に就いたのですが、働いてみたら仕事はおもしろかったけれど、この世界だけで一生すごすのかと思ったら、もの足りなくなって、三年近くで辞めて、貯めたお金がつづくかぎり、外国で生活してみたいと、英国に行ったんです」

最初、英国人の家に下宿、アルバイトをしながら外国人のための英語学校に通った。

「そこには、いろいろな国の人が来ていて、ものすごくおもしろかった。英語の学校でも話しあうテーマがあって、コミュニズムとかロンドンの交通事情とか、トピックについて好きなこと、自分が考えていることを言うんです」

その討論の仕方にも、さまざまな国民性が表れた。

「たとえば南米のベネズエラやスペインの人は、文法はめちゃくちゃ。でも言いたいことは単語を並べただけでも言う。ところが日本人は、ペーパーテストではいい成績はあげるけれど、話ができない。文法的に完璧に言おうとするから、考えているうちに、ほとんどなにも発言できず終わってしまう。ものの見方の違い、そして自分の意見を言い、自分で考える方法を学びました」

三年後に友人の紹介で知りあったドイツ人と結婚した。彼がシュタイナー学校出身だったこともあって、シュタイナー教育に関心を持つようになっていく。

「彼のドイツ人にないソフトなところがいいと思いました。出会って一年後に結婚して、ドイツへ旅行したとき、彼が学んだシュタイナー学校にも行って、宗教の先生や友人たちにも会いました。なにか人間として上質な感じがして、人の話をしっかり聞いて、理解し、受けとめる能力が高いというか、こういう人間をはぐくむシュタイナー教育はすごいなと思いました」

結婚して九カ月後、ゆみこさんは夫とともに日本に帰国。まもなく長男、二年後には真彩さんが生まれた。

「子どもが寝ているあいだに、翻訳でもと考えていたのですが、育児に追われて……。専業主婦どうしのやりとりだと、日常生活や子どもの話題だけになってきて、こんなはずじゃなかったと、だんだん落ちこんでくる。それで長男は一歳から公立保育園に預けて、絵本や童話の編集の仕事を週三回、冨山房ではじめました」

ところが夫は、真彩さんが生まれた直後から働かず、家にいるようになっていく。〝主夫〟役に徹してくれるのならまだしも、食事を作ることは作るが、スパゲティーにトマトケチャップをかけただけで終わり。

「やるんだったらきちんとすればいいのに、努力をしない人で、私にはそれがイライラになってきて……。もう一人子どもがいるみたいで、こちらから離婚してほしいと言ったんです」

子ども二人はゆみこさんが引き取り、夫は北海道の牧場で、工芸品を製作するなど自由人のような生活をはじめ、九八年二月にドイツに帰国した。

「真彩が、夫に手紙をだして質問したのに答えてくれず、怒った気持ちはわかります。もう少したったら、いいところもあると受けとめるようになると思います。でも真彩は考え方がすごく大人になりました。『私はいろんな人に感謝している』という手紙を、私だけではなく、日本で世話になった人に出しています。そんなことは、まえは考えられませんでした」

とくに担任のクリスト先生には感謝しているという。

「先生は、『ティーンエージャーは、突出した服装や行動をとるため社会から糾弾されることが多いけれど、教師の仕事は、いっしょになって糾弾するのではなく、そういう彼らに自信を持たせていくことだ』と言っています。だから、バイロンベイ・ルドルフ・シュタイナー学校の子どもたちは思春期をうまく乗りこえて、大人になれるのだと思いました」

子どもに必要なのは体験

作間真彩さんが、小学一年から四年まで学んでいたのは、日本ではじめてのシュタイナー教育実践校、「東京シュタイナーシューレ」だ。

当時は地下鉄東西線早稲田駅近くにあったが、いまは東京・三鷹市に移転し、実践を続けている。現在、小学一年から六年まで七十人近くが学んでいるが、知る人は少ない。

というのもシュタイナー校は、マスコミの取材を頑強に拒みつづけてきたからだ。

報道されると問いあわせが殺到、見学者も増えて授業など学校生活が混乱する恐れがある。そのいっぽうで正式に認可を受けていないため、行政側から学校教育法違反で問題になりかねないという危惧《きぐ》もあった。

だが状況は変わった。

文部省が一九九二年、登校拒否問題への対応についてという初等中等教育局長通知を出し、登校拒否児童生徒が学校外の施設で指導を受けている場合、校長は指導要録上、出席扱いできるという方針を示した。その結果、シュタイナー校で学んだ子どもたちの卒業証書は、籍が置いてある公立小学校から校長の判断で出してもらうケースが増えてきた。

またシュタイナー校の教師や親のなかには、自分たちの実践を公開し、関心を抱く人たちと共有、共感しあうことも必要だと考える人たちが出てきた。

私たちの取材が今回、マスコミとしては、はじめて受けいれられたのである。

そのシュタイナー校は、京王井の頭線、井の頭公園駅から歩いて十五分の住宅街の一角にある。校舎と言っても、食品会社の従業員寮だった木造二階建ての建物を九七年九月に借りて、父母たちも参加して大改造したものだ。

それまでは五分ほど離れた民家を使っていたが、手狭になって移転した。

認可を受けていないため、公的な補助金はいっさい受けず、先生の給料、校舎の賃貸料、改造費など、すべて親たちの授業料と、「シュタイナーシューレ友の会」からの援助金で賄われている。


朝八時すぎ、かばんや手さげを手にした子どもたちが登校してくる。

玄関を入ると、先生が「おはよう」と、子どもたち一人ひとりと握手して出迎える。

廊下の両側は、六畳の日本間を三つぶち抜き、畳から板張りに改造した教室だ。窓の淡いピンクのカーテンから柔らかい光線が入り、落ち着いた雰囲気が漂っている。机やいすも木製で、電灯のかさも、親たちが白い布で作ったもの。一つひとつにきめ細かい配慮がされている感じだ。

児童数は一、二年各十四人、三年十五人、四、五年各十一人、六年四人の六十九人。

最初の一、二時限は、担任教師によるエポック授業。三時限から専科の時間で、一年からドイツ語、英語を学ぶ。

三年の教室では、担任の石原純先生（四二歳）による、国語の授業が始まっている。この日は漢字の「神」という字の成りたちが中心だ。

「このまえのフォルメン（線描）の授業で、雷の稲妻をかいたね。ジグザグ模様と、それを貫く天から地への光、その動きのフォルメンから『申』が生まれる。それと、神に身をささげる人の姿とがあわさって、『神』という字になるんだ。お米が実るときにも雷の力が必要なんだよ」

シュタイナー校では、三年になると、米作りと家造りという課題がある。

四月末には埼玉県富士見市の農家の田んぼに出かけ、モミをまいた。苗を植え、収穫まで実体験する。それに結びつけて、漢字も学んでいくわけだ。

石原先生は、シュタイナー校の創設期の苦労を体験してきた教師の一人だ。

「子どもたちは教科書を使いません。いちばんたいせつなのは、一人ひとりの子どもが、自分の気質や性格にあったやり方で、喜びをもって学んでいくことです。授業内容が多すぎ、負担にならないように、質の良いものを、少しずつ、ゆっくり学んでいくことが基本の流れです」

シュタイナー校のユニークさは、試験がないこと、通知表も点数表記ではなく、記述式であることだ。

「学んだあとは、忘れることがだいじです。たとえば、テストのために忘れないようにすることは、子どもの心の健やかな成長を損ないます。約四週間のエポック授業で、一つのテーマに深く入りこんだら、いったん忘れ、数カ月たって、おなじエポック授業が巡ってきたとき、もう一度、記憶をよみがえらせる。思い出す力がそこで養われていくのです」

知識を詰めこむのではなく、体験を重視するのもシュタイナー教育の特色だろう。

「子どもたちに必要なのは、なにかを覚えることではなく体験なのです。なにかわからないけれど、すごく楽しかったという体験をもっともだいじにしています」

だが日本独特の漢字は、いつ、どんなかたちで学んでいくかは、先生によって違う。

シュタイナー校としてのカリキュラムも作成途上にある。

「一年生は、平仮名・片仮名、漢字の導入でも、絵やフォルメンを通して、字の形がどのように生まれるかを学んでいきます。私は、お日さまの絵から『日』、そして『火』『水』といった自然の要素へと進みました。一つひとつの漢字との出あいが、新しい発見なのです。漢字への関心の目覚めはずいぶん差がありますので、それも尊重しつつ、全体的には、学年を追って興味が膨らんでいくのにあわせて、習う漢字の量も増やしていきます。ただ悩みの種は、漢字の数が増えると、忘れるのはきれいさっぱりできても、思い出すのがなかなか難しいことです」

日本の多くの学校では、毎日、漢字の書き取りの宿題を出し、試験をして、興味があるなしに関係なく、漢字を覚えさせるやり方をしているところが多い。

「テストをするよ、と脅せば子どもは仕方がなくやるでしょう。それは体験する喜びを殺してしまう。私たちは、学力というのはテストでどの程度覚えたかをチェックするのではなく、学びたいと思う意志の力があるかないかだと考えています」

息子は先生たちに救われた

九八年三月、東京シュタイナーシューレを巣立っていった五人の生徒たちがいる。進路は私立中学へ三人、公立中学へ一人、英国のシュタイナー校へ一人と、それぞれが違った道を選択した。

試験も、点数評価もない学校で、はたして子どもたちは勉強するのだろうか。ただ一人、公立中学校へ進んだ山下信行君（一三歳）の母親、祥子さん（四一歳）は、その点をどう受けとめているのだろう。

「私はシュタイナー校に入学させるまえから、いっさい、心配しませんでした。必要があれば、学校を出てからでも、本人がやるだろうし……。ただ気がかりだったのは、無認可だから仮に大学を受験しようとしたとき、資格がないと言われたりして、選択の枠を狭めることになりはしないかということでした」

信行君の場合は、二、三歳ころから、自動車のナンバープレートの漢字に興味を持ちはじめ、幼稚園の年中組では年賀状を漢字ずくめで書いて、先生たちを驚かせた。

「当時、漢字のことをあれこれ聞かれて、面倒くさくなった私が、国語辞典を与えたら、自分で辞書を引いて、覚えていくんです。祖父母は『できる子だ』と喜んでいましたが、私は、逆に知的に進んでしまうのが心配でした」

祥子さんは知人の紹介でシュタイナー校を知った。就学期の子どもを持つ親のために毎月開く「出会いの会」に出てみた。低学年では知識を詰めこまず、音楽や芸術に力を入れるという説明にひかれ、息子を学ばせたいと思った。

「主人はクラスの人数が少ないと気にしましたが、私は心配しませんでした。それよりも私自身が子どもを見る余裕がありませんでした。正直言って、信行はグレてもおかしくない環境だったのですが、シュタイナー校の先生たちに救われた思いでいます」

祥子さんの夫は、玩具《がんぐ》の輸入代理店経営者。一時は東京と大阪で従業員四十人を使っていた。だが信行君が二年のころに夫は経営に失敗、生活費も入れなくなった。

「かわって私が働かなければ生活できなくなり、子どもの面倒は、私の七十九歳になる父が毎日来てくれました。食事の支度は信行がしました。あの子は赤ちゃんのときから台所道具で遊ぶのが好きで、二歳のときから包丁を持っていました。お料理が好きで、幼稚園時代から自分でレシピを作ってやるんです。将来、高校に行かずにお店を開きたいというのが夢なんです」

家庭だけでなく、シュタイナー校も期待どおりには進まなかった。

担任教師は家庭の事情で、一年の三学期に辞任。二年で担任が代わったうえ、三年との合同クラスに。そして四年になると三年と五年との合同クラスになり、最後の六年では五人の単独クラスになったが、担任は新しい教師と交代した。

「本来なら六年まで担任がつづくはずでしたが、先生方にも事情があったようです。二年になって新任の担任から、『信行君は、お父さんとはどういう遊び方をしてますか』と聞かれたことがあります。男の先生によく甘えると言われました。主人は、二、三歳ころからゲームを通じてしか子どもと遊ばず、人間関係が結べない人でした」

夫は、仕事で取り扱うゲームを自宅に持ち帰っては、暇さえあれば息子を相手に興じていた。もっとスキンシップを、と注文しても不機嫌になるばかりで、態度を改めようとはしなかった。

「いくら言っても『ふうん』という返事で、効き目がありません。真剣に子育てを考えようという気がなかったのです。信行は、家ではほんとうにいい子で、主婦役、主夫役、そして弟の父親役と三役をやってくれてました。だから家庭で満たされない寂しさや不満を学校で発散していたようです。体は大きいから、弱い子をいじめたり、先生にも反抗して『うるせえなあ』などと家では使わない言葉を吐いたり、授業中にふざけたり……。そんな信行を先生たちが真っ正面から受けとめ、私が思った以上の子に育ててもらい、ほんとうに感謝です」

夫とは、九七年二月に離婚した。高校時代の一年先輩で、大学卒業後に再会して結婚したのだったが、子育てに最後まで理解を示さなかった。

「最終的に会社と家庭のどちらを取るかになったとき、主人は会社を取ったんです。子どものまえでは言い争いはしていません。だからいまでも子どもにとってはいい父親です。いま考えると、私は教育ママから逃れるため、家を出たくて結婚したように思います」

祥子さんが小学五年のとき、知人に勧められた母親が、祥子さんに知能テストを受けさせたところ、知能指数（ＩＱ）が一四〇と出た。それで母親の教育熱が刺激されたようだ。

「それまでは母はなにも言わず、私はほんとうにいい子で、親に反抗はいっさいしなかったんです。ところが中学に入ってから中間、期末試験と、テストのあるたびに正座させられて、『なんですか、この成績は』と延々と説教なのです。最近、当時の日記が出てきたんですが、『母が怖い』『死にたい、死にたい』と書いてあるんです。人間って『勉強しろ』と言われると、したくなくなるもんでしょ。だからでしょうね。私はわが子には自由にさせようと思ったんです」

信行君が公立中学に通いはじめて、すでに二カ月がたつ。

「勉強もたいした遅れはなく、喜んで通っています。狭い空間から解放されて、心理的にも落ちついた感じです」

最近、その母親とも和解した。電話で母親に、「私はこれだけ傷ついていたの」と訴えたら、「そこまで思いつめていたの。ごめんなさい」と謝ってくれた。母親が厳しかったのは、父親が大手企業の関連会社に勤めていて単身赴任が長く、そのためにストレスをためていたのだと、思いやる心の余裕が、祥子さんにも出てきたようだ。

いいんだよ、ゆっくりで

この春、東京シュタイナーシューレを卒業した五人のなかに、母親が都内の公立小学校の教師をしている人がいる。なぜ自分の息子を公立ではなく、シュタイナー校に通わせたのか、公立学校の教師から見たらシュタイナー校の教育はどう映るのだろうか。

その山田春子さん（四五歳）に会った。

「私は公立を否定するつもりはないんです。でも一定期間に、これだけ教えなければならないとなると、どうしても詰めこみになる。四十人学級になると、なおさらで。長男は、ゆっくりタイプなんです。食べたものを少したって吐きだすのがテストですよね。でも、それが上手な子には育てたくない。いいんだよ、ゆっくりで。学歴ではなく、自分らしく生きていければよいと、思ったのです」

親のだれもが、そう思う。だが現実に子どもの成績を見せられると、普通並みに、いや平均よりは下がってほしくないと、ついつい点数を気にしてしまう。

山田さんは、なぜ開き直れたのだろうか。

「じつは私は一人っ子でアダルトチャイルドなんです。いまでも自分探しをしているんですよ。いったい私はなんなのって。子どもに教えられ、少しずつ開けてきました。子どもがいなかったら自分でしか解決できないから、こうまで思えなかったかもしれません。でもまだ弱い自分をさらけだせない部分もあって、死ぬまで自分探しはつづくのかなと思っていますが……」

山田さんの父親は、地方の小さな会社のサラリーマン。アルコール依存症だった。

夕食時には、父親といっしょに食事をするのが怖かった。料理を味わうことなく、のどにただ流しこむだけの毎日だった。

「父が酔って母とけんかするのは見たくない。耐えられなくなると、私が隣家に助けを求める……という生活でした。だから人を信じられない。成長してくると父を責めるようになって、自分がなにをするかわからず危険になってくる。十八歳までは家にいるけれど、早く出たいと、いつも考えていました」

高校を卒業後、上京して大学を卒業。就職難だったため、六年間は中学の講師をしたのち、小学校の教員になった。

「私自身、大学闘争時代の学生でしたから、女性解放運動ともかかわって。そのなかで自分ってなんなのって考えさせられました。恋愛とか、いろいろ体験するなかで、十八歳までは人のせいにしていたけれど、それ以降は自分の責任だから、ぜったいに人のせいにするのはやめよう、自分を生きるということは、後悔しないことだと思ったんです」

教師になったとき、母親をひき取ろうと考えた。

東京の小さな狭いアパートで、貧しくても母親といっしょに生活をしたら、アルコール依存症の父親の呪縛《じゅばく》から母親を解放させられる、と考えた。

「べつに両親は気があう夫婦でもないし、三カ月に一回はくり返される地獄の生活をつづけさせないためにも、私は住むだけの家があればいいと思いました。ところが母は、『そんな惨めったらしいのはいやだ』という考えでした。私のために母はがまんし、自分の人生を求めているのだろうと思っていたのが違ったんです。ショックでした。それも自立へのきっかけになりました」

しかも母親はなにかあると、「あのときは、そんなことはできなかった」という言いわけをくり返していた。

「だけど母と同じ世代でも言いわけせずに、きちんと苦労しながらやっている人が実際にいる。言いわけをしているから、父とも子どもとも向きあえない。自分の人生を納得できるように生きずに、見えばっかり張ってる。そんな母の姿に、私は自分の人生なのだから、だれになんと言われようと自分が納得すればいい、と考えるようになりました」

結婚後も保育園に子どもを預けて、仕事をつづけた。

「子どもを産んだときは、ああ大変な日々がはじまるんだと思いました。子どもは巣だっていくものだし、私とは違う存在なんだと頭でわかっていても心配で、保母さんに『大丈夫よ』と励まされたことも度々ありました」

知人の紹介で東京シュタイナーシューレの存在を知り、息子を入学させた。

カリキュラムだけでなく、校則や行事などすべてが前年どおりを原則に、分刻みの細かさで進行していく公立学校。だがシュタイナー校は、すべてが〝手作り〟。親の全面的な協力なしにはなにもことが運ばない状態だったと言ってよい。

「クラスは最初、六人でスタートしたので、いつも親たちが集まって、テレビなど情報社会の刺激から子どもを守るのが親の責任だし、役割ではないか。思う存分、子どもを遊ばせ、子どもらしく育てるには自分たち親は、生活をどう改めたらよいかを、真剣に考え、取りくみました」

何回も話しあいを積みかさねた結果、日常生活の基本的な約束事項ができた。

テレビを見せない。甘いものをたくさん食べさせない。子どものまえで先生の悪口を言ったり、大人の情報交換はいっさいしない。夜は八時には寝る……といった具合で、厳しいものだ。

「現実には二年目の二、三年の合同クラスには公立校からの転入生が多く、しかも自由ということにたいして、いろいろな思いの親が集まっていました。だから生活面でも考え方の違いがいり乱れ、まとめるのに大変でした。いじめもあったりして、親のなかには、学校でやっていることは期待したものと違う、現実に失望したと、四年のときに去っていった人が数人いました」

そうした親や教師の動きは子どもにも伝わり、残された子どもたちは、かなり傷ついた。

おそらくやめた子どもたちも傷ついたにちがいない。

「先生への不信というより、友だちがいなくなっていくことへの不安でした。入ってはいなくなりのくり返しでしたから。四年の夏休みまえはすごくて、だれが明日出ていくのだろうと……。クラスの雰囲気も暗くなりましたね」

いったい子どもたちはどうなっていくのか。

当時の親たちは、濃い霧のため道を見失った登山者の心境だったようだ。

乱れる子どもたちの生活

塾通いをしている小学六年生は四三％で、そのうち一二％が「成績が良くならない」「体が疲れる」「遊ぶ時間がなくなった」といった理由でやめたいと思っている――。こんな結果が日本ＰＴＡ全国協議会の調査で出た。

山田春子さんは塾通い、テレビ漬けになっている現代の子どもたちの状態を憂える一人でもある。

「いまの公立学校の子どもたちは勉強、勉強で、すごくかわいそうだなあと思います。私立中学に進む子は六年での受験があるから、多少のことは大目に見て、自由にさせるといった発想の親が多いんです。でも、いま、きちんとやっていないと、手遅れだと思いますね」

山田さんが通う都内の小学校では、最近、一年から私語が多く、落ちつかない、先生の話が聞けないといったクラスが出現しはじめた。学級崩壊現象である。

「小学二年は、教師の言うことをいちばんよく聞く時期なんですが、もう、そんなんじゃないです。教室を飛びだす子もいて、授業が成立しない。一人ひとりは悪い子ではないんですが……。

テレビや食生活の影響が大きいと思います」

山田さんは授業で、子どもたちの家を知ろうと、家の平面図や外観図をかかせる。

「驚きますね。かいたのを見るとテレビとCD、ラジカセが各部屋にあって、ビデオも子ども自身の部屋に置いてあるんです。へーっ、いったい親と子は、どこで話をしているのだろうかと考えてしまいました」

気になるのは、子どもたちの食事だ。食事調べをすると、子どもたちの行動に食事が大きく影響していることがわかる。

「朝はケーキだけという子も多いです。ちゃんとテーブルについて、みんなでそろって、種類を多く食べるかどうかが、子どもの態度に表れてくると十五年ほどまえから思っていましたが、その傾向が最近顕著に出てきていて、食事をきちんとしている子は、教室でも落ち着いています」

小学生の親たちは三十代が大半だ。共働きは三分の一。とくに塾通いをしている子は、まともに夕飯を食べていない子が多い。

「夕方から塾に行くから、買い弁当が多くて、教室での会話も『昨日はハンバーガー。塾だったからさ』といったやりとりをしてます。そんな調子だから感覚器官が育っていない。一人ひとりの子どもの家庭状況を頭に入れて取りくんでいかないと、今後、授業が成立しない教室が、どんどん増えていくのではないかと心配です」

文部大臣は「心の教育」を訴えているが、はたして対策はあるのだろうか。

「とにかくクラスの人数を少なくして、丁寧に育てるしかないと思います。授業の時間数などうるさく言わないで、教師の裁量に任せ、いまの子どもに合ったやり方をしなければ……。教師が悪い、親が悪いと言っている場合じゃないですよ。もうほんとうに」

その点、シュタイナー校に通わせている息子は、試験がないため、息子のペースにあわせて、ゆっくり学ぶことができたという。

「四年での図書指導がよかったんでしょうね。読書に目覚めて、いまは、そんなに読まないでよ、と言いたくなるほど本に熱中しています。『十五少年漂流記』だとか推理小説ですが、六年の後半から新聞を隅から隅まで読むようになりました。十分に土台づくりができたからでしょうね」

公立小学校とは違うシュタイナー校での教育で、いわゆる学力はつくのだろうか。

「四年くらいまではゆっくりしたリズムのなかで進む授業により、子どもの体に沈みこんだものが、五年以降は、早いテンポで、質的にも高度になる授業で引きだされてきます。テストがなくても、きちんと身についているのには私自身も驚きました」

私立中学を受験するため、息子は短期間だが受験勉強をした。

算数は問題なかったが、国語は漢字が書けず、受験技術的な読みとりも難しくて苦労した。

「でも公立小学校でも漢字の試験ではできても、作文を書かせると漢字を使えない子が多いですから、心配はしていません」

学年の最後に出される手書きの「父母への通信」には、一年間、学んだ内容が具体的に説明してある。

たとえば六年のエポック授業での国語は、狂言「棒しばり」、人形劇「なめとこ山の熊」。詩の朗読＝高村光太郎、谷川俊太郎、宮沢賢治の作品。朗唱音楽劇「魔笛」。また天文学ではエジプト、インド、バビロニアなど昔の人の宇宙観にはじまり、天文学上のさまざまな説を身近な体験で取りあげる――と、かなり高度な内容である。

「学力がどうのこうのと言うより、私は、この学校は自分探しの『大人の学校』だと思います。先生や親たちとかかわるなかで、私自身の生き方、自分の子どもをどう育てたいか、そのために自分はどう生きなければならないか、が問われてきました。公立学校ではＰＴＡは一回やればお役目御免ですが、ここでは、なにをやりたいかを自分で見つけなければならない。親が成長させてもらうところです」

とくに六年になってからは、担任とも話しあって、息子と真っ正面から向きあうことにしたという。

「じつは六年で担任が交代して、最後までやり切れるのか心配でした。これまでは六年になると、公立校の籍の問題などで途中からやめていく子もいましたが、私たち五人は最後までやめずに、子どもを守り抜こう、そのためにも『子どもと精いっぱい向きあいましょう』と話しあったんです」

母親が息子と真っ正面から向きあうとは、どういうことなのか。

「私はシュタイナー校の役員などをいっさいやめて、週末は家で食事の支度をし、子どもといっしょに食べて、共にすごす。今日、なにがあったのと聞いても、その日によって反応が違うでしょう。それを親がいつも見ていて、なにかあったら意見が言えるようなところにいる。とにかく子どもと毎日をすごす、目新しいことではないんです」

操り人形で人間関係を

クラスの人数は五人、しかも仲間が途中でやめていく、六年までつづくと思っていた担任が途中で二人も交代する、といった創設期の困難をくぐり抜けて九八年春、卒業していった東京シュタイナーシューレの六年生たち。

その最後の難しい一年間を受けもったのが大嶋まり先生（三五歳）である。公立学校でも六年の担任は大変で、五年の担任が持ちあがらないと、クラスは混乱するといわれている。子どもたちと、どうやって関係をとり結んだのだろうか。

「五年の一学期から専科の工芸でかかわっていて、子どもの状況はわかっていました。しかし実際に担任になってみると全然違いました。子どもたちは教師との関係でも傷を負っている。人が自分から去っていくという悲しい思いをしてる子たちでした」

生徒が五人だから授業はスムーズにいくだろうと思われがちだが、実態は違う。

「なにか話すと、だれかがかならず『え、なに、もう一回言って』と。その子に説明して、また違うことをしようとすると、べつの子が『え、なに言ってたの、さっき』というふうになっていく。もちろん最初に、いいですか、一度しか言わないから全員必ず聞くように、と言って話をするんですが、『あ、いいよ、ぼくはあとであの子に聞くから』といった具合に、小人数だから、逆に授業が難しかったんです」

幼児期からの家庭でのすごし方、入学してからの学校生活の影響だけでなく、六年の子どもたちは、後輩にたいする責任という最高学年の重荷を背負い、自分たちの進路についても不安があった。

「チョウは、サナギのなかで、全部が一度溶けてチョウになるように、六年ぐらいになると、それまでのかたちがカオスのなかで全部崩れていくときです。ところが彼らは最高学年で、それが許されない。全体に自分の感情を表現するのが苦手で、いっしょに仲間とやる共同作業が難しい子もいました」

そんな子どもたちの状況を把握するのに一学期かかった。

なんとか共に協力しあう、いい雰囲気のクラスにしようと、大嶋先生は操り人形の授業に取りくむことにした。

「それで二学期はエポック授業で宮沢賢治の『なめとこ山の熊』の読み取りをし、登場人物の感情の動きを把握しながら、専科の先生には操り人形作りをしてもらい、終業日に低学年の子どもたちをまえに、人形劇を上演しました」

　人形劇は、自分だけがよければすむわけではなく、相手の動きをよく見て、あわせることが必要だ。五人は人形劇という共同作業を通じて、新たな人間関係を学んだ。

「友だちが好きだろうが嫌いだろうが、実際にやらなければいけないので、それまでの固定した人間関係を見直すきっかけになったと思います」

　大嶋先生は短大の保育科を卒業後、私立幼稚園で担任を四年つづけた。

「ほんとうに子どもの本質が見えているのだろうか、という疑問が出てきてシュタイナー教育の講習会に参加したり、一九八八年から七年間、ドイツでシュタイナー教育を学んで帰国したら、専科を担当しないかと言われ、工芸を受けもつことになりました」

　ドイツのシュタイナー教員養成所で学んだことは、「教育の神髄は、子どもをよく見る、観察すること」に尽きるという。それが担任となったとき、大いに役立った。

「私は子どもたちのありのままの姿を見るしかありませんでした。こういうふうにしたいなどと、自分の理想といったものに目が向いてしまうと、できない子を落後者にしたり、失敗という言葉がついてきます。そういう先入観を持たず、『子どもたちは、こういう存在である』ということに意識を集中させました」

　とはいうものの五人を一年間受けもって、ときには自分の力ではなんともしがたい歯がゆさを感じたようだ。

「あの子たちはすでにある感性が育っていて、すぐいろんなことができてしまう。能力があるから、練習をしたがりません。でも怠ると、そこで止まってしまう。完成されたものではなくプロセスがたいせつで、できたものしか見ないという傾向が強いのは、早いうちから知的な面が目覚めさせられたため、想像力とか意志の力が十分に育っていないのかなという感じもしました」

大嶋先生は幼稚園での教師体験があるため、ゼロ歳から七歳までの成長発達段階に強い関心を日ごろから抱いている。

「シュタイナーはゼロ歳から七歳までを第一・七年期と言い、この時期の子どもは模倣が感覚のすべてで、つねに大人の模倣をします。このときに大人がどうあるべきかの姿を見せていないと、子どもは体験しないまま成長します。しかも、この時期に模倣の力とファンタジーの力が育たないまま通過してしまうと、意識的に働きかけないかぎり、とり戻せないとも言われています」

大嶋先生は、なにげない調子で語っているが、よく考えてみると、幼児期から子どもの発達段階にあった対応をしておかないと、あとになってもとり返しがつかないという警告を発していると言ってよい。

「シュタイナー学校やシュタイナー幼稚園に入れなくても、きちんと子育てをしている人はいます。母親としての自覚があって、自分でお菓子を作ったり、洗濯や掃除も子どもといっしょにしたり、寝るまえに物語を聞かせたりする姿を見せていればいいのです」

だがテレビやテレビゲームが普及し、電化製品の普及で家事が合理化された現代社会では、親が意識的に取りくまないかぎりは、子どもは模倣する生活体験がないまま、成長しかねない。

「いま、中学生が問題になっていますが、私から見れば彼らは幼児期をどのように育てられてきたかが問題だと思います。小さいときに、物を作る親の姿を見せたのだろうか。そうではなくコンビニでできあいのお総菜を買い、子どもをテレビやテレビゲーム漬けにしていたのではないだろうか。手塩にかけると言いますが、いまの親たちは塩ではなく砂糖ばかりを子どもに振りかけ、真に判断できる時期は思春期をすぎてからなのに、幼稚園の子に『あなた、これをやりたいの、やりたくないの』と判断を迫っているのは、どうかと思います」

幼児も追い立てられて

東京シュタイナーシューレでは、毎週木曜日の午後四時から公立校の職員会議にあたる教師会が開かれる。ユニークなのは子どもの理解を深めるため、「子どもの描写」「クラスの様子」と呼ぶ教育研究時間を設けていることだ。

「子どもの描写」の取材は断られた。先生たちの話によると毎回、子ども一人を選び、授業を担当する担任と専科の教師が、その子のすべてを、体、動き、内面の三つを柱に描写する。どんな顔だち、体格か、どのように行動するか……にはじまり、友だち関係や心の動き、そして家族関係、生育歴にも及び、一時間近くもかけて子どもをまるごと浮かびあがらせてゆくという。

教師一人ひとりは、その描写に耳を傾けながら、その子しか持っていない宝物はなにか、将来、どんな人間になるのだろう、といったことにも思いを巡らせ、自分とその子との人間関係をいっそう純粋なものに昇華しようと努力する。

そのため描写する際は、個人的な評価や判断をいっさい入れず、客観的であることが要求される。子どもは七十人近くいるから、一年半かかって、やっと一巡するかたちになる。

取材のできた「クラスの様子」は、担任教師が、隔週ごとに二週間の出来事や授業の内容、とくにほかの教師に知っておいてほしい子どもの動きを報告する。

先生のなかには、エポック授業で子どもたちがかいたフォルメン（線描）のノートを床に広げて、線の太さ、色使い、勢いなどをとおして、子どものそれぞれの発達段階を説明していく人もいる。

「A君は、最近イライラしているので、力仕事をさせたらどうかと思う」

「それなら昼休み、木工室で手伝ってもらうことがあります」

といったやりとりも交わされる。

そんな光景を見ていると、シュタイナー教育の原点である子どもの観察に教師全員が取りくみ、一人ひとりの子どもをまるごと受けとめようと努力しているのがわかる。

教育研究の時間に浮かびあがってくる問題の一つに、最近、子どもを型にはめる指導が、小、中学校だけでなく幼稚園や保育園までおりてきて、幼児たちが追いたてられていることがある。子どもをシュタイナー校に通わせる親たちのなかには、そうした画一的な指導に危機感を抱いた人もいる。

二年生の森弥奈《みーな》ちゃん（七歳）の親もその一人で、弥奈ちゃんは保育園で登園拒否を起こしかねない状態になり、心配した親が休ませた。

母親でフリーエディターの由美子さん（三九歳）は語る。

「三歳から公立保育園に通わせたんですが、一カ月たったころから話をしなくなり、保育園のことを話題にすると無視するようになってきたんです。金曜日の夜に『明日はお休み』と言うと、喜んで……」

グラフィックデザイナーの夫、厚彦さん（三八歳）は自宅が仕事場だったので、弥奈ちゃんは、小さいころから豊かな色使いの絵をかいていた。

「それが黒になり、ぜんぜん色を塗らなくなったんです。書きなぐりになって、ついにはノートにシャッシャッとかいてはピッと破く。絵を楽しむのではなく、ストレスを発散させるようになりました」

二カ月すぎたころ、由美子さんが帰宅したら、弥奈ちゃんがベランダに座りこんで、なにかつぶやいていた。

「小さい声で、手を振りながら『がんばれ、がんばれ、弥奈ちゃん』って言っているんです。どうしたのって聞いたら『今日、いす取りゲームがあって、残った子にがんばれって応援したの』って。すごいショックで。自分にがんばれって言い聞かせている姿に、無理しているなと思い、取りあえず休ませたんです」

保育園を休んでしばらくして、弥奈ちゃんは保育園での出来事を話しはじめた。

「ゼロ歳から鍛えられている子が持ちあがってきて、仕切るらしいんです。ゆっくり食べていると『早く食べないといけないよ。なんでも競争なんだから』と言われたとか。彼女のゆっくりペースが許されない状況で、食事、着替え、お話、お昼寝と、分刻みのスケジュールがストレスになっていたことがわかったんです」

由美子さんは厚彦さんと二人で保育園を訪ね、状況を説明したところ、園長は「弥奈ちゃんはパニックになって靴もはけず、トイレも一人でできない。家でもそうですか」と、保育園での様子を具体的に説明してくれた。

「園長先生は『昼食のときには、ご飯を何度ももどしたし、バス遠足では何度注意してもリュックをおろさず、最後には泣いて、手に負えませんでした』と言うんです。それで弥奈がもどすのは、ほかの子がさっと食べて着替えに行くのを見ると、あせって、よくかまずにかき込むからだ、と。遠足のときもリュックを置いて、遊んで、お弁当と、次々に分刻みでせかされる。リュックを背負ったままだと、慌てずにすむと思ったからで、家ではそんな状態にはなりませんと説明したら、わかっていただいたんですが……」

しかし園長といろいろ話をしているうちに、担任の保母は、入園するときに提出した調査表さえ目をとおしておらず、一人ひとりの子どもをきめ細かく見るシステムになっていない、これでは弥奈ちゃんはつぶされると二人は思った。

「園長先生に、やめさせたいと言ったら、『そこまで考えられる親がいて弥奈ちゃんは幸せですね』と理解を示されたんです。そのうえ『学校に入ると、いまの競争社会がついて回るから、保育園でできなかったというのがコンプレックスになりますよ。どこでもやれるというのをだいじにしないと、ゆくゆく困るのは、お子さんです。だから逃げずに、乗りこえて行かなければ……』と、弥奈の将来を心配してくださって、いまの子どもは大変だなあと思いました」

そんな体験から、子どものペースにあった教育を実践している幼稚園を探しているうち、東京シュタイナーシューレの存在を知った。当時、幼稚園はなく、幼児のためのオイリュトミークラスに参加した。そのなかの何組かの親たちが集まり、一九九五年、自主保育というかたちの「なのはな園」を発足させた。もちろん弥奈ちゃんも入園した。

三歳児検診で自閉傾向

「なのはな園」の最初のころは場所がなく、シュタイナー校教師の石原純、秦理絵子夫妻のワンルームマンションを使った。現在、奈良県大和郡山市で音楽教室を主宰する大倉弘子さん（四二歳）が最初の保母さんだ。大倉さんを奈良に訪ねた。

「部屋は狭いから、いつも近くの井の頭公園に九人の子どもたちと散歩に行きました。畳屋さんで畳を作る仕事を眺めたり、カエルの死骸《しがい》を見つけると、穴を掘って埋めて、お花を飾ってお墓を作ったりして、そんなふうに自然に子どもたちが遊ぶのを私は見守っていればよかったのです」

　だが生活に慣れるに従い、子どもたちはまえの保育園などで押さえこまれていたエネルギーを発散しはじめた。

「おとなしかった男の子が、やりたくないことは、ぜったいやらないって泣きわめく。気にいらないと部屋から飛びだす。私にかみつく。ありとあらゆることをやってくれた子が、ボソッと『ぼく、保育園で、いじめられていたんだよ』と言ったの。彼は、お母さんの気持ちをくみ取り、いい子をしてがまんしていたんです」

　なかでも大倉先生がいちばん気にかけ、積極的にかかわるようにしたのは、現在、三年生の吉川誠君（九歳）だ。

「三歳児検診のとき、自閉傾向があるボーダーラインだと診断され、それがお母さんの傷になっていました。ほんとうは小学一年ですが、シュタイナー校の先生たちが一年遅らせたほうが、誠君のためだと判断したのです。だから二歳下の弟と二人で入ってきました。すごく繊細で、弟はそんなお兄さんをかばって一心同体、いつも寄りそっていました」

誠君は、おなじ言葉をくり返すエコリアーが残っていた。たとえば「ぼくは〇〇したいんだ」と言ったあと、小さい声で「ぼくは〇〇したいんだ」とくり返す。こだわりがあって、最初は数字、次が電車、ウルトラマン、それから酒瓶のふた。いまは電車と鉄道路線図だ。

「自閉傾向の子は、食べ物にも自閉的なんです。誠君が食べられるのは卵焼き、それも甘くないとだめ。カレーライス、ミートスパゲッティ、ご飯ぐらいで、素材がわからないものなら食べる。じゃこや魚は、目があるから怖いと言って食べませんでした」

まず栄養的に偏っている状態をなんとかもとに戻そうと、母親と話しあった。

「お母さんはかわいそうでした。『あれ作っても食べない、これ作ってもだめです』って、泣いておられました。自閉的だと言われ、食べないから、野菜も切りきざんでかたちをなくして与えていたため、偏食になったのでしょうね。ご飯は大好きで食べる。一日一食くらい食べなくてもいいぐらいの気持ちで、気長にいきましょうよ、と励ましあいました」

なかなか手をつなごうとしなかった誠君だが、数カ月もすると、大倉先生の手を握るようになった。

「みんなが帰ったあと、二人で出かけるようにして、道端に咲いている花を見ると、きれいだねえ、と言って。誠君は電車が好きだから、あきることなく見ていました。『新型車両だ』『ブレーキの音が違う』と説明されても、私にはわからない。でも不思議ですね。食べ物は命をつなぐものですから信頼関係なんですよ。だんだん私が作ったものは食べるようになって、偏食が少なくなっていきました」

少しずつ大倉先生との人間関係が結べるようになった誠君だが、連休や土、日の休みが終わった翌日になると、以前の誠君に戻ってしまう。

「不思議に思ってお母さんに聞いたら、『テレビは家では見せないようにしているけれど、休みの日におじいちゃんの家に行くとテレビゲームで遊んでくる』と。それで全部ご破算になってしまうことがわかったんです。ゲームの音楽を口ずさんで踊ったり、お化けの動作のまねをしたり、それをずっと一人で続けるんで、すぐわかるんです。兄弟がテレビゲームをしても、自閉的な誠君には極端なかたちで刻印されて残ってしまう。だから、おじいちゃんに説明して、テレビゲームをしないようにと頼んだんです」

誠君の祖父はパソコンに凝っていて、一、二歳のころから、誠君をひざに乗せてはキーボードを触らせ、数字を画面いっぱいに埋めたりして遊ばせていた。

誠君の父親も誠君が好きなディズニーの映画「ファンタジア」などをビデオに録画。弟の世話や家事に追われる母親は、そのビデオを見せて、〝子守り〟がわりに使ったこともあった。

「ご主人も誠君の状態がわかってからは、勤務地を変えてもらったりして、私たちに協力されました。あのまま就学指導にそって養護学級に入れていたら、いまの誠君はなかったでしょう。なのはな園では、限られた条件でなにができるかを両親と話しあい、父親たちも、画板、テーブル、遊びに使う道具を作るのに参加し、その作業をするなかで、子どもに必要なものはなにかを体得していったと思います」

誠君の母親、圭子さん（三四歳）に会って話を聞いた。

「誠は毎日、生き生きと学校へ通っています。以前の心配がうそのようです。おかげで私自身、子どもの見方が変わりました。以前はほかの子とおなじことができる、できないに一喜一憂してましたが、子どもの内面に目を向けて考えるようになりました。いまは多少のことではジタバタしません。少しぐらい遅れているところがあっても、それが誠なんだと受けいれてからは、開き直れるようになりました。誠には誠の世界があるんだと気づかされました」

子どもの状態をよく見て、その子にあったかかわり方をすることが、子どもの成長発達に、いかにたいせつなことか。

ちょっとしたことでキレる中学生のなかには、三、四歳ころから保育園や幼稚園で、画一的に育てられたりして、良い子であり続けようとがんばってきた子が多いのではないだろうか。

授業料、給与は自己申告

九八年の春から東京シュタイナーシューレで一年の担任をしている岡田佳子先生（三〇歳）は、二月に米国から帰国したばかりだ。

八年前に東京にある私大の福祉学科を卒業、光学メーカーに入った。だが一生かけて追求していきたい仕事ではないと、一年九カ月で退社、米国サクラメントのシュタイナーカレッジに三年間留学。卒業後は米国のシュタイナー校で、日本語の教師を二年半つづけてきた。

五月のある日の教師会。「クラスの様子」の研究時間で、岡田先生は、子どもたちがかいた、丸い宇宙のなかに人が立っている絵を見せながら、エポック授業でどんな算数の授業をしているか同僚たちに説明した。

「七週目に入って数の本質を勉強しています。1からはじまって、いま4まできました。1では、世界は一つだというユニティーを感じてもらいたくてノートに丸い宇宙と、そのなかに立っている自分をかきました。宇宙のなかの自分は、世界中でたった一人しかいない、たいせつな存在だ、ということを伝えたかったのです」

単に機械的に数字を教えるのではなく、数字の概念、それも世界は一つ、かけがえのない存在の自分であることに気づかせようという岡田先生の心配りが伝わってきた。

ドイツや西欧諸国のシュタイナー学校では、長いあいだ積み重ねてきた実践のなかで、運営の仕方、教育方法などがかたちづくられてきた。だが日本では実践をはじめて十一年。すべてが無からスタートしただけに、運営方法一つとっても、まだ試行錯誤の段階である。

たとえば教師採用の手続きも、九七年度までは、まず教師会が討議して決め、それを親五人、教師二人で構成する運営会に諮《はか》り、最終的には全員参加の「親と教師の会」で了解するしくみだった。

九八年度から、その「親と教師の会」を「総会」という承認の場にし、全体の意見は、その都度、公聴会（仮称）を開いて聞くかたちに改めた。

運営会のメンバーを兼ねて事務局の仕事をしている滝川佐和子さん（四四歳）は語る。

「教育だけでなく運営も試行錯誤の連続です。以前は人数が少なく、全員の顔が見える数だったので、いろんなことは全員で決めてきました。でも人数が増え、なにもかも全員で決めるには限界があり、本年度からは、親と教師が全員参加の『総会』を年二回開き、教育内容以外は、総会で承認された内容にしたがって、運営会や事務局が日々の仕事をこなすことになりました」

シュタイナー校の特色の一つは、教師の給料や親が納める授業料は、自己申告制になっていることだ。これは精神の自由、法の下の平等、経済による友愛というシュタイナーが提唱した社会三層構造の実践をめざしているためだ。

「先生は自分の子どもの数や生活状態を考え、これだけ必要だという額を申請し、親も自分の収入や生活状況を考慮して授業料の額を決めて支払う。自分の家庭だけでなく、シュタイナー校の経済状態をより健康的にしていく責任も各自にあるという考えから、勉強会などをしながら、なんとか実践しています」

ちなみに九八年度予算は、総額五千三百七十二万円（月額四百四十八万円）。支出のうち担任、専科の教師（計二十二人）の給料は三千八百五十八万円。家賃七百五十六万円。

収入では大半を占める授業料が三千六百四十六万円（子どもの数は九八年六月現在で六十六人）。

編入・入学金四百八十万円。シュタイナーシューレ友の会からの援助金三百九十万円。バザー収益二百万円となっている。

校長にあたるシュタイナー校の代表はなく、一人ひとりの教師が代表の自覚を持ってあたってきた。だが外部に公開したいま、対外的に責任を取る対応ができるかどうかが問題提起され、教師会や運営会で話しあいを重ねてきた。

「その結果、本年度は教師会、運営会のメンバーでもある三年担任の石原純先生をシュタイナー校の名実ともに代表として、全体で支えていくことが、五月三十日の第一回の総会で承認されました」

シュタイナー教育では、同じ担任が八年（中学二年）まで持ちあがるのが原則だ。しかしシュタイナー校では、この数年、六年までで終わっている。

今後、これをどうするかが大きな課題でもある。

「事情はいろいろあります。経済的基盤が親の納める授業料と、『シュタイナーシューレ友の会』からの援助だけでは不安定なこと。校舎が狭く、教室を八クラスつくる余裕がないこと。そしてなにより大きな理由は、一クラスの人数が少ないため人間関係が固定化し、学校としての機能が働かず、社会性が育たないのでは……という危惧《きぐ》があったためです。でも現在の五年から下は二けたの人数になり、八年までのクラスが実現する日も近いと思います」

滝川さんの長男は五年前に卒業、いま、二男が学ぶ六年のクラスは、四人しかいない。

「教育も、ここ二、三年でやっと軌道に乗りはじめた感じがします。いまの六年は、一年のときには担任が決まらず、五月にはじまったんです。担任はシュタイナーの幼児教育を専門に勉強した先生でしたが、一年のときは六人と人数が少ないこともあって、二年、三年と進むにつれて授業が成立しない状態にもなった。三年いっぱいで解散するかどうかという瀬戸際で、四、五、六年との合同クラスのかたちで残すことになったのです……」

一年のときは、教室は民家を使っていた。茶室だった和室に机を置いて、畳に座っての授業、まさに寺子屋だった。

「シュタイナー校ではなにか問題が起きると、『これはいったい、なにを表しているのか』と考えます。最終的には親や教師の姿勢が問われてくるのです。できれば見たくない自分の姿が、子どもが表してくる問題をとおして見えてしまう。身近にいる大人自身こそ変わらなければと、突きつけられるわけで、つらいですよね」

親自身が、これまでの成長過程で埋めこまれてきた「こうあらねばならない」という呪縛《じゅばく》を解き、本来の自分を受けいれることができたとき、はじめて子どものありのままの姿が見えてくる。そして問題の対処の仕方も浮かびあがってくると言ってよい。

「私にとって、ここに来たことは、大きな意味がありました。クラスの人数が少ないなど問題がなかったわけではありません。子どもにとって、どうだったのかはずいぶん悩みました。しかし六年になって『学ぶ』ことの喜びを心から味わっている様子を見ると、よかったと思っています」

問われる教師の人間性

毎週木曜日。午後四時から三年の教室で開かれる東京シュタイナーシューレの教師会。机といすは黒板をまえにU字型に並べてある。参加者の気を一点に集中させ、中身の濃い話しあいをするためだ。

十五、六人の教師たちのなかで、いつも笑みを絶やさない女性教師がいる。設立以来、音楽の専科を担当してきた竹田喜代子先生（六三歳）だ。

「シュタイナー校のはじまりは、子安美知子さんの『ミュンヘンの小学校』を読み、この教育に流れている思想を学びたいという人が集まったことがきっかけです。公教育への不信もあって大変な熱気で、やがてドイツのシュタイナー教育教員養成所で学んだ人が帰国し、月一回の教育準備会と、子どものための土曜クラスがはじまりました」

学齢期を迎えた子の母親の一人が、「シュタイナー教育をわが子に」と言いだした。

「時期尚早との意見もあって、教育準備会では夜遅くまで話しあったりしましたが、並々ならぬ母親の決意に、八人の子どもではじめることになりました」

校舎は当時、高田馬場にあった大人の勉強会の場であるシュタイナーハウスを使い、その後、早稲田、そして三鷹へと移転した。

「最初の親たちは、学校ではなく、クラスを作ったつもりだったようです。毎年、新一年生を迎えることは念頭になかった。しかし社会性をはぐくむためには、先輩や後輩が必要です。話しあいを重ね、次の年には新一年生を迎え入れるという具合に、だんだん学校らしくなっていきました」

　最初の一年生八人のなかには、わざわざ公立校から転校してきた一年上の子が四人もいた。二年、三年と進み、反抗期にあたる九歳の危機を迎え、子どもたちは教師の言うことを聞かなくなる。それが下の学年にも波及し、授業が成立しない日も出てきた。当初は、素晴らしい先生を迎えたと喜んだ親たちのなかにも、「こんなはずではなかった」と、戸惑いが出始める。

「教室が狭いうえ、運動場もなく、子どもたちはエネルギーを発散できない。しかも日本ではじめてのシュタイナー教育の実践だから、体験者がいない。教員養成所で学んできた先生も、いざ教壇に立ってみれば、未熟さや人間性が問われてきます。これは公教育でもおなじですが……。当然、本に書かれてある理想の教育がなされるものと期待していた親たちも、オヤッという感じになる。未経験ゆえの教師の未熟さと、親の期待とがかみあわず、断絶ができてしまったのです」

　オーストラリアのケープバイロン・ルドルフ・シュタイナー学校に留学していた作間真彩さん（一七歳）も、その混乱ぶりを体験した一人だ。「いまは楽しい思い出です」と笑いながら、真彩さんは当時の状況をふり返る。この九九年四月からは、私大の文学部芸術学科に進学、将来は自然に囲まれた田舎で、ものをつくる仕事をしたい、という。

「私たちが言うことききかないと、頭にきた先生が怒鳴ったりする。私たちは、なんだ、その言い方。先生はそんな言葉使っちゃいけないいんだって冷やかす。先生がなにか言うと、反対のことをやりだす。先生は超まじめだから、むきになるのがおもしろくて。私たちも悪かったけど……」

学校を創設する場合、多かれ少なかれ混乱はつきものだ。ドイツではシュタイナー学校を新設する場合、八年間のクラス担任を経験した機軸となる教師をかならず一人置くことが条件となっている。これは、さまざまな経験から学んだ知恵にちがいない。

竹田さんの話はつづく。

「私たちも悪戦苦闘している教師を支えきれなかった痛みをいまでも抱えています。結局、機軸になる教師が日本にはいなかった。いまやっとそうした教師が育ちつつあるのですが、一期生は四年でクラスを閉じることになりました。この数年、やっと六年までつづけられるようになったのが現実です。当時の苦労があったからこそ、現在の安定につながっているのだと思います」

シュタイナー教育についての理解が日本でも広がるにつれ、シュタイナー校に入れたいという親の問いあわせや、毎月開く「出会いの会」への参加者も増えている。

「ともすれば子どもをシュタイナー校に入れさえすれば親は安心してしまいがちですが、親もそれまで培ってきた価値観や意識を積極的に変えていく努力をしていかなければなりません」と、竹田さんは親の意識改革が必要だと訴える。

三年のクラスに在籍する古賀美玲奈さん（九歳）の父親は、ドイツ人で、クレプファーさん（三九歳）といい、東大でドイツ文学を教えている。

「日本に来るまえ、私はベルリンに七校目のシュタイナー校を設立したいと、資金、人材、土地などすべてを整え、行政側からも認可を取りました。でも肝心の八年間の担任経験者で、引きうけ手が見つからずだめでした。それほど機軸となる教師は責任が重く、全体をまとめていくうえでも必要な存在です。日本では機軸の教師がいないという現実を、全教師が自覚することが必要です」

ドイツでは一定の条件を満たすと国や州からの資金援助がある。日本では条件が厳しく、認可はされていない。

「国からの援助がない日本だからこそ、親と学校の結びつきは強いのです。シュタイナー教育はヨーロッパで生まれたものだから、日本で実践する難しさがあります。先生たちは生徒とともに試行錯誤をくり返さなければならず、その苦労は大変だと思います」

ドイツと日本での大きな違いは、討論をして結論をだすことが下手なことだという。

「集まって討論することはたいせつですが、結論を出す能力が、日本の人たちは下手な感じがします。ドイツでも討論はよくやりますが、結論もきちんと出します。物事を決定するときは感情ではなく、意識が必要で、それができるのがほんとうの大人を意味します」

やっと一期生が大学に進学する年代に成長した段階で、日本でのシュタイナー教育の真価を問うことは難しい。しかしさまざまな困難にぶつかりながら、公教育とは違った、もうひとつの道を実践しつづける教師、親、子どもたちが現に存在することは、素晴らしいことではないか。

感覚が育っていない子ども

横浜から東横線で二十分。大倉山駅を出て、右手の急坂を上りきったところに大倉山記念館がある。晴れた日は富士山が見える広場では、毎週火曜日、二歳から四歳の子どもたち三、四十人が、保母さんたちと遊んでいる。

母親たちは、子どもたちの姿をゆったりとした表情で眺めている。

東京シュタイナーシューレの音楽専科の教師、竹田喜代子さん（六三歳）が、十二年まえに地域の幼児と母親のためにシュタイナー教育を実践する場としてはじめた「竹の子の会」は、こうして、いまもつづいている。

第二、第四火曜日には子どもたちが遊んでいるあいだ、親たちは竹田先生を囲んで、記念館の集会室でシュタイナー著作の読書会を開く。

創設者の竹田さんは語る。

「いまの時代は育児がマニュアル化されて、幼児期の子を持つ親たちはなにも意識せず、ただマニュアルどおりに子育てをしている。それではたして子どもはほんとうに育つのだろうか。そうした親の育児観を根底から問いなおしていきたいと、井の頭のシュタイナー校がまだなかったときから、幼児を持つ母親たちとの勉強会をはじめました。口コミでだんだん広がってきたんです」

現在、保母たちのリーダー格になっているのが森山由美子さん（四四歳）だ。大学卒業後、女性の自立を手助けしたいと音楽教室や幼稚園を開いて、子どもとかかわってきた。そのうちにシュタイナー思想に出あい、ドイツのオイリュトミー学校に四年留学。帰国後、竹田さんに誘われて「竹の子の会」を手伝いはじめ、一年後には「竹の子幼稚園」を設立、代表になった。

最近、小学一年から授業が成立しない学級崩壊現象がクローズアップされている。

子どもたちの状態を無視し、画一的に教科書にあることを詰めこもうとする教師の姿勢と力量、そうせざるをえない上意下達の学校教育構造にいちばんの原因はある。だが今回の取材をつづけるうち、幼児期からの親子関係にも問題があるように思えてきた。そうした疑問をぶつけてみた。

「最近の母親は、『三歳児検診でおかしいと言われたけれど、なにがおかしいのでしょうか』といったぐあいに、『おかしい』と言われたこと自体がのみこめない。その子を見ると、肉体が育っていない。どういうふうに遊んでいるんですかと尋ねると、『ちゃんとシュタイナーのお人形を与え、テレビは見せてません』という返事。いや、それは結構ですが、どうやって、お子さんとつきあってますかと聞くと、答えられないんです」

森山さんは、近ごろの親は自分自身の行動が子どもにどんな影響を与えているかがわかっていない、育児書のとおりにやっていれば子どもは育つと思っている親が多い——それが問題だと指摘する。

「とくに三歳までの子どもにとっては、母親だけが直接の教育者です。見たところ母親と子どもの体は別々ですが、三歳までは子どもの魂・精神はまだ母親の袋のなかでまどろんでいる状態にある。ちょうどカンガルーの親子のように一体なんだとシュタイナーは言っています。だから母親自身が子どもの要求の中身を感じとっていかないかぎり、子どもの心が満たされることはないのです」

マニュアルに「抱っこがたいせつだ」と書いてあるから形式的に抱くのではなく、子どもの表情や行動を見て、「これは病気かな、甘えかな」と、子どもと心を通わせながら、働きかけることがたいせつだと森山さんは強調する。

「三歳までに子どもの欲求が母親の働きかけをとおして満たされていないと、子どもの、自分からなにかをするという意志衝動は生まれません。満たされていない子は、自分が自分自身であることを感じとれないかのように、ボーッとしたような、うつろな表情となります。これは母親との関係ができていないなと、すぐわかりますね」

幼児期の子育てがなぜたいせつかは、七歳までに人間の感覚のすべてがつくられるからだ。人間は、その感覚をとおして思考したり、外界と自分との結びつきを理解したり、体験することになるという。

「感覚体験がないまま、いきなり思考だけが一人歩きすると、現実味がないから、人を殺すことも一つのゲーム感覚としてできるわけです。人間の感覚をとおして、殺すことは痛みを伴い、生命を失うことは残酷だということも理解されるわけです」

教室で飛びまわったり、教師の言うことに耳を傾けられない子どもたちは、こうした感覚が十分に育っていないことになるのだろうか。

「教師から言われている言葉、教師が要求していることを自覚できないのは、相手が自分に要求していることをキャッチする感覚が育っていないためです。恐ろしいことに現代社会は、そういう子どもの感覚を十分に育てられない生活環境になっています」

森山さんが子どものころは、ご飯を食べるにしても、母親が米をとぎ、水加減を見、蒸気がかまから吹きだすと火を緩めてというプロセスがあり、子どもはそれを見たり、触れたりしながら、さまざまな感覚をはぐくんできた。

「ところがいまは、なにか食べたいと言うと、電子レンジに入れて、チンという音で、出して食べる家庭が増えています。便利になった家庭生活のなかでは、子どもが直接、体験できるプロセスが省かれてしまっている。子どもは、いつも母親を模倣し、その行為を見習おうとしています。子どもの生活のなかに、また大人の行為のなかに子どもが手足を通じて体験することが多ければ多いほど、感覚はよく育つと言えます」

だからと言って、なにかをさせようと意図的になると、逆の結果を招くという。

「子どもはやりたいと思うと、まず手が出ます。自分からつかみ取るということが重要なんです。それがほんとうに子どもの感覚を育てていく基本だと思います。早期教育のように、子どもに教えこむというくり返しは、子どもの意志衝動をつみ取ります。子どもになにかをさせるということでは、感覚は育ちません」

児童画でつかむ発達段階

森山由美子さんが代表をしている「竹の子幼稚園」は、横浜市の東横線綱島《つなしま》駅から歩いて十五分の住宅街の一角にある。

普通の民家をそのまま使っていて看板も出ていない。定員は十七人。五年前に開設してすでに二十人の卒園生を送りだしている。どんな幼稚園なのだろう。森山さんは語る。

「竹の子の会の親たちから、就学年齢まで一貫した教育を受けさせたいという希望が出され、三人の子でスタートしました。子育てに迷う母親たちの不安や願いを受けとめながら、父母と教師が共に作りあげていく共同体が、この幼稚園なんです」

子どもの発達段階がいまどこにあるか。一人ひとりの成長の特徴をつかむため、竹の子幼稚園では、子どもたちが日々描く絵を一つの手がかりとしている。

「児童画というのは、その子の成長のすべてが描かれるんです。一、二歳では、なぐりがきしかできなかった子どもも、三歳になって反抗期がすぎると、マルを一生懸命にかく。そのうち、マルのなかに点々をかいて、『これが私』というのがはじまる。それからマルに自分が関心を持ったものをくっつけていく。歯がおもしろいと思ったら歯を大きくかいたりします。次に頭に手足がはえ、頭と胴体が分離し、手足がついて人間の形になる。幼児期のピークにはお話が飛びだしそうなぐらい、豊かな絵をかくようになりますが、やがて歯の生え替わるときを迎えると、上下、左右対象の絵になり、最後は七色のニジをかく。ニジが絵に出てきたら学童期を迎えるまでに成長したあかしなんです」

いまから六年前に二歳すぎて入ってきたユカちゃんは、小学三年生に成長した。

ユカちゃんの絵は、そうしたプロセスを見事に示している。

「ユカちゃんは二歳半から一年つづく反抗期だったんです。その出方がひどくて、母親は手を焼いていた。最初に出会ったとき、ユカちゃん、こんにちはと言っても『フン』。どっから来たの。『知らない』って調子で……」

事情を聞いてみると、母親は子どもが求めるままにさせていた。東京ディズニーランドに行き、家ではテレビ、ビデオはつけっ放し。ニューファミリーの典型だった。

「それが子どもにとっては楽しいし、父親、母親も、ともに子どもとお友だちでいられることがいいと思っていたんです。夫婦も、お互いに名前を呼び捨てで呼びあい、子どもにも、そうさせていました。だから子どもが反抗すると、『どうしてユカちゃん、そんな意地悪するの』みたいな感情を持っていた。親は子どもにとって規範となる権威を示さなければならない、という自覚が親自身になかったから、子どもの親に対する反感はエスカレートするばかりで、大変だったんです」

反抗期には、反抗する子どもにきちんと親が向きあうことが子どもに必要だという。

「私なんか高校のときに父親に反抗して取っ組み合いまでしましたが、向きあってくれる相手がいたから、その不満が解消して、もういちど冷静に自分を見ることができたわけです。三歳の反抗期もおなじで、反抗に出たら、あるときは押し入れに入れて、お母さんの言うことを聞かなければご飯は食べなくていい、というように親の権威を示す必要があるんです」

反抗期のでかたは、それぞれの子どもによって違う。それをユーモアで返すのか、ぶつかって徹底的に否定しておくのがよいのか、そこを問われるのが親や教師の力量で、アドバイスをしながら支えあっていくのが、竹の子幼稚園の役割だという。

「だれでも子育ては、はじめて体験するのだから難しい。でも、これは反抗期だから、こんど、こうやってごらんなさいと言ったときに、それまでの姿勢、態度を親が変えられるかどうかが、その後の子どもの成長を大きく左右します。ユカちゃんは知的な面ばかりが刺激される、いまの時代の典型的な問題児だったんです」

食事を作ることが苦手な母親は、外食か、できあいのおかずを買ってすませていた。

「ユカちゃんとお母さんに朝早く来てもらって、いっしょにお掃除をはじめたんです。最初は、フンと言ってなにもしなかったユカちゃんですが、私とお母さんがいっしょに、楽しそうにお掃除をする姿を眺めているうち、だんだん興味を示してきて、自分からホウキを持ちはじめ、参加してきました」

三人だけの楽しい時間を独占することを知ったユカちゃんは登園すると、「先生、お掃除」と要求しはじめる。母親も便所掃除、おやつの手伝いと、まえより積極的になんでも手伝うようになった。

「お母さん自身、この幼稚園に信頼を寄せているという姿を見せるわけです。そうするとユカちゃんの信頼もこちらに開かれてくる。信頼が深まるなかで、ときにはバシンとやられても、傷にはならない。子どもは、それを受けいれるようになるのです。テレビなど知的刺激のない空間で、ユカちゃんは泥にはじめて触り、お団子作りが大好きになる。畑でミミズを見つけたと持ってくる。それを見て、お母さんは感動して、ここでのシュタイナー教育に絶大な信頼を寄せ、お母さんの自己改革もはじまりました」

それまでの母親は、まわりの価値観にそって生きてきたが、はじめて自分が自分に対して主導権を握ることを学んだのだ。そして夫にたいしても、「それではユカとの人間関係が作れないから朝は何時に起きなさい」「夜は何時に帰ってきて」と要求した。子どものために料理を研究して作り、家からミッキーマウスの人形などを追いだし、自分と子どもとのかかわり方、生活の仕方を変えていった。

「最初、やせていたユカちゃんの体も、だんだんふっくらとしてきた。このようにお母さんを手助けしてあげると、子どもは成長への道にさっと入っていけます。お母さんが変わらないと、幼稚園でいくら努力してもだめです。幼児期の母親の力、存在が子どもにどんなに大きな影響を与えるか、私は十七年間、見てきて実感しています」

弊害多い早期教育

「幼稚園で見ていると、親が子どもにたいして、私とおなじような子にならないで、と思う母親がいるんです。その母親は、自分が嫌いなんです。だから子どもに自分を見るようで、自分以外の性質を持った子どもになってほしい。ずっと自分を否定すると同時に、子どもも否定してしまう。すると子どもは、母親に自分のほんとうの姿をさらすことができなくなってくるんです」

横浜市の綱島にある「竹の子幼稚園」の代表、森山由美子さんは、神戸の連続児童殺傷事件に関連して、こんな話をはじめた。

「最初の段階で自分を否定されてしまえば、否定された親に求められる像を演じるしかなくなり真の自己に仮面をつけてしまう。でもそれは仮面にすぎないから、自我の目覚めとともに、その仮面を脱ぐときが来るんです。そのときに肯定された自己像がなければ、自分が死ぬか、相手を殺すというかたちで自分を肯定するしかない。哲君が、ここに来なかったら、そういう子になっていたかもしれません」

いまから三年前、哲君は入園してきた。やがて送り迎えをする母親が、事あるごとに口うるさく哲君に干渉することがわかってきた。

「どうして、あんたは長そでを着ないの」「ここで騒いじゃいけません」「どうして、そんなもの食べて」といった調子で、口を開くと哲君に文句ばかり言っていた。

「子どもをねじ曲げても、こうなってほしいという像を押しつけている。半年ほどたって信頼関係ができたとき、自分の要求を子どもに押しつけすぎているのでは……と言ったら、じつは早期教育をやっていたんですという話になって……」

母親が取りくんだ早期教育は、人間は三歳までに脳の回路ができあがるので、それまでに数字や文字をインプットすると頭の良い子になるという理論にもとづくものだった。

「バブバブ言っている赤ちゃんに動物の絵と文字が書いてあるカードをパッと見せたり、ゼロ歳児にアイウエオの歌とか、数字の歌を聞かせる。結果的に早くできたりするけれど、動物の調教とおなじで、真の教育ではありません。母親は、途中で疑問に思い、ここにやってきたんです」

機会あるたびに森山さんは、それとなく、母親がどんな育てられ方をしてきたか、自分に自信を持っているかどうかなどについて聞いてみた。

「わかってきたのは、教育はもちろんですが、自分のやること、なすことすべてに自信が持てない母親でした。でも私は、母親をわざわざ呼びだして言い渡すのは暴力だと思ってます。『じつは先生……』と、自分の言葉で自分を語りはじめるまで待たないと、真っ正面から向きあえないし、多くの場合、来なくなります」

その機会は入園して二年たったある日やってきた。母親はちょっとした哲君の行動が頭にきたらしく、「先生、いやになっちゃう。どうしたらいいのかしら」と訴えてきた。

「それで私が、お母さんは、いつも哲君のことをほかの子と比較して、この子はおかしいと見ていませんか……と言ったら、『思ってます』と。比較して見ているあいだ、哲君は自分というものが、お母さんから認められていない、ほかの子が素晴らしくて、自分はだめだというふうにしか思えないいんですよ。だから哲君は、仲間に入れないでしょと言ったら、ぼろぼろと泣いて」

母親は、自分の嫌いな部分を哲君のなかに見るので、哲君以外の者になることを望んでいると、率直に認めた。

「それからです。母親がほぐれていったのは……。そういうむきだしの自分を見るのはつらいけれど、とにかく、これが哲君なんだと、受けいれられるところからはじめて、そして自分自身も受けいれなさいとアドバイスしました。それから母親は哲君が好きになっていき、哲君も変わっていったんです」

哲君が母親に受けいれられたと感じたころから、こんどは過食というかたちで、哲君は親に自分の要求を出しはじめた。

「幼稚園に来ると『先生、おなかがすいた』と言うから、朝ご飯はまだかと思って母親に聞いたら、『ロールパン三個とか、すごい量を食べてます。家では食べすぎて、もどすこともある』と。哲君は、認められてきた分だけ、過食というかたちで自分を出せてきたと受けとめたんです」

森山さんは「その過食の症状が出たら、かならず遊んであげてください」とアドバイスした。幼稚園でも哲君が「おなかがすいた」と訴えたら、「じゃあ、用意してあげるから、先生と遊ぼうね」と持ちかけると、遊びに夢中になって、いつのまにか、食べることを忘れてしまうのだった。

「子どもの目から見て、親はどんなことでも自分を受けとめてくれると判断すると、『お母さん、遊んで』とか『まだ寝たくない』とか、きちんと自分の要求を出せるようになる。哲君は、まだそこまで自分を出せないから、過食という症状を出したのです」

哲君の過食の症状もやがて治まり、いまは、かく絵も健康的になった。すっかり回復した状態だという。

「子どもがサインを出したとき、きちんと受けとめていけば子どもは回復し、立ち直っていくんです。でも神戸の事件では、その機会がなかったんでしょうね」

神戸家裁は保護処分決定要旨のなかで「少年は、弟たちと比較して厳しくしつけられて成長、そのため両親、とりわけ母親に自己の感情を出せなくなっていった」と述べている。森山さんは自分の推定だと前置きして、神戸の少年も哲君の心理状態に似ていたのではないかと分析する。

「ずっと親に認められない、否定された状態にいる子は、その仮面を自分の顔としてずっと持ち続けなければ、生きていけないんです。基本的には親に認められるということが社会に船出する条件なんです。でも、そういう子が自分に目覚める思春期になったとき、『この仮面は自分のものじゃない』と気づく。そして仮面をつけさせた親や社会への復讐《ふくしゅう》というかたちで、仮面を壊す行為が殺人につながっていったような気がします」

空がきれいだ、と涙

幼少期からシュタイナー教育の理念にもとづいて子育てをすると、子どもはどのように成長していくのだろうか。

「夏子さんの長男がいい例です。そのとき、そのときの成長、発達段階が、ものすごくはっきりしているし、反抗期もおもしろかった。夏子さんの話を聞いたら参考になりますよ」

森山由美子さんが勧めてくれたのが、県立高校一年の俊君（一五歳）だ。

母親の夏子さん（四三歳）は、十二年まえに「竹の子の会」が発足したときに入会した一期生。いまは竹の子の会の先生として母親の相談相手にもなっている。夏子さんに会った。

「シュタイナーの本に、シュタイナー教育では、正しいと思ったり、感じたりしたまま行動できる大人をめざしていますと書いてあった。ほんとうにそうだ、と思って竹の子の会に参加したのがはじまりです」

　夏子さんは、子育てが終わったら日本語学校の教師になろうと、出産直前までカルチャーセンターで学んでいた。

「でも子どもが生まれたら、なんてかわいいんだろう。もう、この子に会ってうれしい、うれしいという感じでした。だから子どもと遊ぶのがいやではなかったんです」

　昼間は外で子どもと遊び、家では「ごっこ遊び」、寝るまえには、お話を聞かせるというのが日課になった。

「手遊びでも、いろんな歌をうたって盛りあがったと思います。それも毎日おなじことのくり返しがじつに楽しい」

　夏子さんは、俊君が一歳のころは背中におんぶして炊事や家事をしていた。

「でもちょっと大きくなると重くなって、おんぶができなくなりますよね。それで木馬を買ったときの段ボールの箱を台所に置いて、その上に座らせて、私の肩につかまらせると、私とおなじ目線で料理をしているのが見られる。『見学コース』と名づけましたが、機嫌がいいんです。お料理遊びが好きになりました」

　もちろん俊君にも三歳からの反抗期はあった。

「四歳になるまえに妹が生まれ、その前後から〝俊ヤクザ〟という時代があったんです。なにを言っても逆らって言うことを聞かない。でも、それがまたかわいくて。夜、お布団を敷くと邪魔して、めちゃくちゃに暴れ回るんです。あ、また俊ちゃんの修学旅行ごっこがはじまったと。大変なときはタンスの上に上げて。そういう時期も数カ月ありました」

シュタイナーは、子どもの発達を七歳ごとの節目で区切って説明する。

ゼロ歳から七歳までは感覚や意志力、七歳から十四歳までは感情を豊かにはぐくむ。十四歳から二十一歳にかけては知的なことに関心を示し、論理的な思考力や判断力を発達させていく。

「幼稚園のころ、ほかの子は自分の名前を書いたりしますが、俊はぜんぜん書けない。記憶力を働かせるのは小学校の後半以降だし、まして思考力を使うのは中学を卒業するころでいいと、何度も何度も本を読んで頭にいれていたし、竹の子の会の先生たちからも『書けなくても大丈夫よ』とつねに励まされ、子どもの反抗期はいつ来るとか、事前に教わっていましたから、あわてないですんだのだと思います」

小学校に入学したとき、俊君は、「学校ってなにしに行くところなの」と質問してきた。夏子さんは、「みんなのお話を聞きに行くところだよ。先生のお話もおもしろいよ」と答えた。

「塾にもやらなかったので、俊は先生の話を集中して聞くんです。でも授業がつまらないとボーッとした状態になり、新鮮な話だと、目をキラキラ輝かせる。それで三、四年の担任の先生が『俊君の様子を見て、自分のやっている授業の出来、不出来が判断できます』と言われたんです」

小学三年のころ、内面に目覚める「九歳の危機」を迎えた。

自分とまわりの世界がおなじだった俊君が、自分のまわりを意識しはじめた。そんなとき、なにげなく俊君が発する言葉に、夏子さんは驚かされた。

「三年生のころでしたか、横浜の繁華街を歩いているとき、なにかキョロキョロしたんです。どうしたのと聞いたら、『いやあ、たくさん人がいるねえ。ぼく、もう一人のぼくを探してるんだ。これだけたくさん人がいたら、ぼくに会ってもいいはずなのに』って。ちょうど同じころでしたが、『お母さん。お父さんとはじめて会ったとき、ぼくのお父さんだってわかった？』って。ほんとうに自分の世界を客観的に見はじめたなと思いました」

幼少期に感覚が十分に発達し、情緒が豊かに育つと、こんなことが起きるのだ。小学五年のころのことだ。俊君は夕方になると窓辺に座って、空を見ながら涙をポロポロ流し、泣いていた。

「なにか学校でいやなことでもあったのかなと思い、どうしたのって聞いたら、『いやあ、空があんまりきれいなので……』と言ったんです。私もすごいなあと感動しました」

そんな俊君が十二歳になると、本格的な反抗期に入った。なにを聞いても「うん、べつに」としか答えなくなった。

「自分にたいする洞察力が出てきたようで、『お母さん、ぼく、このごろね、ものすごく悪い感情が出てくるんだ。自分が一番になって、あいつを、蹴落《けお》としてやろうと思っちゃう。なんで、そうなるんだろう』って言ってきたんです」

中学時代は、部活のバスケットに熱中し、塾にも行かず、受験勉強もせず、夏子さんをハラハラさせた。

「俊はなんでものめりこむ。いまやることを楽しむという感じです。中三の夏休みまでは部活に熱中し、それが終わったら、いやでいやでしかたがなかった勉強をはじめた。すると勉強が楽しくなっていくんです」

小学校時代からゆっくりと感覚や感情をはぐくんできたためなのだろう。中学二、三年ころから、自分の将来についてもいろいろ考えたり、社会問題にも目を向けはじめた。

「最初は、受験勉強に矛盾を感じたらしく、中学で部活を指導する人になるんだと……。ところが厚生省の汚職事件があってからは、世の中を変えたいという発想からコメディアンか公務員になりたいと。将来が楽しみです」

各地で学校設立の動き

シュタイナーの教育理念を軸に、子どもと親がいっしょになって遊び、学ぶ地域の学習会も各地に広がりつつある。

鹿児島市吉野町の一角で、五年まえに発足した「どんぐりのいえ」も、その一つだ。九八年七月には城西公民館で、ドイツで治療オイリュトミーをしている内山恵さんを招いて講習会を開き、約二十人の人びとが参加した。

「どんぐりのいえ」の活動は多彩だ。いろいろな人たちの協力を得て、自然豊かな敷地にある幼稚園を軸に、さまざまな会が開かれている。

大人と子どもがいっしょになって作って食べ、作って遊ぶ「つくつくの会」。母親の集まりの「たけのこの会」。一、二歳児の親子教室「らっこ教室」。不登校児を中心とする「どんぐりシューレ」。月二回土曜日に集まる小学一年から中学一年までの「とんとんクラブ」といったぐあいだ。

現代社会で忘れがちな自然のなかで、手を使って物を作り、遊んだりする体験をとおして人間関係を学んでいこうというのがねらいだ。

設立者の内田恵美子さん（四八歳）と永綱ユミ子さん（四八歳）は語る。

「こちらが企画したものを押しつけるのではなく、シュタイナーの人間観を学びながら、子どもたちが自ら考え、見つけて遊ぶ。楽しんでます。最近では子どもをぜひ入れたいと、わざわざ引っ越してくる方もいます。今年は自閉症の子も卒園しました。卒園生は友だちづくりが上手で、ハンデのある子に声をかけたりしています。うれしいです」

京都府京田辺市の公民館では、毎週土曜日に「シュタイナー学校設立を考える会」が小学生を対象に「土曜クラス」を開設して、早くも四年たつ。現在、一年から六年まで六十一人の子どもたちが集まって週一回だが、フォルメン（線画）や水彩画、算数、国語などを学んでいる。

メンバーの一人である神谷真理さん（三九歳）は、小学一年と二年の女の子の母親だ。

「二人の子はシュタイナー教育をとり入れた幼稚園を卒園して公立小学校に通学しています。週一回の土曜クラスに通っているだけですが、先生のお話を集中して聞けたり、人の気持ちを思いやる子に育っています」

最近、親たちのあいだで「シュタイナー学校の設立は三年後に」という目標を決めた。

現在、京田辺市を中心に土地や建物を探している。

「お題目ではなく、ほんとうに一人ひとりの子どもを人として尊重する教育理論に感動し、自分にできることを実践してきました。生命が誕生し、それをはぐくむ場としての学校が、一つのやり方しかないのは、おかしいです。もうひとつの道があることを、子どもたちに身をもって示すことが、息苦しい社会を少しでも呼吸のしやすいものへ変えることにつながると考えています」

岐阜市岩滝にある「若草幼稚園」（加納精一園長）の卒園生の親たちは、岐阜県からの正式認可を受けたシュタイナー学校創設を目指して具体的な準備をはじめている。

一九九八年一月に「日本シュタイナー学校設立支援センター」を、また四月には「岐阜自由ヴァルドルフ学校設立準備会」を発足させた。その中核になっているのが若草幼稚園の卒園生などを対象に「芸術クラス」を開いている近藤陽子さん（三六歳）である。

近藤さんは神戸大学教育学部幼稚園教員養成課程を卒業。大学付属幼稚園に就職した。だが現場の矛盾に悩んで一年後に退職。行政書士事務所で働いたが、子どもとのかかわりが忘れられず、小さな私塾の講師をはじめた。

「そのころ、本屋の立ち読みでシュタイナー教育の存在を知り、『これが私がやりたかったことだ』と思い、さらに研究してみたいと、甲南女子大の大学院に進学したんです。二十五歳でした。そして交換留学生としてドイツに留学、シュツットガルトの教員養成所などで三年間、シュタイナー教育を学んで六年まえに帰国しました」

ドイツで知り合った嘉宏さん（三六歳）と四年まえに結婚。二人が若草幼稚園などで、小学生のためのシュタイナー教育の実践教室を開いているうち、母親たちから「ぜひシュタイナー学校を」との要望が高まり、設立支援センターと学校準備会の発足へと進んだ。

「いろいろ調べたら岐阜県が学校の認可基準が比較的緩やかなことがわかり、四年後の開校を目指して、ドイツ、米国、英国のシュタイナー教員養成所を出て学校の教師をしたり、私のように教室を開いたりしている人たち十四人の協力を得て、いま、カリキュラムの研究をはじめています」

計画では小学校の数学年と中学一年のクラスを同時に開設、できれば中学二年まで、同じ教師が担任を受けもつようにしたいという。

中学でも最初の一、二時間のエポック授業で国語、数学、理科、社会を教えなければならない。そのため担任は小学校の免許と中学の四教科の免許が必要になる。

「教員志願者九人のなかで担任希望は五人ですが、小学校と中学の一教科の免許を持っている人は四人います。四人がもう一教科免許を取ると、中学では二人の担任で四教科の授業が可能になり、日本で初の認可を受けたシュタイナー学校になるはずです」

将来の学校の一期生になることを構想しながら、来年度には「プレスクール」をはじめる予定でいる。

広島でもシュタイナー教育の理念を採りいれ、認可を受けた「広島虹の学校」の創設準備が進んでいる。設立発起人は弁護士の定者吉人《じょうしゃよしと》さん。

数年前からオーストラリアの元シュタイナー学校教師を招いて勉強会を開催したりしてきたが、広島県・安浦町の町民が積極的に誘致に乗りだし、「虹の学校招致委員会」を設置、二年後の開校を目指してきた。しかし、九八年九月、安浦町から学校敷地は提供できなくなったとの申し入れがあり、現在は、高田郡向原町《むかいはら》と敷地交渉を進めている。

子どもの心に響く言葉を

公立小学校で忘れられているものが、シュタイナー教育のなかにあるのではないかと模索している教師たちも出はじめている。職場で実践しながら細々と地域で学習会を開いて、シュタイナー教育から学ぼうとしている人たちだ。

青森の小学校で教えている鈴木ひろ先生（四二歳）も、その一人だ。

鈴木先生に青森で会った。

「教育って信じるということがないと、成立しません。私の教師としての支えがシュタイナー教育なのか、カウンセリング的なものなのか、あるいはまた私の生き方そのものなのかはわかりません。でも公立の教師を体験しているからこそ、シュタイナーの人間観の深さや、この教育の素晴らしさを感じるんです」

文部省は教育改革のなかで「一人一人を大切にする教育」「生きる力を養う」「発達段階に応じて」などと、しきりに強調している。

「シュタイナー教育でもおなじようなことは言っていますよね、でもめざすところがぜんぜん違うような気がします。なんのために教育し、どんな人間に育てたいのかということが、いまの学校のなかでは具体的な姿として感じられないのです。だから、教師も子どもも満たされないんです」

シュタイナー教育が強調する体験することの重要性について、最近、文部省がしきりに唱えはじめた。

「だからどこの学校でも田んぼで田植えをすればいいのか。そうではない。その体験にどんな意味があるのか、米作りが、九歳の子にとって、その人間的な成長にどんな意味を与えるのか、きちんと説明しているのがシュタイナー教育の人間観です。『静かにしなさい』と言うとき、指示にしたがって、子どもはただ静かにすればいいのではない。まわりや自分が静かになると、はじめて感覚が外に向かって働きかけはじめる。それが〝よく学べる〟ってことですよね。そういう『静かにすることの意味』みたいなものがほんとうは体験的にわかるといいですよね。私のなかにシュタイナー的なところがあるとすれば、そんなところかな」

最近、各地の小学校で子どもたちが荒れて、授業が成立しない教室が出てきた。

「子どもの荒れは、結局、教師が子どもの心に響く言葉を発しているかどうかにかかっています。授業が知識の伝授の場になっていて、人を育てるという視点が私たち教師のなかに欠落しているからではないでしょうか」

鈴木先生も、この春、十年ぶりに六年生の担任となった。

キレル、ムカツクということがどんなことかを体験し、時代性を痛感した。

「最初の日はなにもなかったけど、二日目から子どもたちの態度がおかしい。揚げ足を取るんです。なにか言うと十ぐらい返してくる。『先生、そんなこと言うけどよ』とか、『ぼくたち、これで普通だ』『もう学校来ねえ』とか。近寄って肩に手をやったりすると『触るなっ』。悲しくなりました。先生を信じて良かったという体験がないんですね」

音楽の時間に、子どもたちが心から歌おうとしない。

「私が『歌うときは口を開けて』と言ったら、『このやり方でいままでやってきたんだ』と言い張る。大声で怒鳴ってやらせれば簡単なんですが、私は子どもたちを〝自分のある子〟にしたかったから、そうしなかった。大変だけど待つことにしたんです。学級のなかで自分を出せて、そして自分が納得したうえで、私のやり方についてきてくれるのでなければ、意味がないから」

だが鈴木先生の、そんな思いは伝わらない。二十年の教師経験はなんだったのか。心が重く、胃の痛む日々がつづく。学級がにっちもさっちもいかない。

一カ月後。授業中に自分の思いをぶちまけた。

「みんなが学校に来たくない気持ちわかるよ。先生もおなじだよ。みんなには先生の悪いところしか見えないだろうけど、いいところも少しはあるんだよ。みんなにも、いいところはいっぱいあると思っている。でも、いま先生にはそれが見えなくて、とっても苦しいの」

突然の鈴木先生の言葉に、教室は静まり返った。

「先生は、みんなに会えてほんとうにうれしかったんだ。あなたたちをだいじにしようと決心してたのに、でもぜんぜんできなくて……。ごめんね。なにも楽しくないもんね。でも先生、もっと自分のそのまんまを遠慮しないで出すことにした。いいことはいい、悪いことは悪いって、先生もちゃんと言いたいの。がんばろうよ」

気がついたら涙が流れていた。すぐに効き目が出たわけではないが、だんだん、子どもたちは鈴木先生の存在を見直すようになってきた。

「三カ月たって、子どもたちの顔が少し変わってきた気がします。目を向けてくれるようになったというか、いろんなことに真剣に向かおうとする気持ちが見えはじめてきたというか。そうそう、このまえは、とっても美しい顔で歌ってくれました」

鈴木先生のような教師が学校を再生していくと思った。

香川県の「シュタイナー教育に学ぶ会」の代表である森田直樹さん（四六歳）は、三野《みの》町立下高瀬小学校の教頭先生だ。七月中旬のある日、校庭で「かかし祭り」が開かれた。子どもたちは学年ごとに工夫をこらしたかかしを作り、野菜を守ってくださいと祈りをこめて野菜畑に立てた。

「シュタイナー教育は子どもの魂に働きかける教育でしょう。公立校では『心の教育』でいくのがいちばん受けいれやすいんです。植えつけ祭り、かかし祭りは農作業を軸にした総合的学習です。一年間つづくこの学習で、子どもの心に自然の偉大さ、人知の及ばないものがあることを感じさせ、植物と自分たちの命がつながっていることに気づいてほしいと願っています」

教頭になって七年目。最近は、死んだ動物を見つけると自然に手をあわせ、お墓を作る子どもたちも出てきた。

「子どもはこの世に使命を持って誕生してきた。この子どもの魂の成長を援助する教師になろうと呼びかけています。そのためにも、教師全員で子どもとの交換ノートに取り組み、一人ひとりをイメージできるようにしています」

第5章　保育所は大人の学校

親のがんばり、子を追いつめ

普通の子と見られている中学生が、ちょっとしたことでキレるという現象をどう受けとめたらよいのだろうか。今回の取材を進めるうち、幼児期の子育てがいかにたいせつであるか、幼児期からの親子関係、友だち関係にまでさかのぼらないと、キレるという行動の本質をつかむことはできないのではないかと考えるようになった。

そんなとき、大阪の関西国際空港に近い熊取《くまとり》町にあるアトム共同保育所（アトム）は無認可だが、保育の世界で注目されているという話を聞いた。ゼロ歳から六歳まで七十人を超える子どもたちがいて、午前七時十分からはじまり、午後八時半までの夜間保育もしている。

アトムの特色はいろいろある。保育士と親は、とかく上下の関係になりがちだが、アトムでは保育士と親たちは、互いに子育てをとおして人生の学びあいをしている。

それだけではない。アトムの職員会議はオープン。取材のために申請を出したり、許可を受けたりする必要はない。学校や各種施設に見られるように、校長などの説明を黙って聞いて終わりという形骸《けいがい》化した職員会議とは一味も二味も違う。

職員会議や運営委員会では、参加者は不満や思ったことはがまんして胸にしまいこまない。できないことはできないと、はっきり言うことを原則にしている。保育士たちの心が解放されてくると、発言中に泣きだしたり、なかには怒って飛びだしたりする保育士も出てくる。

不思議なことに保育園全体に自由に言いあう空気が流れていると、子どもも遊びやけんかをとおして自己主張をはじめる。そうした子どもの微妙な変化はこんどは親に伝わる。やがて親のなかには無理して自分を抑えてきたという自らの成長過程をふり返り、保育士とともに生き直しの道を歩む人も出てくる。つまり保育所が「大人の学校」のような存在なのだ。

話を聞けば聞くほどアトムは、混迷している日本の家庭、学校に活力を呼び戻すための先駆的な試みをしている「もう一つの道」ではないかと思えてきた。

この目で見て、話を聞きたいと思い、取材に出た。


関西国際空港からJR線で三つ目の熊取駅で下り、タクシーに乗って十分。住宅公団スタイルの住宅が五棟ほど建っている。奥の四階建ての一、二階の２DKが四つと平屋のプレハブが保育場だ。一階の玄関わきの狭い事務室で、所長と所長代理が待っていた。

所長の和歌山大生涯学習教育研究センター教授の山本健慈《けんじ》さん（五〇歳）は、十年まえに息子をアトムに通わせたことがきっかけで、アトムの保育にのめりこみ、無料奉仕の所長を引きうけた変わり種。暇さえあればアトムに顔を出し、安い給料で働く保育士たちを側面から励ましつづけている。

その山本教授とは車の両輪の関係にあり、実質的に保育所を仕切っているのが所長代理の市原悟子《よしこ》さん（四四歳）だ。一九九六年、大阪の新聞にユニークな保育実践と子育て体験を二十八回にわたり執筆したのがきっかけで、講演依頼が殺到して大忙しだという。

市原さんに子育てにたいする考え方を語ってもらった。

「いまは、保育所や幼稚園をとおって小学校に行く子がほとんどでしょう。豊かな体験をしているはずなのに、なんで小、中学校で子どもたちの状態が悪い方向に向かっているのか、ずっと気になってました。良い保育とはどんな保育なのか。子どもにつけさす力とは、どんな力なのか。毎年、親とともに考えてきました」

アトムでは親と保育士が助けあい、苦しみを分かちあいながら、大人の人間関係を築いていくことを心がけている。

「というのも最近の親は子育てにがんばりすぎて、逆に子どもを追いつめ、息苦しくさせている。ところが親はそれに気がつかず、がんばって、がんばって、それでもがんばり足りないと自己嫌悪に陥っている。それは違うんや。子育てはがんばるとか、がんばらないとかを度外視した、ナマの自分と子どもでしか相通じることができない営みなんです」

最近、市原さんが気になるのは、子どもの言いなりになって子どもにふり回されている親が多いことだ。

「いまの大人は子どもがあこがれるような大人になっていない。大人じゃない大人が保育士となり、親になっているのが現実です。だから毎日、人間関係で悩んだり、四苦八苦している。年齢を重ねたから大人になれるのでも、子どもを産んだから親になれるのでもない。大人になりきれていない自分を自覚し、受けいれながら、大人自身が人間的に成長しようと努力をすることが必要だと、ますます思うようになりました」

そのためにもアトムでは保育士が一対一で子どもや親と向きあうことを心がけている。

「いまの子どもは親以外の大人に育ててもらう体験や、大人が自分のことに真剣になってくれていると感じることが少ない。しかし、それが子どもにとってたいせつであり、『心を育てる』ことに大きくつながっていると思います」

シュタイナー教育でも強調されていることだが、市原さんも子どもの気質を知り、その子の状態をよく見ることを保育士や親に求めつづけている。

「登園拒否を起こした子どもとのやりとりのなかでわかったことですが、いろんな子どもがいて、わからないことを『わからない』と聞ける子もあれば、質問することすら怖がっている子もいて……。そんな子の違いをきちんと見られる大人の鋭い感覚みたいなものを、保育士や親は兼ね備えなければならないんです」

これまでの保育のあり方は、みながおなじ課題を、おなじようにできるようにする。つまり、できない子をできるようにするのが目標で、保育士も達成することを喜びとしてきた。

「これからの保育は、一人ひとりの子が、ほんとうにそれをやりたいと切実に思い、やり遂げるためには自分のやり方では、どんなことが考えられるかを真剣に考える。それがほんとうに考える力であって、そこをないがしろにしてきた保育を考え直す時代に入ったと思っています」

いったいアトムの子育てでは、どんなことが行われているのだろうか。

頭の線、百本キレたんや

アトム共同保育所では、二カ月に一回、保育士と父母が集まって「保育内容を考える会」を開く。そして年度末の三月には、卒園していく五、六歳児「ぞう組」の子どもたち一人ひとりについて、どんなふうに成長していったかという発達の様子をふり返り、お互いに学びあう。

九八年三月のある日。年度末の考える会には、「ぞう組」十五人の親たちのほか、年少組の親たち十二人が参加。十一人の保育士も入れると、会場の２ＤＫ四畳半と六畳間をぶち抜いた部屋は、すきまがないほどの超満員になった。

最初に母親が自分の子どもが入園したゼロ歳児のときの状況、苦労した体験などを語る。そのあと、担任の保育士が子どもの成長や生活ぶりをエピソードを交えて説明していく。

四歳のときに「布団投げ捨て事件」を起こして話題となったジュン君の場合は……。

「赤ちゃんのときはやりやすかったんですが、歩くようになると行動的で、一歳半健診のとき、ほかの子は大泣きしているのにジュンだけは平気で、ほかの子にちょっかいかけるんです。年々、やんちゃになり手に負えなくなりました。スーパーに連れて行くと、見知らぬおばちゃんを突然、けったり……。怒ったおばちゃんが、『この子の親はどこや？』と怒鳴っているのを聞いて、恥ずかしいから私は逃げました」と、母親はふり返る。

アトムのおもしろいところは、保育士どうしも、親も子どもも互いにニックネームで呼びあっていることだ。所長の山本健慈さんは「ケンちゃん」。所長代理の市原悟子さんは「オッコちゃん」。子どもたちは「よしこ」と発音できず、「オッコ」になってしまうところから、そうなったという。「ぞう組」の担任、岩木陽子さん（四四歳）は「イワちゃん」だ。

イワちゃんは、ジュン君が四歳のときに起こした「布団投げ捨て事件」を披露した。

「昼寝のときに寝る場所の取りあいで友だちとけんかになり、負けると、『布団が悪い』と窓から布団を放り、自分も窓から飛び降りて『こいつが悪い。クソッ』と布団をドンドン踏みつけたんです。近づいた私に『おれを怒るんやろ』とにらみつけるので、『怒らへん。あの場所に寝たかったら、どうしたらよかったのか、いっしょに考えてあげようと思ってるんや。布団に怒っても、しかたないやろ』と、こんな対応を積みかさねてきたんです。ジュンのように気質的に短気で、思いどおりにいかないと短絡的にすぐ腹を立てる子には、厳しくしかっても効き目はなく、その行動の意味を考えさせることがたいせつです」

市原さんは、別のエピソードを例に、さらにわかりやすく説明してくれた。

ある日、子どもどうしのけんかで、日ごろおとなしいユウ君が「おれ、キレまくったんや」と市原さんに訴えにきた。

「なにがキレたんや」

「頭の線がブチブチキレたんや」

「何本キレたん?」

「五本」

「線がキレるという表現がおもしろくて、そばにいたカズに、カズは頭に線あるの? と聞いたんです。すると『太い線で三本、めったにキレへん』。カズはおっとり構えている子なので、すごく説得力があった。そしたらジュンが、『おれ、細い線百本、全部キレることある』と言うんです」

ちょっとしたことで腹を立てるジュン君自身が、自分の気質を自覚しているのが市原さんにとって意外だった。

「それで、このまえなあ、お兄ちゃんが学校の先生をナイフで殺したの知ってるかって聞いたら、三人とも『テレビで見た』と。あのお兄ちゃんの頭の線、一本残ってたら、あそこまでいったかなと思ったんや。だからジュンも怒ったとき、百本全部切ったらあかん。ちょっと残しとかなあかん。いまから練習したらな、ぜったい、そんなふうにならへんと思うねんけどな、って言ったら真剣に聞いてるんですよ」

アトムの子どもたちを見ていると、自由に伸び伸びと遊び、けんかをよくしている。

だが、けんかしたあともケロッと忘れたように仲良くできるのは、そうした一人ひとりの気質の違いを子どもどうしが互いに認め、受けいれているからだろう。

「ジュンとナツミの関係を見ていると、子ども自身が、互いの気質を認め、理解しあうことが可能だという感じがします」と市原さんは、こんなエピソードを明かす。

「気質の点では、短気なジュンと対照的なのがナツミで、きちょうめんで、筋道立てて物事を理解し、言葉もしっかり使える。だからジュンにはいつもいらついていて、筋道をジュンに崩されるとパニックになり、『もう保育所に行かへん』と言うほど毛嫌いしていたんです。あるとき、保育士がジュンに『どうしてジュンは悪いほうに考えるんかなあ』と言っているのをナツミが聞いて、『私といっしょのところがあるんだ』とつぶやいたんです」

その言葉に驚いた保育士が母親に聞いてみると、数日前、ちょっとしたことでナツミちゃんは大泣きした。母親が「なんでそんなこと気にするんや」と尋ねたら、「もし失敗したらどうしようって考えてしまうんや」と言うので、母親が「なんでも悪いほうに考える心配性やなあ」と言ったという話をしてくれた。

「ナツミはお母さんに言われた自分と重なる部分を、いままで相いれないと思っていたジュンのなかに発見したようで、それ以来、二人の関係は目に見えるように変わっていきました。一週間後、絵本の読み聞かせのとき、ジュンがナツミのひざに乗っているんです。家でも『ジュンにいらつかなくなったねん』と言っているそうです」と市原さん。

五歳児たちでも、ぶつかりあいのなかで、自分や仲間の個性を知り、新しい自分自身をつくりだそうとする意欲を心に秘めていくのだ。

「学校でも子どもたちの気質、性格の違いを認めあう雰囲気があると、子どもだけでなく親たちもギスギスした緊張状態にならなくてすむんですが……」と、市原さんは締めくくった。

ぼくが生まれたときの話して

「次はヒデ君、どんな赤ちゃんでしたか」。司会の「オッコちゃん」こと、市原悟子さんに促されて、母親が説明をはじめた。

「三カ月目からお世話になりました。夜泣きの経験がなく、やりやすいと思ってたら、六カ月ぐらいから湿疹《しっしん》がひどくて、アトピー体質でした。救急車を呼ぶ大騒動が二回もあり……。一回は魚のすり身を食べて、二回目は医者の風邪薬で呼吸困難を起こして……。もう生きた心地がしませんでした。でも給食の先生のご指導で、いまではなんでも食べられるようになりました。最近はしっかりしてきて、家の美容院を手伝ってくれるようになりました。よく気がつき、お掃除を手伝ったり、スタッフがぼんやりしてると、『○○さん、ぼんやりしてる』。ようおしゃべりしたお客さんが帰られるときは『お金払うたんか』と聞いたり。将来、美容師か散髪屋になってくれそうで楽しみです」

母親の話に参加者は爆笑する。当時を思い出した給食の先生、「カネイッちゃん」こと、金石愛子さん（四八歳）も口を挟む。

「ヒデの様子、目に浮かぶわ。アレルギーがひどくてお母さんと食事のことでノートのやりとりして……。私はヒデの命を二回助けたな。一回はお母さんといっしょにお医者さんに行って酸素吸入した。もう一回は、帰りがけに友だちからもらったアメをのどに詰めて。アメがはじめてだったので、なめることを知らずに、すぐ飲みこんだら、詰めてしまい、目を白黒させて……。ヒデの足持って、逆さにしてドンドン背中たたいたら、ポロッと出てきた。命の恩人だから結婚式にはぜひ呼んでね」

給食のカネイッちゃんにとって、アレルギー給食作りは大変な作業だった。

「ヒデ君が入った年は、ゼロ歳児の三分の一はなんらかのアレルギーを持っている子でした。給食の時間におなじ形の物が食べられるように、除去食を別の材料で作っています。神経と時間を使って大変ですが、おいしそうに食べている様子を見ると、次はどんなもの作ってやろうか、という気になるわけです」

カネイッちゃんは十四年まえ、「ちょっと手伝って」と頼まれアトムに来た主婦だった。専門学校に通い、三年まえに栄養士の資格を取った。台所に来る子どもたちの話をよく聞いている。

担任のイワちゃんも、ひと言口を挟みたくなる。

「ヒデの特徴はね、当たっていることをズバッと言うことや。私の家に散歩のときに寄ったら、『イワちゃんの家、汚いなあ』って。当たってるから、そうやねと返事したけど、そんな感じや」

参加者は、どっと笑う。いまは笑い話の連続だが、三カ月前までは市原さんにとって、ヒデ君は気になる子だった。

「ほかの子どもたちとのトラブルが目立つ。しょうもないけんかが多い。滑り台の下に座って、ほかの子が『のいて』と言っても、のかないので衝突する。わざとやってるようにも見えたので、なぜ、そうするのか、わかってやらなあかんと、ヒデに聞いたんです」

市原さんは子どもに話しかけて、心を開かせ、本音を聞きだすのがじつに巧みだ。

「ヒデ、最近、友だちとケンカ多いし、イワちゃんにも、よく怒られてるなあ、なんでよ」

「しんどい」

「やっぱりな。しんどかったら、人の言うことなんか聞きたくないもんな。なんで、そんなに、しんどいんや」

「スイミング行って、体操行って、公文《くもん》行ってる」

「そんなにしんどかったら、やめたらええやんか」

「やめられへん。ママが全部決めてる」

「ママが決めても、しんどいのはあんたや。ママにしんどいからって言いなさい。あんたのためと思ってやってんやから、しんどいって知ったら、考えてくれると思うわ」

「だめ。一大事のことやから、やめたらあかんのや」

「勉強は一大事のことか」

「学校に行ったら一大事のことや。そんなことオッコちゃんは知らんのか」

「あんたが話でけへんのやったら、オッコちゃん、ママに話したろか」

「ふん」

市原さんが母親と話をしたところ、アトムから帰ったあと、体操二回、スイミング一回、学習塾に二回と、週に五回も通っていることがわかった。

「お母さん、よう考えて。たかが六年しか生きてない子が、目いっぱい小さい体でしてたら、どないなるか。習い事は楽しく遊んですむところと違うよね。ヒデは、ママの言うことさえ、やっとけばいいと、自分自身に言い聞かせてるような感じが、ようわかる。ヒデはママがいちいち言わなくても、年ごろになれば自分でなにがいいか、そのためにはがんばらな……って、できる子やから、とお母さんに話したんです」

母親は「ヒデは、どこに連れていっても楽し気にやってるから、しんどがってるなんてぜんぜん思いませんでした」と語り、子どものためと思ったことが、じつは逆になっていることに気がついた。

「でも、家でほんとうに変化はなかったかなと尋ねたら、お母さん、ずっと考えてて、『あ、そう言えば、今年に入ってから寝るまえに〝ママ、ぼくが生まれたときの話して〟って言うんです』って」

母親は、生まれたときの話をくり返したが、ある夜、おなじ話をするのがいやになり、ヒデ君が病気になった話や祖母が亡くなった話をした。

「そしたら次の日、『ぼく、病気や死んだ話は、ぜったい、いやや。ぼくが生まれたとき、ママがどんな気持ちしたか話して』って言ったと言うんです」

市原さんは母親に「ヒデはなにを伝えたかったと思います?」と聞いたら、「あ、そういうことだったんですか。ぜんぜん、気がつきませんでした」と涙を流した。ありのままの存在を受けとめてほしいと訴えていたことがやっと理解できたのだ。ヒデ君が変わったのはそれからだ。

トシ君ドロボウ事件

次に取りあげられた「トシ君ドロボウ事件」は、保育士や親が一対一で真剣にかかわるとはどういうことかを実証する人間ドラマと言ってよいだろう。

トシ君のケースをはじめるに当たって、司会役の所長代理、市原悟子さんが「タミちゃん母と、イワちゃん保育士との壮絶な日報のやりとりは長かったね。二年まえやね」と、誘い水をかける。

トシ君の母親、タミちゃん(二八歳)は一年まえまではアトムの保育士をしていた。「ぞう組」の担任、イワちゃんこと岩木陽子さんより年は若いが、仕事の面では先輩格だ。

イワちゃんは「忘れられへん。すっごく怒って私の家に電話してきた。私もね、話したくなくって、ガチヤンと電話切ったぐらい……」と言う。

タミちゃんは照れている。いったいなにがあったのか。

市原さんにドロボウ事件のあらすじを説明してもらおう。

「アトムでは自分の好きなおもちゃを一つだけ持って来てもいいんです。トシは四歳後半からかな。ほかの子のおもちゃが欲しくなると、無断でカバンに入れて自宅に持ち帰っていた。タミちゃんも気づいて、『このおもちゃどないした』と聞くと、『貸してもろた』と。『なら返しや』と言うと、『うん、返す』と言ったものの、そのまま家に置いてあったんです」

思案したタミちゃんが「ママ、返したろか」と尋ねると、「うん」と言うので、アトムに持ってきて返した。

「そういう事情をタミちゃんは、イワちゃんに報告したら、イワちゃんは、『その対応はトシにとってよくないよ』と。トシは物事を判断する力がついていて、人の物を黙って持って帰るのはよくないと思ってる。しかし持って帰りたい気持ちを優先させて、友だちが困ることまで考えてもいない。しかもタミちゃんが、そうやってフォローしてるから、トシには『申しわけないことをした』と思えないのではないか、というのがイワちゃんの考え。『タミちゃんは日ごろ、子どもにはしんどい思いをさせなあかん、と言っとるのに、わが子にたいしてはできてないな』と、イワちゃんはグサッと突いた。それが二人が対立した発端なんです」

イワちゃんは日報に「このまま放っておくわけにいかん。いまのうちに、これはドロボウとおなじことだというのを心に刻ませたい」と書いた。

日報を読んだタミちゃんはその夜、イワちゃんに「ドロボウ呼ばわりされるとトシが傷つく。友だち関係もうまくいかなくなる」と訴えてきた。

当時の心境をイワちゃんは説明する。

「私には納得がいかなくて。子どもを傷つけまいと、見て見ぬふりをしていいものか、と。それと四歳後半の子どもどうしの関係は、すごいけんかしても、一時間後には遊べてる状況を見てるし、ドロボウと言ったり、言われたりは毎日のことなので、私としては彼に自分のやってることが、どんなことなのかをわからせることがだいじだと思いました」

母親タミちゃんの気持ちについて、市原さんは、どう受けとめていたのか。

「タミちゃんはトシにきつく怒ったら、きつく怒った大人のまえではしないだろうけれど、ぜったい自分がやってみたいという気持ちが強かったら、隠れてやるということを、これまで何度も見ている。おもちゃがなくて困る友だちと、持って帰りたい自分との葛藤《かっとう》のなかで、どうトシが結論づけるかがたいせつだ、怒っただけでは解決しないと思っていた。それにトシの気質、自分の思いどおりにしたいというのがつねに先行する子。どの子も『したい』と思っても、友だちの顔色見ながら抑えてやったりするのに、トシは、まずやりたい、怒られてもやりたいという気持ちがすごく強い子だというとらえ方をしていた。母親のタミちゃん自身そうだから、トシの気持ちがわかる。ぜったいに自分が頭を打たないかぎりどうしようもないという見方をしていたんです」

職員会議でも、「いま、こうやって見逃しているけれど、それでいいのか」「いや、ガツンと一回やったほうがいい」と話しあったが、なかなか結論が出なかった。

そのうち事態は思わぬ方向へ進んでいった。

トシ君が両親と買い物に行ったとき、店で万引したのを父親が見つけたのだ。

タミちゃんは、参加者の親たちのまえで説明した。

「アトムの友だちのおもちゃを持って帰るのは私らも笑ってられたけど、店でやったのを夫が見てて、『どうした？』と聞いても、『おばあちゃんに買うてもろた』と。そのうちトシはわかるだろうと思ってたのに、どんどんエスカレートしている状態に、夫婦であわてて。やっぱりイワちゃんは客観的によく見てるということになったんや」

タミちゃんの気持ちに変化が出てきたとき、またトシが友だちのおもちゃを取った。

イワちゃんは語る。

「私が遅出で出てきたら、男の子が『トシがおれのもの取って、カバンに入れた』と叫んでる。トシは『取ってない』の一点張り。ところが最後にカバンから『あった』とケロリとした感じで出したんです。これはあかんと……。ベランダで一時間半、トシと向きあったんです」

イワちゃんは、ものを取ることで、相手がどんな気持ちになっているかをじっくり考えてほしいと訴えつづけた。

「トシは、すごくいやな顔して、『もう、おもちゃはあったんやから、ええやないか』という表情をするから、これですませてはいけないと思って、いま、考えるのはトシのしたことなんやと。それしか言わなかったんです。ちょうどいいことに友だちからも『ドロボウや』と言われたので、ドロボウと思われ、遊ぶ友だちもいなくなってええんやと思うなら、そのままでいい。でも友だちでいたかったら変えなあかん。それを決めるのはトシや、と。そしたらやっと『おれは友だちと遊びたい』と言ったんです」

怒られたからではなく、自分自身で納得したからやめる。互いに言いあえるアトムだからできる実践なのだ。

おれにばっか言うな

今度は、タクミ君の「五時間の対決」である。

「アトムやから、みんながタクミを受けいれてくれたんやなと、私は思うてるんやけど。もしほかのところやったら、自分を出すのが下手くそやから……」と、タクミ君の母親は、遠慮がちに子どものことを説明した。

母親に続いて担任のイワちゃんが思いを語る。

「二月生まれのタクミとコウジはいつも一緒で、四歳で受けもったときは活発じゃない、というのが印象でした。お昼寝から起きても服を着ようとしないし……。特徴は自分に都合の悪いことは、いつもだれかのせいにする。『おまえがこうしたから、こうなったんじゃ』とか、ぜったいに自分のことと認めない。それで『五歳児に五時間の対決』というのが起きたんです。それについてはオッコちゃんどうぞ」

逆指名されたオッコちゃん、こと、市原悟子さんは、「五時間の対決」の説明をはじめる。

「二年まえのことですが、この二人は、言語での表現力の弱い子で、コウジはしゃべることが面倒くさいから、気に入らなかったら丸まってしまう。遊んでいて『ご飯やで』と言っても、『食べたくない』と寝そべってしまう。いつも二人でおなじようにやるから、保育士たちは悩んでいたんです」

職員会議で話しあった結果、二人に「自分たちもできる」という認識を持たせることが必要だという話になった。

「当時、二人は三歳児だったので、ゼロ歳・一歳児のところに連れてゆき、コウジとタクミはこの赤ちゃんとおなじや、と言ったら、ヘラヘラしながら聞いていたんですよ。家でもきっと、こんなことしてるんやろうな。なにか気に入らへんかったらゴネ倒して……。自分でなにかしようと思わへんで大変やな、と言ったら、タクミが『それ、お父さんのことか？』って言ったんですよね。そや、困っている人いてるやろ、って言ったら、こんどは『それ、お母さんか？』と。そうや、それといっしょなんやで、と」

三歳児でも、きちんと話をするとわかるのだ。それから二人の態度が少し変わった。

「五時間の対決というのはタクミが五歳児のときのことなんです。あるとき、タクミはもう一人の子、ユウヤと、ご飯食べたあとに騒いでいて、イワちゃんの言うことを聞かなかった。しびれを切らしたイワちゃんが『じっとする力のついてない子は、下のクラスに行って力つけておいで』と言った」

偶然、二人の弟が二歳児のクラスにいた。二人はそこで二歳児の着替えや後片づけを手伝って戻ってきた。

「そこへ私が通りかかって、朝からイワちゃん、何回も怒ってるけど、なにを怒られてたんと聞いたら、その話でしょ。ところで、力ついて帰ってきたんかって聞いたら、タクミはヘラヘラ笑ってる。ユウヤにもおなじことを聞いたら『おれ、力ついてないから、もう一回行って、つけ直してくる』って。出て行った」

ユウヤが二歳児のクラスに向かうと、タクミもあとを追っかけようとした。

「タクミ、ちょっと待ち。あんた、なにしにいこうとしたんや、と聞いたら、『ユウヤが行くからや』。ユウヤは力のつけ直しに行くのに、あんたは、なんでおなじことするんやと聞くと、『わからん』。わからんでついて行ったら大変なことやで。『ええやんか』と、タクミは言うから、ええことない、と」

「おれにばっか、言うな」

「そやな、腹も立つわな」

そんな押し問答のくり返しが、延々とつづいた。

「いままでも、こんなことあったよな。なんでも人のせいにしたな。そのとき、タクミの顔見たら、決して気持ちいいって顔してない。こんなん、いややなと、ひょっとして思ってたん違うか。だれが騒ぎまくってたんや」

市原さんは、タクミ君の口から「自分だ、ぼくがやったんや」という言葉がほしかったのだ。だがタクミ君は、言わない。用事があったので市原さんは「すぐ来るから」と、その場を離れ、二十分後に戻ったら、タクミ君はご飯を食べようとしていた。

それからが市原さんの言う一対一で向きあう実践の勝負、対決の場になっていく。

「なんで、そうなったん」

「イワちゃんが悪い」

「イワちゃんが、なんで悪いんや」

「ユウヤが、なにかふざけたら怒ったから」

「ユウヤがふざけて怒ったら、なんでタクミが、そんなになるんや」

自分が不利になるとタクミ君は押し黙ってしまう。

「タクミは、ちゃんと話ができるから、今日はちゃんと話を聞こう。聞くまで、この話は終わりにしないよ。なんでご飯食べるんや。話終わってからでないと、ご飯食べさせへん」

おなかがすいていたタクミ君は、市原さんの「ご飯食べさせへん」の言葉に怒りだした。

「おまえに関係ないやろ」

「関係ないことない。いっぱいある」

ほかの子は昼寝の時間を迎えた。市原さんはタクミ君を隣の給食室に連れていき、そこでふたたび、にらみあった。

「イワちゃんが怒ってたのは、なんでなん?」

「ユウヤが騒いだ」

「タクミはどうしてた」

そう言われると、またタクミ君は黙ってしまう。

「言いたいんやけど言いたくない。それって、ほんとうにタクミ自身、しんどいことやろ。オッコちゃん、大人だから、ようわかる。ずっとタクミはそれできてるやんか」

その市原さんの言葉に、タクミ君は少し表情を変えた。

「だれが騒いでたんや」

「タクミ」

そう言ったとたん、タクミ君は、ワーッと泣いた。

「よう言うた、と私はタクミを抱いて、これをタクミは言えなかったなあ。気持ちが、すっとしたやろ、と。あの子が、あんなに声あげて泣くってこと、なかった。自分がしたことを自分で認めないかぎり、まえへ進めないということを、ちょっと話したんです。それからタクミは、なにかが抜けたようになっていきました」

保育士でも母親の悩み

「ぞう組」の保育実践報告があった年度末の「保育を考える会」を取材してから七カ月がすぎた。「ぞう組」を卒園して小学一年生になった子どもたちはどうしているかが気になり、担任だったイワちゃんこと、岩木陽子さんに会って話を聞いた。

「すでに二回ほど元『ぞう組』の親と子が集まって、リクリエーションをしたんです。久しぶりの再会で、『ぞう組』復活。楽しそうでした。どの子も学校での緊張を語っていたのが印象的でした」

イワちゃんは、親たちと、半年間の小学校での出来事を語りあったりした。そのなかでアトム時代に悩んでいたことが、卒園後もつづいている子もいた。

「半年たっても『気になる子は気になる』ことをしてました。布団投げ捨て事件を起こしたジュンは、隣の席の女の子のクレヨン折って泣かせたり、先日は別の子の水筒をつぶしたとか……。女の子の親が『もう限界』と、抗議の電話で母親は知ったんですが、担任からはなんの報告もない。母親は、担任がジュンを大目に見てくれてるから、いい先生だと思っている。先生から注意がきてないから、どこか安心しているようなんです」

イワちゃんはこの状態が心配なので、近く母親にアトム時代に伝えたことを思い出してもらうように手紙を書いて送る予定だという。

イワちゃんは、サラリーマンの夫と、高校二年、中学一年の二人の娘と四人暮らし。九年まえ専業主婦からアトムのパートの保育士になった。

「なにがなんでも保育士がしたいという思いではなく、頼まれたので、軽い気持ちだったんです。ところが職員会議とかで、『泣いてもいいよ』『できなくていいよ』という、いままで見たこともない世界を知った。茶髪の子、しゃべらない子など多彩な人間が、そのまま自分を出して保育士をしていた。いろんな親や子どもがいるので、いろんな保育士が必要と、それが新鮮で、アトムに、ずっとこのままおってもいいなと、資格を取ったんです」

短大の通信教育を受講。夏は三年間、毎日つづけて三週間、スクーリングに出た。

「私が、一人ひとりの子どもの気質とか、気になる子に関心が向けられるようになったのもアトムでの積みかさねですね。職員会議でほかの保育士の抱えている問題を聞き、自分ならどないするやろと……。そうするうちに、毎日の保育のなかで、なんでこの子、こうなるねんと気になる子が出てくる。帰宅して思いかえして、あの子にすごい怒り方したけど、あれでは、あの子の心に届かないのでは……と、その葛藤《かっとう》のくり返しなんです」

だが、そのイワちゃんも二人の娘の母親だ。自分の娘の問題になると、保育士のようにはいかなくなる。保育だより「アトムッ子」の八月号に「他人事でしょうが……」という題で、抱えている母親の悩みをさらけだした。

「仕事から帰ると、タイミングよくテュルルルと電話の音。『こちら中学の担任ですが、マリちゃん、ピアスをするため耳に穴をあけているのをご存じですか』。ギョッ。そんなことを知らなかった私は、まさか！　と思わず耳を疑った。でっかい衝撃でした」

こんな書きだしで、四ページにわたって幼児期からの娘とのやりとりを書いた。

「私が言いたかったのは、自分の体験から、その子の気質をしっかりとつかんで幼児期から対処するのと、中学ぐらいで、なにかやらかしてから、親が気がついて対応に追われるのでは、しんどさが違うということなんです」

二女は、「ドロボウ事件」を起こしたジュン君に似ていて、なにか欲しいとなったら、その自分と折りあいをつけるのが難しい。

「その激しさに親はふり回されるんです。たとえば、買い物などのときに、ぐずぐず主張すれば、こちらが折れてくると読んでいる。小学三年のときに、今日はオヤツ、買えへんよ。それでよければ、ついておいでと言うんですが、見たら欲しくなる。すると『これが欲しい』とワーッとわめく。約束でしょ、と言っても通じない。結局、お菓子だけじゃなく、かわいいノートとかも買わされてしまう」

自分の思いをとおしたい、いやなことはぜったいしない気質の二女。だからピアスも校則で禁止されているのに、親に内証で穴をあけてしまった。

「私の母親としての反省ですが、結局、親がここで折れたらあかんなと思ったら、マリが店で泣いても、閉店までそのままにさせて、家へ帰って、夜まで泣かせてもよかったかなと……。自分に自信がないと、その対応ができない。所長代理の市原さんは、『子どもは泣くぐらいしか抵抗できないんだから、泣かしといたら、ええねん』と、さらっと言うんです。親としては、ぎゃあぎゃあ泣かれるのは、しんどいですけどね……」

肝心の二女がピアスの穴をあけた問題に、イワちゃんは、どう対処したのだろうか。

「私はどうしたらいいか一人では、わからなくて、夫の職場に電話して、こんな事情やから、お父さん、娘にどう言うか考えといて、って」

その夜、夫は帰って来た。娘を怒鳴りつけるのかと思ったら違った。

「夫は、娘を座らせ、『岩木家のルールは、お父さんとお母さんがつくる。よその家がどうであろうと、ここではピアスは二十歳まではあかん。それが守れなかったら、出ていってくれ』と、言いきったんです。娘は泣いてました。娘が出ていったらとハラハラして見てましたが、しばらくすると、『マリ、出ていけと言ったけど、お父さんの本心と思うか?』と、穏やかな口調で話をはじめたんです。娘も落ち着いて聞いてました。たいしたお父さんです。見直しました。私に欠けていたのは、この毅然《きぜん》とした態度だったと、よくわかりました」

授業に追われて一人ひとりの子どもの気質にまで思いやる余裕のない学校。幼少期からの親子の対応のたいせつさ、難しさをあらためて痛感させられた。

逃げるばかりの人生

保育士たちが一人ひとりの子どもの気質を頭に入れながら、その子にとって必要と判断したときには、きっちり向きあい、自分の頭で考えさせることをしているアトム共同保育所。

そうした実践ができる秘密は、保育士どうし、そして保育士と父母とのあいだに信頼関係ができているからだろう。

所長代理の市原悟子さん（四四歳）は語る。

「その信頼関係ができるまでが大変でした。若い保育士はたいてい、学歴の傷を負った人ばかりで、ふぞろいの集団だけに、会議はきれいごとではすまされません。質問されただけでケチをつけられたと怒り、説明を求めると、『私を試すのか』と怒り、アドバイスをすると、責められたと泣きだす。途中で、かばんを放り投げて帰ってしまう保育士もいて……」

市原さんを中心に、ふぞろいの集団の個性を生かした保育士たちの協力態勢を築いたのは所長の山本健慈さん（五〇歳）の力だ。山本さんは語る。

「十年まえに息子を預けたとき、親も保育士たちも一生懸命だけども、なにかうまくいってない。市原さん一人が孤軍奮闘している感じで、ほかの保育士たちは、なにかシラッとしていた。保育士どうし、そして親と保育士が互いに協力しあわないことには子育てはできない。そこで私が半年後に運営委員長になり、無理にがんばろうとするな、ありのままの自分をさらけだし、お互いの素顔、実力を知りあおうと、働きかけたんです」

がんばろう、がんばろうとすればするほど肩に力が入り、孤立する。逆に、できない自分を認め、自分の未熟さを他者に伝えれば、だれかが、かならず手を貸してくれる——山本さんは自らの子育て信条をくり返し、訴えつづけてきた。

それが「ふぞろいの集団」である保育士たちを支えてきたと言ってよい。

じつは「ドロボウ事件」を起こしたトシ君の母親タミちゃんも、その一人だ。

タミちゃんは、アトムで七年間保育士として働いたが、九七年三月に辞めた。毎月一回、親たちに配られる保育便り「アトムッ子」に、その経緯が詳しく書かれてあった。

「突然ですが、私は三月いっぱいで、このアトムを辞めることにしました。理由は？　と聞かれれば、自分の人生を歩む道を自分で決めたかった。ただそれだけです」

タミちゃんは、高校卒業後、保育専門学校に入り、二十歳でアトムに就職した。

「アトムの門をくぐったときの自分は、最低なやつだったなあ。親に認められたことがなく、自分を自分で認めることができず、どんな生き方をしたいのか、どんな私でいたいのか、なにをどう考えたらいいのか、二十歳の成人式を迎えたけれど、一人では、なにもできない、自分のしたいことさえわからないガキだった」

アトムに入ったのは、保育士である母親が喜んでくれるだろうと思ったからで、アルバイトのつづきみたいな感覚。大人としての責任などは考えてもみなかったという。

「一年目。子どもとの遊び方がわからなくて、子どもたちのまえで、ただ、つっ立っているしかできなかった。そんな私に市原保育士は、『オモチャ箱ひっくり返してみい』。ひっくり返しても、それから、なにも思いつかない。どうしよう。どうすればいい？　の毎日……」

アトムでは毎日、保育士と親とのあいだで、子どもの状況を書いた日報を交換しつづけている。

「その年の保護者の一人、川崎さんの日報になにかの質問があって、『私にはわかりません』と書いたら、次の日報に、『わかれへんならわかれへんなりに、まわりの保育士に聞いてみて』と、あった。『クッソー！』と思ったことは忘れられない。でも、それがバネで、わからんことは聞けばわかるんやという方法を身につけられた」

入所した年、それまでつきあってきた現在の夫と結婚。すぐに妊娠。二十一歳で長男、トシ君を出産した。

「いま思うと、私の人生は、なにかから逃げることばかり……。親から逃げるための結婚、仕事から逃げるための妊娠、自分の子どもから逃げるための仕事復帰、結婚生活から逃げるための夜遊び……。そしてまた仕事から逃げるために二人目出産。こんなこと何年もくり返しながらの二十代前半」

「自分にイライラし、子どもに八つあたり。夫に反発、どう考えても自分が好きになれなかった。自分が嫌い、まわりも嫌い、なにもかも信用なんかできるもんか！　だけど、こんな自分が子どもを育てなくてはいけない。自信のない自分が子どもを育て、そのうえ人の子まで……。保育士に向いてない、それなのに……。どのくらい苦しんだろう」

そんなタミちゃんが、なにかにぶつかるたびに、「なぜそう考えるのか」と、頭のなかを一つひとつ整理するのに、根気よくつきあい、人を信じ、自分を信じることをわからせたのがアトムの仲間だった。

職員会議で意見が対立して言いあいになり、頭にきたタミちゃんは、「もう辞めたるわ！」と、たんかを切って会議の途中で飛びだし、一週間、無断欠勤したこともあった。

「そんなとき、私を励ましてくれたのが岩木保育士で、『自分で考え、自分で決めることがたいせつ。今までそれをしてこなかったから、なにもかも人のせいにしてしまうのではないか』と、励ましてくれました」

仲間の保育士たちだけでなく、子どもたちからも学んだ。

「保育士も自分らしくあればいい。弱さも子どもたちに見せればいい。子どもが育つのは、子ども自身の力なのだ。その力を信頼することこそ教育。完璧な人間など、この世にいないと教えることこそ、たいせつ。私を見本にそれを教えていこうという考えに達しました」

そんなタミちゃんが、なぜ辞めてしまったのか。

「アトムですてきな仲間に会い、自分にプラスのことはたくさんあった。しかし……。何度考えても、『しかし……』がつく。アトムにいると母と夫が安心するから……。それがアトムを去る決断のきっかけになった。ほんとうにしたい仕事にチャレンジしよう。これが私の自立への一歩である」

あれから二年たった。まだ自分が熱中できる仕事は見つかっていない。

アトムで、はじまった生き直しの旅はつづいている。

中学時代はつっぱり

「私は子どもも産んだこともないし、まだ結婚もしてない独身なんで、赤ちゃんを抱っこしたこともないし、ミルクの作り方だって知らへん。どないして子どもと遊んだらええかもわかれへん。なにもかも頭にくる。しんどいんや」

半年まえに保育士になったばかりの「ハセちゃん」こと、長谷川教子さん（二六歳）が、涙ながらに職員会議で心情を訴えた。四年まえのことだ。

「はじめての体験ばかりで、保育記録の書き方も知らんかった。ところが、わかれへんことを、わからんっていうふうに言えなかったんです。自分らしさというのがバレたらあかん、出してしまうとクビになるんちゃうか。ずっと抑えてきた気持ちが爆発して、もう辞めると……」

そんなハセちゃんを保育士たちは冷たい目で見ずに、優しく受けいれてくれた。

「否定されると思ったら、逆に『抱っこの仕方が、わかれへんていう疑問って、すっごい、だいじなことやでな』って、何年も働いている保育士さんが言うてくれたりしたんです。いままでは否定されることばっかりやったのが、否定せずに受けとめてくれたことは、はじめてで、めちゃめちゃ、びっくりしたんですよ」

中学時代からつっぱってきた。親や教師に反抗したなごりなのか、九八年春までハセちゃんの頭は茶髪だった。

「中学三年ころからスカートを短くしたり、髪の毛を染めたり。神社の境内での中学校どうしの団体のけんかに行くとか。男のけんかと違って言葉が主で。高校時代もバスケットボール部。授業中は寝て、一日一時間しか授業に出なかったり……。万引き、シンナー、けんかで警察につかまるようなことをやってきたんです」

親が校長に呼びだされ、「そんな毎日をつづけたら停学にする」と通告された。

サラリーマンの父親に保育士の母親、兄と弟の五人家族だ。

「腹がたつと思うようになったのは六年から中学時代で、頭にあったのは、六つ上の兄は勉強が好き、私は嫌い。大学の医学部を出て医者になった兄と、いつも比較されて、母は私に、『できるんやから』と言いつづけてた。私、アトムで働くようになって気づいたのは、『ようできたな』と、ほめられた経験がなかったこと。だから興味わくものも少なかったし、なんでも中途半端に終わってた。自分はダメ人間なんやと思ってきました」

両親は仕事で忙しく、家で食事を家族とともにしたことがほとんど記憶にない。

「コンビニで、おにぎりやパン買って、テレビを見ながら食べるのが習慣。おかずは店屋物を買って、チンして食べるのが多かった。野菜はアトムに来るまで、ほとんど食べなかったですよ」

高校二年のとき、担任教師がハセちゃんの友人に、「長谷川は落ちるから、あんた受けなさい」と就職相談で言ったというのを聞き、荒れた。

「遅刻が百何十回になって職員会議で問題になり、体育会系の先生たちが『あの子はそんな腐った子やない。なにか持ってる子やから』と、かばってくれた。何日かあとにバスケの顧問の先生に呼ばれて『先生はおまえの味方や。ほかの先生がなんと言おうと一生懸命したら、それでええやんか。だれか見ててくれる』と。はじめて涙がポロポロと出ました」

卒業後、営業事務の仕事に就いたが、六カ月で退社。デパートの販売員、私立保育所、学童保育のバイトをして、アトムに入った。

「毎日働くなかで『若い保育士さん』という言われ方をするのが、すごくカチッと頭にくるんです。なんで頭にくるんかは、わかれへんかったけれど、結局、上下関係で見くだされてるって思いこんでたんですよ。入って一年後に頭にきて『もう辞める』と泣きながら市原先生のところに……。市原先生は私に、『なにがあったん？　いっぱい我慢してること、あったんちゃうか。思ってること言わへんから積もり積もるんと違うか』って。『私もおなじような思いしたことあるわ。女のくせにっていう目つきで見られたときは、めちゃくちゃ腹が立ったな』って。私とおなじ立場、おなじ気持ちになってくれたんですよ。はじめておなじ気持ちになってもろて、あ、カチンてくる、すぐ腹が立つ自分は、変な人間かなと思いました」

ハセちゃんが二年目に一歳児「ひよこ組」の担任になったとき、一生忘れることのできない〝事件〟が起きた。ある日の夕方のこと。いつものように親たちが迎えに来た。

言葉を交わしながらサトシ君の母親の姿を見た瞬間、心臓が止まったかと思うほど驚いた。

「はっと見たら中学校の川崎先生なんや。中学では、『あ、川崎おる。逃げれ』って、うっとおしい感じだったんやけど、こんどは保護者と担任の関係……。もう下向いたまま、ばれないでって。サトシは最初に私に、なついてくれた子で、私にとっては働く支え。かわいいと思う気持ちと、ウェーッという気持ちが重なって。もう最悪……って感じでした」

仕方がなく「長谷川です」と、あいさつした。川崎先生も、「あんな子に自分の子どもを預けるなんて……」と、最初は戸惑い、複雑な心境だったようだ。

そんな二人の微妙な関係が、ちょっとしたことがきっかけで、改善されていく。

「ある日、サトシが給食のあとにオマルに座ってて、下唇をビッーと出して、すねてるんですよ。いろいろ聞いてみたら、キュウリのお替わりが欲しかったんです。それを夕方、迎えにきたお父さんに報告したら、『サトシも最近、自己主張が激しくなってきたなあ』と言われた。ああ、言葉だけでなく、すねたりすることで自分を表現しているんだとはじめて知ったんですよ」

そのことを日報に書いたら、次の日の日報に川崎先生から「そんなふうに悩んだり、考えたりしている姿を見て、すっごいうれしく思うし、私もがんばらなあかんと思って励まされました」

と書いてあった。

それまでは否定されたりすることに反発してきたハセちゃんだったが、アトムでの体験を通じて、自分にも良いところがあると、自信をつけていくのだった。

改めさせられた教師根性

アトム共同保育所で働く若い保育士たちが、世の中の流れに流されて生きるのではなく、自分の頭で考え、行動する生き方を始める。すると親たち自身も、そうした保育士たちとのかかわりあいをとおして、それまでの人生の見直しをさせられていく。

アトムに子どもを預ける教師は多い。この春、卒園した「ぞう組」十五人のうち、教師の母親が三人いる。その一人が川崎裕子さん（三八歳）である。現在、特別研修で大阪教育大大学院で学んでいる。三人の子どもをアトムに預けた。

「三年まえのある日、二男を保育所に迎えに行くと、見覚えのある顔があるんです。向こうも『ゲッ。なんで川崎がおるねん』って、やばいの見てしまった、っていう顔をしてる。私も、なんでこんな子おるんやろ？　って思って。あんた、ひょっとして、あの子やろなあって言うたら、向こうは『えー、そうです』と、いちおう商売顔でニーッて笑いながら、あいさつして……」

二男、サトシ君の担任保育士が、かつての中学校時代の教え子で、しかもつっぱりだったハセちゃんこと、長谷川教子さん（二六歳）。当時の川崎先生にとっては、努力をしない〝嫌いな子〟だった。

「私は今年で教師歴十六年目。新任の中学校は荒れのピークで、私自身は中学ではバレー、高校では陸上に熱中して。そういう体育会系に期待されるのが生徒指導で、決められた規則は守るのが普通やと思いこんだ、まじめで融通の利かない教師だったんです」

小、中学校と、勉強はでき、学級委員長などを務めてきた。私立高の受験に失敗したが、勉強して希望する公立高校に見事、合格した。

「速達で来た封筒に触っても薄いんですよ。母親は涙を流しているし。封筒を開けると『130番不合格』とポンと押してあって……。それで奮起して勉強し、公立高校に受かった。背水の陣でやればできるという感じになった。高校では陸上やって、全国大会レベルの選手になれた。私のなかには、やればできるという意識が染みついたんですね。だから生徒にたいしても、できない子は努力しない、だめで、ずるいやつという見方しかできなかった」

そんな川崎先生の人生観を根底からひっくり返したのがアトムだった。

「市原先生は『だめなことはだめでいいんじゃないか』って、まず言うんです。私は、なんやねん、この人、って思わず言うわけですよ。保育士に失敗や配慮してほしいことを指摘すると、ほかのところでは平謝りに謝るんやけど、アトムは違う。『すいません。ごめんね』ですます。次には『私は未熟な人間なもんで』と言われてしまう。私は、だめやったら気をつけんかい、努力して改善しろよと、思とるわけですよ」

　頭にきた川崎さんが所長代理の市原悟子さんに訴えると、「あんたの言い方は一面的や。できないことばかりを得々と言うから保育士は委縮してしまう」と、逆に厳しく注意される。

「私は、いい子できてて、がんばったらできるという感覚で生きてきた。市原さんから『がんばれる子ばかりじゃない。注意されたから、すぐ改善できるほど、単純なことじゃない。あんたは保育士をバカにしてるやろ』って感じで、よく怒られてね。人に怒られたことなかったから、情けなくて……。何回も泣きましたね。私のなかには、できる・できないで人を見る〝教師根性〟があって、できないことによる屈辱感が、どんなものかが実感できてなかったんです」

　二カ月に一回定期的に開く保育士と保護者のクラス懇談会では、保育士が失敗した話を次から次とだしてくる。

「担任のハセちゃんは、『このあいだ、川崎さんからこういう指摘を受けました。ここはこういう失敗だったから改善中です』みたいに、自分の失敗をあからさまに言う。教師生活していて、職員会議でそんな失敗の話なんかしたことないですよ。教師は、まず自分の素顔や失敗をカムフラージュするんです。アトムは、えらいとこやなと思いました」

　懇談会で保育士たちが失敗談を語っているのを聞いたり、保育便り「アトムっ子」に載った報告を読んだりしていると、不思議なことに、親たちも失敗や悩みを気軽に話せるようになっていく。

「懇談会で母親が、『私は子育てがうまくできない。子どもが泣くのがいやでいやで』と言ったときに、担任の保育士の突っこみが足りないと、市原さんは、母親の気持ちの核心を引きだす語りかけをする。そのくり返しのなかで、母親の生活、人生の背景が見えてくる。そのあたりからですね。私の生き方、つまり生徒にたいする見方が百八十度も変わったのは……。だから昔の生徒に会うのがいちばんいやですわ」

川崎先生自身も、自分の失敗を平気で語れるようになった。それは現在小学三年の長男が小学一年当時のことだ。長男は宿題で平仮名を反対に書くことが度々あった。

「はじめは優しく、違うやろ、これは、って教えてるんですけど、三回くらいおなじ字をまちがえたらね、あんた、ええかげんにしーやって、パーンと、はたいてしまうんです。ほんで、イライラしてくるんですよ。生徒指導の、おまえなあ、っていう世界といっしょで、自分の子どもにドス効かしてるんです。大きな声で、しかり飛ばす。小学一年の息子がね、ビビッてるんです。何日かたってくると、私が近寄るだけで顔がガチガチに硬直してる。こりゃいかんわと思って、私は威嚇してるんやなって、はじめてわかりました」

そんな体験を重ねるなかで、自分が教師として、生徒にたいしてとってきた態度は、どうだったのだろうと、ふり返る日々がつづいた。

「久しぶりにアトムで息子の担任として出会ったハセちゃん。中学時代は、自分の意見なんて言えず、逃げ回っていた彼女が、保育士として大人、保護者を相手に、きちっと言えてる。泣きながらでも、『いま、涙が出て言えないから待ってほしい』とか、『ほかの保育士はこう思ってるけど、私はこう思う』って言う。そんなん見てると、中学時代に見ていた彼女はなんやったんやろうと思うわけです」

同僚説得して学校再生

公立中学の教師になって十一年目の前川祐子さん（三六歳）も、二人の子どもをアトム共同保育所に預けることで、教師としての生き方を変えさせられた一人だ。

「市原先生と話をしていると、あ、この人は自分のことをわかってくれる、と思い、それからです。力で抑えなくても生徒と対応できるのかな、と思うようになりました。自分はしっかりしてる人間やと、生徒に見えを張ってみせんでもいい。私、できへんわって生徒のまえで言うてもええと。べつに私のことを尊敬してくれる子ばっかりじゃなくても構わないし、『あんな先生嫌いやわ。あんな大人になりたくないわ』と思う子があったとしても、かまへん。いいところも、悪いところもあるよ、それが人間や、という見本を示せればいいと……」

前川さんは現在、小学三年になる長男を八年前にアトムに預けたとき、教師をつづけていくかどうかで迷いに迷っていた。

「そのころはほんとうに自信も持てず、生徒の親からは、『若い女の先生は頼りない』とか文句言われて。しんどくて。自分は国語教師で、生徒を抑えつける力もなく、その力のない自分に教師は勤まらないのか……と、ぐるぐる思い悩んでいたんです」

教師として自信のない前川さんが、そんな自分でも教師をつづけられるかもしれないと思いはじめたのは、保育だより「アトムッ子」の職員会議録を読んでからだ。

「職員会議で、こういうことで、もめたとか、『散歩のとき、もうちょっとで子どもが車にひかれるところでした。慣れになって気配りが足りませんでした』なんていう失敗談が書いてある。包みかくさず出して、補いあいながらの保育の様子が書いてあって、ほんとうかなと疑いました」

子どもを預けて一年後、前川さんはアトムの運営委員になった。月一回の運営委員会議に出て各クラスの親の代表とも顔を合わせ、話しあううちに、次第に疑いが解けてきた。

「会議を開けば、報告か決定しか、やらないのだろうと、イメージしていましたが、親の思い、保育士の思いを対等に出しあいながら、考えあっているのです。学校のように、前例とか条件にとらわれたり、教育委員会に規制されたり、管理職と対立したりすることがないからできるのだとわかってきました」

本音を出しあうことで、お互いに理解を深め、信頼関係ができていく、そうしたアトムの職員集団を見るにつけ、前川さんは、自分の中学ではなぜできないのか、自問自答をくり返していた。

「授業では、自分の話をいっぱい生徒にするようになったんです。私の子どもな、このあいだ熱出してな、とか……。『先生、また子どもの話ばっかりやんか』とか言いながら、生徒はよく聞いてました。私という人間が見えるんやと思います。三学期最後の授業で、私の通知表を書いてほしいと頼んだら、『先生は自分たちの気持ちをよくわかってくれる』と書いた子がいたんです。授業で一方的に話をしただけなのに、そう受けとったのは、生徒も自分をさらけだしたら、受けとめてくれるだろうと思ったんでしょうね」

だが職員間では、自分の思いを、まわりに伝えていくことができなかった。あきらめが先に立つ毎日がつづくある日、前川先生を変える出来事が起きた。三年まえのことだ。

「一年のときは教師集団もまとまっていて、生徒たちも、かわいらしかったんですが、二年になって、だんだん授業中に私語がめだってきて、あるとき、いじめ事件の処理の仕方がまずかったことで、学校全体が荒れはじめたんです」

授業中に教師の目のまえでトランプはする、ヘッドホンで音楽を聞く、立ち歩く、暴言を吐くといったことが日常茶飯事になっていく。

「アトムのことが頭にあった私は、親の協力を得ないとやっていけない。二年の親を集めて保護者集会を開き、そこで、実情を伝えようと職員会議で提案したんです」

予想したとおり、教師たちのあいだからは、「まだまだ教師にやるべきことが残っている」「自分の指導の甘さがあったので、親にそれをつかれたら自信をもって答えられない」「学校で起こったことは学校でなんとかすべきだ」といった反対の声が出された。

「思えば私もアトムに子どもを預けるまでは、親と一緒に子どもを育てるなんて考えたこともなかった。学校のことは教師の責任、家のことは親の責任、学校での自分の指導力不足は親につつかれたくない。親に学校での様子を全部伝えると、親は不安になるだけだと、知らせるのは、きれいごとばかり。どう説明したらアトムみたいな場が、学校でも必要なことが、わかってもらえるかなと考えていました」

前川さんが思案しているとき、若い男性教師が発言した。

「自分は集会を開く自信がない。親にたいして、なにを言ったらよいのかわからない。自分がしっかりせなあかんと思って、今年は肩に力を入れすぎたんではないかと思う。それで自分が自分でないようになってしまった。生徒との関係も、うまくいかなくなって、ほんとうにしんどかった」

その発言を聞いた前川さんは、涙ながらに訴えた。

「親が聞きたいと思うのは、その言葉や。これだけやりました、なんていうきれいごとは、聞きたくない。私は自分の子を保育所に預けてみて、ときには、この保育士さんは、と思うときもある。でも自分の子を、わが子のようにかわいいって思ってくれている、その気持ちだけで安心して預けられる。集会では、先生のいまの言葉をそのまま言えばいい」

この発言で会議の流れは一変した。

保護者集会は開かれ、親たちは先生たちの実情報告を聞いた。翌日から十五、六人の母親が毎日、放課後に学校にやってきた。廊下の壁の落書きを消したり、花を生けたりしてくれた。失われかけていた生徒と教師の信頼関係が少しずつではあるが、とり戻されていったのだった。アトムの実践が母親である教師を変え、中学校の教師の考え方にまで影響を与えていく。すごいと思った。

感情よりも理屈が先行

現在、小学六年生の長男を十年まえにアトム共同保育所に預けたことで、所長まで引きうけた山本健慈さん（和歌山大生涯学習教育研究センター長）も、じつは「インテリの子育て」から脱皮させられたと言ってよい。

「このあいだ、学会で私の講演を聞いた友人に『あんた、いつからそんなやさしい言葉を使ってしゃべるようになったんだ』と言われて。じつはアトムで鍛えられたんです。ぼくがアトムの職員会議でしゃべったことは、保育士さんたちにはわからない。市原さんが説明して、はじめて理解できるという体験をくり返してきたからです」

「インテリの子育て」とは、所長代理である市原悟子さんが、山本さんの子育てを総括した言葉だ。市原さんの説明を聞いていると、多くの親が抱えている共通した問題のように思えてきた。

「インテリの親は、なんでも理屈、理屈で説明したがる。子どもがどんな気持ちになってるか、親はどんな気持ちなのか、気持ちと気持ちのぶつかりあいがない。子どもは、もろに親に喜んでほしい、怒ってほしい、感情を受けとめてほしいと思うときに、親は理屈でしか理解しないから、子どもは歯がゆい思いをする。だからインテリの子育ては、あかんて言うねん、って山本さんに言うたことがあるんです」

十年まえの八月のある日。市原さんが子どもたちと遊んでいると、二人の子を連れた山本さんが、「長男の圭をお願いします」と訪ねてきた。

「二歳の圭君を見てると、自分でなにもしようとしない。食べない、脱がない、着ない。散歩しようとすると、みんなは一人で歩くのに手をつなぎたがる。二歳上のお姉ちゃんが世話を焼きすぎていたんです」

ちょうどそのころ山本家では、奥さんが市役所に専門職として中途採用され、〝完全共働き〟をはじめたばかり。時間的に融通のきく山本さんが子育てを一手に引きうけていた。六カ月後に運営委員長を引きうけた山本さんは、職員や父母との話しあいの場にも二人の子を連れてきた。

「会議で山本さんが話をしているとき、お姉ちゃんは肩に乗ったり、じゃれつく。大人がたいせつな話しあいをしているのだから、なぜ『静かにせえ』とか、『邪魔をしたらあかん』と、しからへんのかなと思いました」

子育ての講演などでは、「大人には子どもへの毅然《きぜん》とした態度が必要」と山本さんは発言しているのに、自分の子育てでは甘くなることに市原さんは気づいていく。

「生活のなかで得られた自然な理屈であれば、自分の子育てでも当然生きてくるはずなのに、

『言っていることと、やっていることは違う』という感じになってきて……。三歳になっても圭君の態度が変わらないので家庭訪問のときに、その話をしたんです。子どもがワッと言ったときに、すぐに親からワッと返してもらえる。その、『ああ、通じたんだ』という間が、すごくだいじなことやなと。ところが、ワッと言っても、一、二の間《ま》を置いてから、こんどは理屈で返されたら、感情で受けとめてほしいと思っている子どもにしたら、調子が崩れてしまって次のエネルギーが生まれてこないんです、と」

インテリと称される人たちは、小さいころから勉強ができ、優秀だと周囲からも注目されて成長してきたため、怒ったり、泣いたりして自分の感情をだすことを極端に恐れ、嫌うことも大きく影響しているようだ。

当事者の山本さんは、この市原さんのアドバイスをどう受けとめたのだろう。

「市原さんに『なんでしかれへんねん』と。ぼくはしかってるつもりだったけれど、結局、自分の生活に、ぐあい悪いことはヤイヤイ言うけれど、自分の等身大の感情とかセンスを正直に表現して、しかるということではなかった。それは自分の研究者として、市民として、どう生きるか、なにをどのように表現するかという問題でもあり、ぼくの人生の転機でもあったと思います。そして学会など仕事の場でも、生活のなかでの言葉を使うようになりました」

子育てを反省させられた山本さんは、圭君が靴を自分で履くのをいやがっても手をださず、「履かせてもろたらあかんな」と、泣きべそをかきながら、はだしで歩くのにつきあった。

圭君が興味を持ち、根気強く取りくむ虫捕りに朝夕、いっしょに出かけた。

その年の最後の保育便り「アトムっ子」には、父親としての反省を書いた。

「共働きに突入すると、仕事と家事で手いっぱい。あとは極力、時間を切りつめることになります。したがって圭のことも、すべて親が手をかけ代行することになっていたということです」

「親として、とくに父親として圭の意欲を引きだす遊びや生活を、準備してやらなかったことです。ぼくは幼少期、大きな自然のなかで、多くの子ども、青年、大人に取りまかれ生活していましたが、べつに父親の存在を意識したことはなく、自然に放任されて育ったと思います。そのため父親として、どうするかというイメージが不十分だったように思います、などなど反省はつきませんでした。先生の『インテリの……』の言は、圭の現実から子育てを考えよ、という極めてあたりまえの、しかし、当事者には見えない、気づかない点の指摘であったわけです」

山本さんの父親は、山口県の養蚕試験場で養蚕技術の研究・指導に当たる技術者だった。試験場の敷地内に職員住宅や後継者養成の研修生の寮があった。小学生の山本少年は、昼間は広い構内の自然を相手に仲間と遊び、夜は、父親の元に集まっては酒を酌みかわす職員や町の名士たちの雑談に耳を傾けて育った。

「アトムや市原さんとの対話のなかに、自分が育った共同体の生活の心地よい原点を見いだしたのです。一人の大人、親は完全ではない。家族間の助けあいや保育所などの支援があれば、未熟な大人、だめな親でも、ぼくのように補ってもらえる。保育所や保育士さんは、いま失われた家族間共同のプロデューサーだと思うようになったのです」

幼少期から痴呆の世話

高知県の南西端にある港町・片島から巡航船に乗って一時間半。岩壁に囲まれた沖ノ島が近づいてくる。急斜面を切り開いた段々畑に、家がへばりつくように建っているのが見える。

アトム共同保育所の所長代理、市原悟子さんの生まれ故郷が、この沖ノ島である。

ふぞろいの集団である保育士たち一人ひとりにやる気を出させ、預けた子どもをとおして親たちも、生き方を変えさせられていく。そのアトムの秘密を解き明かすカギは、この小さな離島にあるような気がして、市原さんとともに沖ノ島を訪れることにした。

船から降りたのが市原さんだとわかると、日焼けしたおばさんたちが、「あれ、悟子ちゃんじゃないの」「しばらくだね」と、次々と声をかけてくる。そのたびに市原さんは立ち止まって、一人ひとりと会話をかわす。

都会では失われた共同体意識が、人口わずか四百三十人の島には、まだ残っているのだ。

市原さんの実家は、船着き場から目と鼻の先。急坂を上ったところにある雑貨店だ。酒から米、日用雑貨などが所狭しと並べてある。

「沖ノ島の生活は、物や機械に頼れません。すべて人間どうしの助けあいなくしては成りたたないのです。アトムで保育士や親たちが人間関係で悩んでいる現状を見て、それなら島でのような人間関係をアトムでつくったらいいという発想になったんです」

店のわきの、土間風の広い部屋に父親の筆一さん（七四歳）がシャツ姿で娘の帰宅を待っていた。

「父は八人きょうだいの末っ子で、男六人全員が戦争に行き、三人が戦死しています。母親思いの父は、自分が兵士になったら、『皇国の名誉の母』になるだろうと考え、志願兵になった。航空母艦『瑞鳳』の乗組員で、フィリピン沖で撃沈され、泳ぎが達者だったから生き残り、終戦になった。戦後は島の外に出たかったけど、兄たちが戦死していたので、やむなく店と漁業をつづけてきた人なんです」

六年まえに大きな手術を受けてから、人が変わったように優しく、穏やかになった。

「それまでは、いまの姿とは想像でけへんぐらい体格も良く、風貌《ふうぼう》も威圧的で、泣く子も黙ると言われていました。父は日本社会の動向から島の動向まで社会的なことをつねに考えながら、憤り、憂い、そのうっぷんを母にぶつけていました。母はひたすら耐えるだけ、それを毎日見ていて、父へのいらだちを感じながら、怖い父には話もできずに私は成長したんです」

怖い存在だけでなく、正義感の強い父親でもあった。

「家族だけで食事をしたことがなく、店に買い物にくる人を引っ張りこんでは酒を酌みかわして、正論をぶつので、けむたがられていました。でも、なにか頼まれると徹底して人を助ける情の厚いところがあって……。私も父に似たのかもしれません」

市原さんが小学一年のころから、父親が唯一尊敬していた母親が老人性痴呆《ちほう》になり、市原さんはその祖母の世話をしていた。

「痴呆の人は、こっちの世界の理屈を言ってもだめで、おばあさんの世界に私が入っていかないことには話が進まない。そんなんを小さいときに体験したのがアトムで役だっているのかもしれません」

市原さんは、子どもが好きだった。

「母とか周囲の人が言うには、私はみながちやほやせず、かわいがらない風変わりな子をいつも集めては遊ばせていたらしいんです。島にはきょうだいに何かの障害を持っている家族もいました。島の生活は障害者であろうとなかろうと、全員が力を発揮しないと成りたたない。役に立つとか立たないとかのレベルじゃない、人それぞれの人生で、それぞれが、ありのままを生きる、それをお互いに受けいれるという意識が生活のなかに浸透していたんです」

高校を卒業して大学受験に失敗。京大の構内にある「風の子保育園」の保育士にバイトで入り、正職員採用試験に合格、国家試験を受けて保育士資格も取った。

「そこで見た院生のお父さんが、子どもをおんぶして送り迎えする姿は、男尊女卑の地域で育ち、子育てや家事は女がするもの、家事をする男は役たたずという世界で育った私にとっては衝撃でした。ばりばり仕事をやりながら、子育てにも取りくむ男の姿を見て、保育の世界に定着したいと決意したんです」

結婚後、大阪府の泉佐野市に転居。パートをしたのち、アトムに就職した。いまから二十年まえのことだ。当時は妊娠八カ月の身重で、現在十九歳になる長女がおなかにいた。

「それからは試行錯誤の連続でした。とくに所長の山本先生からは、『アトムでやってることは意義がある』とか、『自分たちがガンガンにがんばっても、子どもは保育所だけで育つわけやない。家庭や地域もあって育つんだ。もっと気を楽に持ったら』などと励まされ、方向づけをしてもらったことが、今日のアトムになったと思います」

島の中央に鉄筋コンクリート建ての立派な小学校と中学校の校舎があった。

だが中学校の生徒数は、たった三人。一年の教室では先生と生徒が二対一で向きあっての授業だった。

「私たちのころはにぎやかだったのに……。みんな島では生活できないから都会に出てしまった……」と、市原さんは、ぽつりと漏らす。

子どものいない空っぽの校庭に立って、私たちが戦後五十数年かかって築きあげてきた日本社会の貧しさを見た。

貧しい生活から脱出するために故郷を捨てて都会に出たのに、それまでたいせつに育ててあげてきた共同体の豊かな魂までも捨ててしまったのではないか。

その報いとして人間は孤立させられ、人間を豊かにしてくれるはずの子育てまでもが苦役となってしまったような気がしてならない。

市原さんは、受験勉強とか競争とか効率とは無縁の、この小さな島で培われた豊かな心をたいせつにしてきたからこそ、人生の素晴らしい花をアトムで咲かせることができているのだと思った。

第6章　競争から共生の時代へ

日本の社会福祉に貢献

これまで南ドイツのルドルフ・シュタイナー学校四年B組、オーストラリアのバイロンベイ・ルドルフ・シュタイナー学校、東京・三鷹の東京シュタイナーシューレ、そして大阪・熊取町のアトム共同保育所……と取材を進めていくにつれ、さまざまなことを私は考えさせられてきた。

時代の流れに逆らっても、新しい「もうひとつの道」を模索しながら黙々と歩みつづける人びと。彼らに直接会って感じたことは、経済的には貧しく、豊かではないが、不思議なことに、みんな生き生きして、目が輝いていることである。

それはなぜなのだろうと考えたときに、シュタイナー校にも、アトム共同保育所にも共通した点があることに気がついた。それは一人ひとりの違いを認めあい、ありのままの存在を受けいれることに徹していることである。

他人と比較したり、競いあうことをせず、自分らしく生きる、自分のありのままをさらけ出すことを共有しあっている。

たとえばアトムの保育士たちは、「できないことはできない」と、はっきり言う。できないことを恥ずかしがったりせず、自分の弱さを平気でさらけだす。間違いをくり返し、弱さを持っているのが人間で、完璧《かんぺき》な人間などは、どこにもいない、と開き直れたときに、お互いを受けいれ、サポートする、支えあう〝連帯〟の輪が広がっていくのではないだろうか。

だが、いざ実行するとなると難しいのが現実だ。

しかし時代の流れに逆らっても、「もうひとつの道」を歩んできた人たちは全国にたくさんいる。経済的な困難さと闘いながら、「もうひとつの道」を、一歩一歩踏みしめて、人間味のある豊かな社会を築こうとしている人たちを、紹介したいと思う。


ＪＲ熊本駅から市電に乗って二十分。繁華街を通り抜け、水前寺公園に出る。その東側に乳児ホームから養護施設、特別養護老人ホームまで十二の施設、相談所を持つ社会福祉施設「慈愛園」がある。その慈愛園の子どもホームの園長である潮谷愛一《しおたによしかず》さん（五九歳）は三代目だ。

「ここは、第一次大戦後に全国各地で起きた米騒動、人身売買など、日本の貧しい状況に心を痛めた初代園長のモード・パラウスさんが、北米ルーテル教会婦人会の寄付を集め、土地を購入して設立しました。子どもホーム、老人ホームなどを大正八年（一九一九年）に開設し、身を売られる少女の救済、結核児童の治療、孤老の老人の救済をはじめたのがスタートなんです」

愛一さんの父親、潮谷総一郎さん（八五歳）は、パラウスさんのあとを継いで、文字どおり「もうひとつの道」を実践してきた。二年まえに体調を崩し、病院で長期療養中である。

「父は単に子どもや老人をサポートするだけでなく、当時、もっとも恐れられていたハンセン病患者を訪問しては入院治療するよう説得して回りました。五三年には特効薬ができ、感染の恐れもなくなったのに、ハンセン病患者から生まれた未感染児童の小学校入学反対運動が起きた。そのとき、父は極秘に未感染児童を養護施設に入園させ、教育を受けさせたりしたんです」

第二次大戦後、社会のニーズに合った社会福祉の考えが導入され、総一郎さんは日本社会事業学校で科学的な社会福祉のあり方を学んだ。

死刑囚の教戒師をしているとき、たまたま免田《めんだ》栄《さかえ》さん（七三歳）が冤罪《えんざい》を訴えていることを伝え聞き、科学的に真実を突きとめてみようと独自に調査をはじめた。

孤立無援のなかで犯行当時、免田さんと同宿していた女性を探しだし、新証言を得て、日本弁護士会が本格的究明を始める端緒をつくった。

そのほか目の見えない子の施設を慈愛園に設置し、角膜移植を試みる運動を展開してアイバンクを設立。お年寄りを対象にした法律が必要と国会に請願、六三年に施行になった老人福祉法の成立のきっかけをつくるなど、社会福祉分野での貢献は数えきれない。

「その父がひそかにつづけてきたのが養子縁組なんです。父は、施設で子どもの世話をするのはどうしても限界がある。子どもには親が必要だ、養子に行けばかわいがってもらえると、国際養子縁組を積極的に展開していました」

総一郎さんのあとを継いで養子縁組を担当しているのは愛一さんの妻で、乳児ホーム園長の潮谷義子さん（五九歳）だ。（九九年三月から熊本県では初の女性副知事に就任したため、乳児ホーム園長を退職した。）

「施設で、どんなにいい保育をしたいと願って努力しても、担当者は代わっていくし、施設は施設にすぎないんです。だから私はチャンスがあれば、家庭で子どもを生活させたいと願っています。いやいやながら子どもを育てるよりも、あなたを選んだのよ、あなたとの出会いを待っていたのよ、とまるごと子どもを受け入れる家庭があれば、いちばんいいと思いますね」

だが日本の場合、養子縁組がなかなか進まないのが現実である。

なぜなのか。愛一さんは説明する。

「養子をもらいたい希望者はたくさんいるんですが、日本人は選ぶ人が多いんです。まず男か女か、次は頭がよいかどうか。そして容姿でしょ。日本では養子は家の跡継ぎという発想で、家を繁栄させるために迎える。だから良い子でなければならない。赤ちゃんでは頭がよいかはわからないから五、六歳まで待つケースが多い。アメリカ人は、自分が育てるから良い子になると、赤ちゃんで引きとっていきます」

総一郎さんが五十五年に女の子を慈愛園から国際養子に送りだして以来、ハワイの日系人などの家庭の養子になった子は六十人を超える。

「欧米の場合、とにかく育てたい。この子によってもっと世界を広げたい、自分も人間らしい生き方をしたいという考えが中心で、二十歳になって自分で自分の人生を選択して、日本の生みの親のところに帰りたいと言うなら、それでもいい、と言う人もいる。でも日本にもいます。障害があってもいいいと、男の子を養子に引きとった人が」

頭がよいとか、いろいろ注文をつける養い親が多いなかで、障害があってもと、養子を迎えた家族がいるという。ぜひ会ってみたいと思った。

家が明るくなった

潮谷愛一さんは、父親の総一郎さんが自分の子も、施設の子とともに育てる方針を採ったため、二歳までは母親の下で育てられた。が、それ以後は入園して来る子どもたちといっしょに施設で生活した。

「私は小さいころから親のない子といっしょにすごしてきましたから、親がいないことが、どんなにきついかわかるんです。とくに二歳までは実の親であろうとなかろうと、たっぷり愛情を注いでもらって安心し、依存することが必要です。安心感があってこそはじめて生きる力が出て、自立していく。だから、慈愛園ではケースマザーと言って、保育士さん一人ひとりが、一人の子を自分の子のように世話するしくみを採っています。実の親より育ての親がよい場合だってたくさんあるんです」

潮谷さん夫妻には三人の息子がいる。夫妻も三十歳になるまでは大分県別府市に住み、愛一さんは慈愛園の分院、妻の義子さんは大分県庁で働く、共働き家庭だった。

「妻にゆったりした気持ちで育児に専念してもらうため、私は家政夫に徹したんです。洗濯、掃除は私の役割。当時、施設から帰ると夜の十時。それから私は洗濯、掃除をしましたよ」

　そばで夫の話を聞いていた義子さんが説明に入る。

「当時、乳児の保育所などなかったでしょ。それで最初の子は、昼間は近所の人に預け、私がお乳を飲ませるためタクシー会社と契約して、県庁と自宅を往復しました。預けた家に冷蔵庫がなかったので、離乳食も夜に作って冷蔵庫のある家に届け、保管していただきました。二人目が生まれたときは、二人を抱えて、『この子を預かってくれませんか』と、夫婦で近所を尋ね回ったこともあります」

　愛一さんは、施設から子どもを通学させている小、中学校のＰＴＡ会長を十一年もつづけてきた。

「それでわかったことがあるんです。問題を起こした子の母親に、『人見知りをしましたか』と質問して統計を取った。ほとんどが、『人見知りはなかった』と。つまり、それだけ母子関係が希薄だったというわけです。それでそのお母さんに、『好きだよ』『愛してるよ』って言いつづけなさいとアドバイスして、言えた母親の子は立ち直るんです。ものすごく時間はかかるけど人間は修復可能なんです」

　その典型例が「障害があっても引きとる」と、八年まえに、当時三歳の太郎君を養子に迎え入れた大楠潤治さん（四八歳）のケースだ。

「太郎君は病院に置き去りにされて一歳十一カ月まで乳児院で育てられたんです。二歳のとき、慈愛園に来るんですが、手をかけられていなかったためか反応が鈍く、目の焦点もボーッとして、言葉もまったく出ず、返事もしなかった。赤ちゃんのときのかかわり不足から、そんな状態になっていたのかもしれません」

その太郎君の家は、福岡空港からハイウエーバスに乗って約一時間。朝倉インターチェンジで下りた、筑後川沿いに広がる農村地帯にあった。首都圏に空輸する博多万能ネギの産地。大楠家もビニールハウスで万能ネギを栽培している。潤治さんは語る。

「子どもがおらん人生なんて、要するに寂しいものですよ。小学校のＰＴＡの会合にも出てみたいし。それで養子をという話になりました。いまは太郎のいるおかげで、生活に張りあいもあるし、ありがたいなと思っています」

九年まえ、養子を求めて久留米の児童相談所に行ったら、四、五十人が順番を待っていると言われた。そんなとき、「慈愛園の子が国際養子縁組に」という記事を読み、早速、慈愛園に行って申しこんだ。

「最初、断られたんですが、数週間後に電話があって、『じつは、こういう子がおる』と。すぐ訪ねたんです。そしたら『軽い知的障害があるかもしれないけれど、愛情を注いでくれれば治る可能性がある』と言われ……。翌日、こんどは妻と両親も連れていき、たとえ障害があっても、この子ができる仕事をやってくれればいい。ぜひ引きとらせてくださいと一家でお願いしました」

それからは週末には夫婦で慈愛園に出かけ、いっしょに動物園や遊園地で遊び、九〇年の正月には約一週間、太郎君を大楠家に泊めた。

そして一年間の同居テストを経て九一年一月、正式に養子に迎えた。

「来た当初は、いつも鼻水たらしてるし、寝しょんべんはする。ウンチも遊びながら立ったましとる。かならず物陰に行くんですよ。あ、またやっとるぞ。太かったですたい。夜中に『腹痛え』と泣いて、病院に連れて行ったら便秘で、浣腸《かんちょう》一本で治ったり……。でも太郎が来てから家がほんとうに明るくなりました」

養子になって三カ月ほどたったある日、仏壇のある部屋で太郎君が一人座って、なにかつぶやいているのに祖父の春行さん（七〇歳）が気づいた。

「なにを言ってるのかと思ったら、『もっと早よう来りゃ、よかった……』って。それ聞いて、ああ、これでよかったんだと思うたですよ。『じいちゃんの宝物、なんね』と太郎が聞くから、それは太郎たい。お前が宝たいと。自然に言うたですたい。やっぱり、いつも自分がそげん思うとるから、出ちょるけんですね」と、春行さんは目を細める。

いまは太郎君は小学五年生。そろそろ学校の成績が気になる時期だが、大楠家は成績はたいしたことではないと考えている。勉強は国語と算数が苦手だが、理科、社会は得意で、大好きだ。

「最近、自分から『塾に行く』と言いだしてますが、月に八千円もだすのはもったいないと私は言ってます。宿題せんとですよ。でも電車の名前とか鉄道は詳しいですよ。必要に迫られたら、勉強はするようになりますたい。どうせ一生は一回きりだから、なにかおもしろいことせんと、と言ってますわ」

家族からありのままの存在を受けいれられて幸せそうな太郎君。友だちとはよく遊び、気がきく、明るい子に育っていた。

子どもと人生分かちあう

「高度経済成長で地域が壊されただけでなく、人間関係までバラバラにされ、核家族だけが残ってしまった。育児には伝承が必要なのに、育児書がこれにとって代わり、子育ての支え手がいなくなってしまったことが、さまざまな家族、子育て問題の根っこにあると思う」

「慈愛園」子どもホームの園長、潮谷愛一さんは、一昔まえまでは日本の子育ては地域社会、つまり共同体がみんなで引きうける風習、文化が根づいていたと説く。

「たくさんの人に子どもの親になってもらう風習が日本にはあったんです。だから仮親という言葉が残っているじゃないですか。仮親には、取りあげ親、乳を飲ませる親、名づけ親、拾い親とか、いろいろある。それだけ子どもを育てるには、人間関係の広いサポートが必要なんです。慈愛園からハワイなどに送りだした養子は、生みの親代わりとなった養い親に育てられ、しっかり成長していますよ」

子どもは社会の共有財産なのだから、みんなで育てよう。家族が困難におちいっているときは、その家族に代わってなんらかの支援の手を差しのべるのが人間社会の本来の姿ではないかと潮谷さんは訴える。

そんな潮谷さんの言葉を思い返しながら、こんどは国際養子縁組の親子を取材するため、ハワイに飛んだ。

最初に会ったのはダニエル・ナカミチさん（二二歳）と、その養父母である。

日本の観光客でにぎわうワイキキ海岸からハイウェーを車で三十分。真珠湾を望む静かな住宅街にナカミチさんの家はあった。

「ダニエルが二歳のとき、私たちは慈愛園に行って養子縁組しました。すごく寒い日でした。保母さんが事務所にダニエルを連れてきたら、主人の顔を見てニコッと笑ったんです」と、養母のトキコさんは当時をふり返る。

連邦航空局に勤める養父のフレデリック・ナカミチさん（五九歳）は日系二世。二十二歳で結婚。子どもができず、養子を迎えることにした。

「子どもがいてこそ家族が完成するというのが私の考えでした。そのまえはよく酒を飲んだり、ポーカーもしましたが、ダニエルが来てからはやめました。四歳ぐらいまで毎晩、本を読み聞かせました」

トキコさんは養子を迎えて一年後、喉頭《こうとう》がんを患った。

「ダニエルがいるからがんばらなくてはと、気力で克服できたんだと思います。彼を授かったことで私の人生の生きがい、支えができました。だから、そのぶん、彼にも自分の人生を選択して、幸せになってほしいと思います」

養子であることは、幼稚園時代に養父が伝えたという。

「本で読んだんですが、とにかく早いうちに事実を伝えたほうがよいと。それで幼稚園のときに『お父さんはおまえとは血はつながっていないけど、ほんとうのお父さんだよ』と。理解したかわかりませんが、うなずいていました」

こうしたやりとりを横で聞いていたダニエルさん。九七年七月に本土の大学を卒業後、ハワイに戻ってきた。教師になろうとしたが、空きがなかった。

十一月のハワイ州の下院議員選挙に共和党から立候補、善戦むなしく敗れた。

「両親から養子だと聞かされていたから、気にはなりませんでした。中学三年のときに親子で日本へ観光旅行に行ったついでに慈愛園を訪ねました。子どもたちがたくさんいて、ぼくもそのなかの一人だったのだと……。二年まえに多少、考えましたが、いまはその現実を受けいれることにしています。慈愛園より、ここにいるのが幸せだと思っています」

ダニエルさんは、養父母思いの頼もしい青年である。

「大学を卒業したら一カ月でいいから戻ってこいと。ここに来たら、ずっといてほしいと。ぼくを養子にして愛情を注いでくれた両親に責任を感じます。愛されすぎるぐらい愛されていて、もう子どもじゃないから、そっとしておいてほしいと感じるときもあります」

歴代アメリカ大統領のジョンソンやフーバーも養子だという。

将来、養子の日系下院議員が、ハワイ州に誕生するかもしれない。

ナカミチ家から車で五分ほど離れたところに住む日系三世のアオヤマさん夫妻は、養子のマシュー君（七歳）を生後二カ月で慈愛園から引きとって七年になる。夫のマークさん（四九歳）は連邦政府に勤める土木技師。八年まえ、東京・横田基地に勤務中、慈愛園から養子をもらった同僚二人がいたことがきっかけで養子を迎えた。

妻のフローレンスさん（五〇歳）は語る。

「子どもができなくて、夫に相談したら四十歳をめどに決めようと。子どもと人生を分かちあうこともしてみたいと思いました。子どもを育てることで私たちが豊かな人間に成長できる、その喜びがたいせつだと思ったのです」

小学二年のマシュー君は、おもちゃで遊びながら、こうしたやりとりに耳を傾けている。

オープンな雰囲気だ。

「彼には満ち足りた人生を送ってほしいと願っています。そのためにいろいろな仕事、人生の道があるんだということを教えはじめています」

アオヤマ夫妻は、マシュー君を父親の職場に連れていき、父親の働く姿をはじめ、さまざまな仕事、働く人の姿に触れさせることを心がけている。

「三歳のときに養子だよと伝えましたが、わかったかどうか。最近、マシューは、いとこから譲ってもらった『どうして私は養子なの？』という絵本を一人で熱心に読んでいます。そして生みの親について尋ねることが多くなってきました。『なんで生みのお母さんがぼくを育てなかったの？』と。私は、それができないお母さんもいるの、お母さんにとっては、いちばんいい方法だったのよ、と。そう言うと彼は涙を浮かべるんです。このあいだは、ハイウエーの車のなかでそうした話になって……。ちょっとつらかったですが、すぐにいつものマシューになりました」

絵本のコピーを頼んだら、後日、何回も読んだため縁《ふち》が黒くなった絵本が送られてきた。フローレンスさんの手紙に、「マシューが横川さんにあげたい、と。彼は記者よりカメラマンになりたいそうです」と書いてあった。

養子がいまは熱血教師

「ハーイ。私、ジョディです」——ホノルル国際空港国内線待合室に、公立小学校の教師、ジョディ・サトウさん（二四歳）が長い黒髪をなびかせて現れた。自信に満ちあふれた表情だ。

ジョディさんは、生後九カ月で慈愛園から日系二世の家族に迎えられた。養親であるサトウさん夫妻は、ホノルルのあるオアフ島から飛行機で三十分のカウアイ島に住んでいる。ジョディさんは、たまたま一週間の休暇中だとわかり、カウアイ島まで案内してもらうことになり、空港で落ちあったのだ。

「私は最初、獣医学を学ぶためカリフォルニアの大学に二年間、通いました。ネコやイヌなど小動物をやりたかったのに、馬や牛しか扱わないの。それで三年目にハワイ大学に移り、高校の英語の教師になりたいと教育学を専攻しました。一年間、見習いで九年生（中学三年生）に英語を教えたあと、いまは小学校でＬＤ（学習障害）児教室の担任をしています」

将来は高校で英文学を教えたいので、修士の資格を取るため、現在、毎週土曜日に大学院で勉強中だという。

カウアイ島のリフエ空港には養父母が出迎えていた。

三人のなにげない動作や表情から、両親を、そして娘を気遣う気持ちが伝わってくる。

養父のヘンリー・サトウさん（六七歳）は日系二世。空軍レーダー基地に勤務して定年退職した。実父は山口県から十五歳のとき、ハワイに移民してきたという。

養母のヨシエさん（六六歳）は高校を卒業後、弁護士の秘書や保健婦などをし、ヘンリーさんと結婚したが、子どもは生まれなかった。実父は広島県出身。二十八歳でハワイに渡ってきた。

「写真を撮るなら、小さいときにジョディを連れていった公園や海岸がいいでしょう」と、サトウさん夫妻は海岸に案内してくれた。真っ青な空の下に、エメラルド色の海が広がっている。

「妻も仕事をしていたし、家に帰るのも遅かったですが、ジョディが来てからは家に帰るのが楽しみになりました。私のおなかの上にジョディを乗せると、そのまま寝るんです。心臓の音が心地よかったのかもしれません」

「夫と二人だけだったらべつの生き方もあったでしょうけれど、ジョディがいたからほんとうに家庭的な生活ができてよかったと思っています」

白い砂浜の海岸を散歩したあと、タイガー・ウッズもプレーしたゴルフ場のレストハウスでジョディさんから話を聞いた。

「いつも両親から話を聞かされていたから、私が養子だというのは早い時期から気づいていました。はっきり覚えていませんが、たぶん、両親が私を抱いて慈愛園を離れるときに撮った写真も見せてくれたように思います。そのことで悩んだりしませんでした」

父親は教育熱心で、幼少期のころから毎晩、本を読み聞かせてくれた。小学校に入学すると、「勉強して一番になりなさい」と言われ、期待にこたえようと努力した。

「おかげで三歳のころには本が読めました。それがいま、英文学に関心を持つことにつながっていると思います。でも、ときにはプレッシャーを感じ反発もしました」

高校時代はつねに両親と対立していたという。

「門限が早いんです。高校時代は夜の八時。友だちはもっと遅いので、いっしょにつきあってくれる人はいなかったほどです。ボーイフレンドについてもうるさかった。それは十代の若者にとって大問題でした。両親は日系人で、伝統や習慣を重視します。私はアメリカナイズされているから、文化の衝突、そして年も離れていたので、世代間ギャップもあったんです。しかも、ひとりっ子だから過保護。もっと自由にしてほしいと思いました」

高校を卒業後、カリフォルニアの大学に進学、両親と別居してはじめて両親の言葉が理解できるようになった。

「両親のいいところは、両親にとって大変なことでも喜んで許してくれたし、つねに、よくしてくれました。いまも経済的に援助してくれています。生みの親が私を養子にださなければ、現在の私の幸せはないと思っています」

「生みの親より育ての親」と言うが、ジョディさんの話を聞いていると、子育てにとって血のつながりがどんな意味を持つのか考えてしまう。

「これからお話しすることは両親には言わないでほしいんですが……」と、ジョディさんが神妙な顔をした。

「じつはいま、十五歳になる双子の女の子たちと同居しているんです。二年まえに英語を教えたときの教え子。彼女たちは崩壊家庭の子で父親からの虐待も体験しています。母親は彼女たちが六歳のときに離婚したため祖母の家に住んでいました。最初、食事をするお金も持っていなかったので貸したのがきっかけで、私のところに来て、宿題も見るようになって……。いまは学校にも通いはじめ、成績も上がってきました」

ジョディさんが下宿しているのは一部屋だから、どうやって生活しているのだろう。

「姉妹はリビングルームや私の部屋にいますから、私が一人きりになる時間は少ないですが、気になりません。薬物は使ってないし、いい子たちです。もう一年ぐらいになります。祖父は殺人罪で刑務所に、父親もいまは刑務所に入っています。食費も衣服費も学費も私が出しています。私の両親が知ったら、心配すると思って言ってません」

自分が養子であるから、困っている姉妹に自分の姿を重ねあわせ、世話をする気持ちになったのだろうか。

「それはわかりません。彼女たちに必要だと思うのでやっているまでです。少し変わっていると思われるかもしれませんが、彼女たちは私が結婚するまで、こうした関係がつづくと思っているようです」

教え子がどんな状態にあろうと自分に関係ないと割り切る教師が多い。

そんななかで虐待され行き場のない姉妹を自分の部屋に住まわせ、生活を共にする〝熱血先生〟が存在する、しかも慈愛園から送りだされた養子だ、と思うと熱いものがこみ上げてきた。

「歴史はそういう人たちの積みかさねでよい方向に向かっていくんです」——慈愛園の潮谷さんの言葉が思い浮かんだ。

問題あるのがいいことさ

これまでの取材で、幼児期から親の期待にこたえようと必死にがんばっている子どもたちの姿を見るにつけ、管理や競争のなかで、経済効率をすべてに優先させてきた私たち大人の発想の転換こそが必要ではないか、と考えるようになった。

そんなとき、北海道・浦河町にある精神分裂病など障害を抱えた人たちの活動拠点「べてるの家」では、「安心してさぼれる会社づくり」「利益のないところをたいせつに」をモットーに、人間らしい生活を送っている。昆布の加工だけでなく、介護用品の販売、病院やスーパーの清掃をする有限会社を軌道にのせ、売上高が年間七千万円にも達しているという話を聞いた。

その支え役をしてきた浦河《うらかわ》日赤病院の医療ソーシャルワーカー、向谷地生良《むかいやちいくよし》さん（四二歳）は、病気の人たちに、「問題あるのがいいことさ。順調なんだよ」と励ましつづけてきた。その結果、障害を抱えた人たちは、ありのままの自分を受けいれるだけでなく、自分をさらけだせるようになり、その姿を浦河町民も受けいれることで、町全体の雰囲気が優しくなってきたという。

その話を聞いて、家庭や学校、社会でも、問題を起こす子どもや親を非難したり、排除するのではなく、むしろ問題そのものを自分たちの成長、発達に必要なことだと受けとめることで、学校の閉塞《へいそく》状況を変えることができるのではないかと思ったのである。

札幌から高速バスに乗って三時間半。太平洋に突きだした襟裳《えりも》岬に向かって海岸沿いの国道を南下していくと、浦河町の街並みが見えてきた。

「べてるの家」は、昆布の袋詰めをする作業所「浦河べてる」、紙おむつや介護用品を販売する「福祉ショップべてる」、メンバー約三十人が生活する六棟の共同住居の三つで構成されている。現在メンバーは三つ合わせて約七十人だ。

作業所「浦河べてる」は、JR浦河駅から五分ほどのところにある日本キリスト教団浦河伝道所の二階だ。登録されているメンバーは四十六人。浦河日赤病院の閉鎖・開放病棟に入院している人が十三人。残りは自宅、アパート、グループホームから通ってくる。

体の調子が悪くて休む人もいるので、いつも二十人前後の人たちが大きなテーブルを囲んで昆布の袋詰め作業ははじまる。

午前九時半すぎ、「体の調子と、勤務時間を報告してください」という進行役の声で、メンバーたちは作業のまえに勤務時間の申告をする。

「調子が悪いので昼まで」「普通なので五時」といった調子だ。

通常の障害者通所施設と違い規則はない。管理もない。すべて自己責任、自己決定にゆだねられる。だから勤務時間も自己申告制なのだ。

発足当初からのメンバーである販売部長の早坂潔さん（四二歳）は、中学では養護学級にいた。三年のときに幻覚があったりしてノイローゼ状態に。日赤病院で統合失調症と診断され、入退院をくり返しながら二十四歳のとき、友人に誘われ浦河教会を訪れたのがきっかけで、伝道所の旧会堂に住みこんだ。発作を起こすとウサギのように室内を飛び回り、壁やガラスを壊したりする。

「いまでも仕事が忙しかったり、心配事があると緊張し、発作を起こしそうになるよ。でもまえより入院する回数は減ってきたな。みんなに助けてもらっているおかげさ」

最近は講演を頼まれて、あちこち出かけることが多い。

一九九八年十二月に常呂町《ところ》で開かれたシンポジウムの講演は「街づくりと私」というテーマだった。自分の体験を語る講演と違って、緊張し、いつもの調子が出ない。演壇に立ったものの、「浦河町は人口一万六千人で……」とくり返すだけで先に進まず、同行した仲間に次々と登場して話をしてもらい、なんとか切り抜けた。

「あのときはまいったな。浦河町しか出てこないんだよ」と、失敗を語ってみんなを笑わせる。失敗を笑い飛ばし、問題が起きると徹底して話しあい、批判はするが最後は必ず支えて、排除はしない。そんな家族的雰囲気ができあがるまでの流れを、見守りつづけてきたのが向谷地さんだ。

向谷地さんは青森県・百石町《ももいしまち》生まれ。札幌の北星学園大を卒業後、浦河日赤病院の医療ソーシャルワーカーに。

「浦河の駅に降り立ったときは、なにもない寂しさに、やっぱり来るんじゃなかった。一生、この町でサラリーマンとして終わるのかと、不安と寂しい気持ちになりました」

着任後、牧師のいない旧教会堂に寝泊まりしているうち、統合失調症やアルコール依存症の人たちが集まってきて、たまり場になっていく。そのなかに早坂さんがいた。

「早坂さんは仕事に就いてもプレッシャーで発作をくり返す。心配した牧師夫人が早坂さんとはじめたのが昆布の袋詰めの仕事で、早坂さんはいまでも『おれが発作を起こしたから、べてるがあるんだぞ』と得意げに言っています」

昆布詰めも順調に進んだわけではない。

短気を起こすメンバーの一人が、昆布の到着が遅れたのに腹を立て、昆布会社に電話で文句を言ったら、立腹した社長が「仕事を引き揚げる」と通告してきた。

「やっと軌道に乗った仕事が一気に崩れた。ミーティングを開いたら、手元に残っているダシ昆布を使い、自前で製品を造り、全国に千六百近くある教会というネットワークを使って販売したらという提案が出た。ダシパックを作ったら好評で、全国の婦人活動グループや団体に直送する事業が軌道に乗り、現在の自信につながってきました」

販売で地域を回っていると、お年寄りがたくさんいて、おむつに困っていることを知り、おむつの宅配をはじめた。おむつだけでなく、介護用品や福祉用具を販売、さらには日赤病院やスーパーの清掃をするようになり、六年まえに有限会社を設立するまでになった。

「べてるでは一般常識としてたいせつにしてきたものは、ほとんど役に立ちません。朝は起きられない。約束は守られない。根気はつづかないといったぐあいで、それを見ているとイライラしてきます。許せなくなります。でも、そういう状態になることを互いにわかっていたら、助けあいが生まれてくるんです。だから自分自身の持っている弱さを勇気を持って公開する。と同時に弱い自分を受けいれ、生活をコントロールできるまでみんなが待つんです。早坂さんでも十数年かかっているんですよ」

弱さあるのが人間

向谷地生良さんは、最近、小、中学校教員の初任者研修や、教頭、校長会で講演する機会が多くなってきた。

「べてるの家がこれまでやってきたことに学校が関心を寄せているんです。べてるではさまざまな問題が出てくるし、その必然性みたいなものはつねにある。だから問題を封じこむシステムではなく、問題は人間が生きようとするうえで派生してくるものと受けとめ、副産物として問題を生かしていくシステムができたらいいなと話すんです」

精神障害は人間関係の病だと言われている。とくに人間関係のもろさを抱えた集団としてのべてるの家は、連日、人間関係のきしみにさらされていると言ってよい。

「かつては、そのきしみを生じないように努力した時期が私にもあります。しかしいまは、その人間関係のきしみや対立をたいせつにしよう、それは命ある人間として、一人ひとりが生きようとするために起きてくるものだから、どんなきしみもだいじにしようという気持ちになりました」

従来の学校や家庭では、できないものをできるようにする、与えられた課題を達成するのがよいこと、成功だとみなされてきた。

「ところがべてるの二十年をふり返ってみると、この社会で成功した人はだれもいない。だれかが努力して勝ち取ったものはない。むしろ失敗の連続なんです。福祉ショップ『ぱぽ』の店長、山崎薫さん（二八歳）は、店で寝ていることが多い。じゃあ、もう一人助っ人を出そう。計算もできない、じゃあ計算できる人を、といったぐあいに、三人の役割ができ、連帯の輪が生まれてくる。こうしたことが学校の場にもぜったい必要だし、そういう弱さがあるのが人間なんだと認めようと……。たまたま勉強ができて成績がいいというのも、すごい価値がある。だけど物事にはかならず両面あるわけだから、勉強できない子もおなじぐらい価値があるんだ。だから勉強できないことの価値をちゃんと認められるシステムができないと、と言ったら、教頭会での反響が大きくて、べてるの本やビデオを買ってくれる先生がたくさんいました」

向谷地さんは、講演でアリの生態系の話をよくする。

「アリの社会はよく働くアリと、普通に働くアリと、働かないアリが六対三対一の割合で構成されているそうです。実験的に働かないアリを排除すると、残りのアリがちゃんと六対三対一に再配分される。つまりかならず働かないアリが出てくる。それが自然のなりゆきで、アリ社会では働かない、働けないアリがたいせつな役割をはたしていることを知っているわけです。ところが人間は限りなく三の人は六になろう、一の人は三になろうと努力してきた社会なんです。望んだわけではないのに、精神障害を体験して限りなく一になってしまった人たちが、じつは地域社会、人間という群れのなかではたいせつな、なくそうとしてもなくならないかならず必要な存在なんだということを浦河という地域では体験しつつあります。知識が豊かで、頭と体がよく働く頑張り屋だけでつくる社会は、人間そのものをだめにしていく。生態系としては著しくゆがんだ社会だと言えると思います」

向谷地さんも、最初のころは「精神障害者の社会復帰をいかに図るか」という課題に取りくみ、努力してきた。

「でもやっていくうちに従来の社会復帰論ではとらえられないテーマの広さと深さを痛感して、精神障害を抱えた人たちだけの社会復帰が問題ではないことが少しずつわかってきました。自分が子どもに『勉強して偏差値の高い大学に入ったほうがよい。この町にいたらだめになる』と叱《しっ》咤《た》激励しているのに、精神障害を体験した人たちには社会復帰と称して『この町で暮らしなさい』と励まし、援助するのはおかしいな、視点を変えなければと考えたんです」

過疎化が進む浦河の町の人たちが、「この町はいい町だ。暮らしやすいし楽しい」と言える町にするため、精神障害を体験した自分たちができることからやろうという新しい視点が芽生えてきた。

「社会復帰をいかに図るかではなく、一週間に一時間しか力をだせないメンバーとか、やる気をだしてもすぐにあきらめてしまう人とか、それらを全部認め、受けいれながら、一週間に数時間でもよい、地域のためにできることをやろうというアイデアが私たちのなかに出てきたんです」

学級崩壊など、いま学校が抱えているさまざまな問題もおなじだと向谷地さんは言う。

「子どもの問題は先生の課題であり、先生の問題は地域、そして社会全体の課題だ。基本的には同一面で起きているんです。生徒が元気を出すためには、先生も元気が出なきゃならない。先生自身が管理化されていれば、子どもとの成長的な関係はあり得ない。先生がその多様性を生かされ、生き生きしていなければ、生徒も生き生きしてこない。すべて人間関係なんです」

「浦河べてる」では地域のボランティアの人たちや実習の学生たちも、メンバーといっしょに昆布の袋詰め作業をする。スタッフもいる。だがはじめて訪れた人は、だれが障害を抱えているメンバーかは見わけがつかない。共におなじ基盤に立っているからだ。

「かりに奇跡的に統合失調症が治る特効薬が見つかったとしても、自分たちの人生の問題は、なにひとつ解決しないと私は思っています。特効薬で治っても、こんどは、がんになるかもしれない。そう考えると、いろいろな問題が起きたときに、それをどう受けとめながら生きていくかという、だれもが与えられている共通の課題なんですね。いまは精神障害を体験することはハンディキャップかもしれないけれど、それを越えた人生の面では、ほんとうのハンディかどうかはわからない。病気をとおして有利な生き方を獲得している可能性だってあることをわかってほしいですね」

生きていく大変さおなじ

べてるでは従来の一般常識でたいせつにしてきた生活感覚は役立たず、価値観の逆転現象が起きている。「健常者がべてるに来ると〝病気〟が出る」とまで言われている。

「浦河べてる」のスタッフの一人、向谷地悦子さん（三八歳）もその一人だ。

悦子さんは、地元の高校を卒業後、浦河日赤の看護学校に入り、釧路の進学コースを経て、浦河日赤の看護師として働いてきた。八二年に向谷地生良さんと結婚、三児の母親だが、九年まえに看護師を辞め、浦河べてる専属のスタッフになった。

「子どもができて、共働きで、夫は夜も忙しい。夜勤や月二回の救急外来の当直をするなかで、ボランティアとして帳簿つけなどをやっていました。でもアイデアを出しあっているうち仕事が軌道に乗りはじめ、片手間ではやれなくなり、うしろ髪を引かれる思いで看護師を辞め、べてるに専念することにしました」

給料は激減し、生活は苦しくなった。

「でも、べてるにはもっと貧乏な人がごろごろいて、名誉なし、地位なし、金なし、服なし、家なし、親なし……の状態。でも、すごく笑って生きている。うしろ指差されて白い目で見られる人たちのはずが、なんで、こう自由に、とらわれず生きてるんだろうって。私自身は、さ、べてるのために働くぞと看護師を辞めたにもかかわらず、一、二週間もたたずに出勤拒否状態になり、〝病気〟が出たんです」

健常者とか社会人とか先生、看護師といった、それまで身につけてきた仮面を取りはずし、ありのままの自分を出す過程で生じる葛藤《かっとう》が、〝病気〟の正体だと気づくには、かなりの時間がかかった。

「学校の先生とおなじで、スタッフである以上は、みんなの健康、精神状態をちゃんと見なきゃいけないと。やっと退院できたメンバーに作業を勧めたり、再発を防ぐため薬を内服させる努力をしたり、病気や生活上の問題を探しだしては、改善することに向けて一生懸命がんばったんです」

だが障害を抱えたメンバーたちは、そんな悦子さんの態度には関心を示さない。

「みんないい加減だから、けんかはする。〝幻聴さん〟に気をとられ、仕事が手につかず黙ったまま立ちつづけたり、トイレに行ったら一時間以上も戻ってこない人がいたり……注文が入っているのに釣りに出かけたり。いくら私ががんばっても、だれも評価してくれず、私一人で空回りしてしまい、出勤しようとすると頭は痛い、おなかは痛いで、登校拒否の子と同じ状態になってしまったんです」

そんなパニック状態のなかで三番目の愛《まな》ちゃん（七歳）が生まれた。

「出産明けの二十一日後、愛を連れてべてるに行ったんです。そしたらメンバーの人たちが交代で愛の世話をしてくれた。おむつを取り換える。『あ、泣いた』ってミルクを飲ませたり、おんぶしたり、乳母車に乗せて散歩に連れていく。私、それまでの気負いがすっと抜けて楽になると同時に、べてるなしでは生きられなくなったんです」

けんか早くて閉鎖病棟に入っている統合失調症の石井健さん（五六歳）は、愛ちゃんを背中におんぶしていて、ささいなことでメンバーと衝突、けんかとなって、冷やっとさせたこともある。「石井さんは子守りに飽きると、自分の鼻くそ丸めて『さ、食べれ』って愛に食べさせる。でも自分の調子が悪いときでも、愛の顔を見ると『元気か』と声をかけてくれる。そんな優しい姿を見るにつけ、この人たちは、すばらしいもの持ってるんだなあって。メンバーは、私のヒステリックなところや、空回りしている部分をそっくり受けいれてくれたんです。それまでの私は、大変だから助けてって言えなかった。おそらく私が健常者という仮面をかぶっていたせいでしょうね」

べてるの家のメンバーが増え、その生活実態がテレビなどでも紹介されるにつれ、浦河の町の人びとの受けとめ方も次第に変わっていった。

「従来は、べてるの人はお金はないし、生活保護を受け、精神障害があって、なにもできない人。それにくらべ私たちは商売やって利益を上げ……という受けとめ方でした。ところが実態を知るにつれ、悩みはおなじなんだ、と。べてるの収入の少なさにしても、後継者難に悩む町の人にしても、生きていく大変さはおなじだと気づいたんです。学校、銀行、役場、農協、牧場でも、仕事のことよりも人間関係に苦しんでます。親子、兄弟でも同じでしょ。その点、精神障害を抱えた人たちのいちばんの悩みは、人間どうしのコミュニケーション障害です。そのことに何十年と苦しんできたから、解決方法をいちばんよく知ってるんです」

長男の宣明君（一五歳）は中学三年生。小さいときからメンバーといっしょに生活してきた。

「将来なにやりたい？　と聞くと、『浦河に帰ってメンバーの早坂潔さんたちと仕事したい』って。彼らといっしょにいるとほっとするんですって。中学二年のとき、メンバーの下野勉さん（二九歳）の仕事の手伝いをした体験を作文に書いたんです。作文は『中学時代からシンナーをやって、自分を追いつめ病気になった人と仕事をして、学歴より人間性という自分の考えに自信が持てた』という内容でした。親より、メンバーから学んでいます」

下野さんは元ロックバンドのギタリスト。高校を卒業して一年後に統合失調症で自宅近くの精神病院に入退院をくり返した。

そこでの体験を作詩、作曲、障害者の音楽フェスティバルで公演したこともある。

「その精神病院での生活は、外出は禁止、電話もかけられない。風呂は週二回。缶ジュースも風呂上がりにしか飲ませてくれない。六人部屋で、娯楽はテレビだけ。ラジカセは許されたけれど、ボーッと寝ていることが多かった。食器もフォークなど先のとがったものは使わせず、はしはプラスチック。薬を飲むときは一列に並び、錠剤と粉薬を小鳥のように開けた口に入れてもらい、

『はい、ごっくんして』という合図で、水で流しこむ。刑務所のようでした。五年前に浦河日赤に転院して一年入院しましたが、薬はほとんど飲まない。からだは快適になったし、いろんな面で自由だし、人間の生活という感じです」

その下野さんが作詩した「精神病院にようこそ」は……。

精神病院にようこそ／六畳のオリの中に閉じ込めて／深く突き刺した注射針にＦＵＣＫされ／よだれだらだらたれ流してるのさ／おれが何かしたっていうのかよ／言葉もでなくなっちまって／真っ白な壁のらくがきは／今日もおれに言ってるよ

精神病院にようこそ　一度入ったら出られない／精神病院にようこそ　廃人になる前に／はやくぬけだせ（くり返し）

何も感じない　考えられないよ／ブタのエサみたいな　めしをくわされ／一日中　テーブルに頭つけて／ふと見あげると　そこには主治医／そして　一言おれに言って　帰る／「どうですか　調子は？」／けいれんする　サル／ぬけだせるものなら　ぬけだしてみな！

向谷地悦子さんは言う。

「宣明の通知表には『だれにたいしても温かく、たくさんの友だちがいます』と書いてあるんですが、ピアスあり、茶髪あり、優秀な子あり……。下野さんがギター持ってやってくると、テレビにも出たりしたのをみんな知ってるから、『なにか曲、弾いて』って。『精神障害者でも同じ人間だよね』と、こんな感じなんです」

ぼくは病気を治せない医者

「べてるの家」のメンバーたちを町の人びとが受けいれはじめたのは、べてるが外に向かって積極的に情報公開をしたからだ。八年まえに「こころの集い」を開催したころから、べてるではマイナスをプラスにする逆転の発想が定着してきた。

向谷地生良さんは、当時をふり返る。

「昆布の仕事が軌道に乗って、取引先の人から『なにやってるの、べてるは?』といった声が出てきた。そこで町の人たちと『こころの集い』を開いたときに、思いきって『偏見差別大歓迎集会』と銘打ってみたんです」

集まった町の人たちをまえにメンバーたちは「統合失調症の○○です。日ごろ、みなさんにご迷惑をかけてます」「入退院をくり返している○○です」といったぐあいに、みな、実名をだして自己紹介をした。

「そしたら町の人たちも『じつはここに来るまで、べてるの人は怖かった』と言ってくれたり……。私たちも偏見？　ああ、あたりまえですよ。差別？　最初は、みな、そうですよ。じつは病気をした私たちも病気には誤解と偏見を感じて、慣れるまでに時間がかかりましたよ、といったやりとりができるようになったんです」

数年まえから年に一回開く総会では、その年でいちばん奇抜な妄想や幻聴体験をしたメンバーに「幻覚妄想大賞グランプリ」をだして表彰するまでに情報公開は進んできた。

九七年のグランプリをもらったのは松本寛さん（二六歳）だ。

男性にもかかわらず、過疎の町を心配して妊娠、流産を二回経験したほか、現在も妊娠中という妄想が授賞対象になった。統合失調症で三年まえに日赤に入院。いまも幻聴はつづいているが、共同住宅から喫茶店「おはなしや」に通い、昼間は一、二時間働いている。

「ぼくはいまがいちばん幸せだよ。朝から夕方までの勤務だと疲れてだめだけど、ここでは自分のペースでできる。ぼくは、高校時代にいじめられ、苦しくて、家では父さんや母さんに暴力ふるってたんだ」

五歳のころ、プロ野球の王選手にあこがれ野球選手をめざした。中学時代は陸上選手で活躍。走り幅跳びでは全道で八位に入賞したこともある。

「野球の強い苫小牧高校の監督が中学にスカウトに来てさ。でも毎日、いじめられてトイレのなかだけが安心できる場所でさ。腕立て伏せ五百回、腹筋千回、ロード十キロと毎日自主トレをやったさ」

そのころから幻聴があったようだ。高校卒業後、専門学校に入り、就職するが長つづきしなかった。一時は東京に出て働くが、幻聴が激しくなって、王選手の自宅に押しかけたりして警察ざたになり帰郷。家で両親に暴力を振るい、日赤に入院。いまは、べてるが自分の居場所になっている。

九八年末に浦河保健所で開かれた「家族学習セミナー」に、松本さんは向谷地さんとともに参加、自分の病気の体験を語った。

会場で息子の話を聞いた父親（五四歳）は立ちあがって、「寛が発病したときは大変でしたが、いまはみなさんのまえで話せるようになり、ああ、すごいなあと思ってます。精神的に大変だと思うけど、今日は息子の姿に感動しました」と、涙をためて感想を語った。

向谷地さんは講演などにはメンバーといっしょに行く。

「九八年十一月に浦河でソーシャルワーカー対象の研修会があって、べてるのメンバーとの交流会で相談コーナーをやったらおもしろかったですよ」

べてるのメンバーの松本、下野勉さんらが二人一組で相談員になり、参加者のワーカーには自分の抱えている問題に病名をつけ、その症状を書いて、相談してもらう趣向。

二十四歳の老人問題担当のワーカーは「自信喪失病」と書いた。

「認知症老人はどこにも行き場がない。自分はどうしたらよいのか、そういう問題をまわりの人と共有できない。全部自分で抱えこんでしまう。考えれば考えるほど、仕事に行くのがいやになり、緊張する。ワーカーとしての能力がないのでは」と、ワーカーは松本さんに症状を訴えた。
「私が、相談コーナーのまえを通りかかったら、松本君が『向谷地さん、この人、マジで病気だわ』って。『このまま順調にいったら、ぼくたちみたいになれるから。でもなっても心配ないから大丈夫、大丈夫。一生懸命もっともっと悩むことだよ。十分、病気になれる資格あるよ』ってアドバイスしていました。それから『仕事を抱えて断れない病』という五十代の女性には『もう少し、自分を見つめたほうがいいと思いますよ。自分の力を過信しないで、遠慮なく断ったらどうですか』と……。回答者の松原朝美さんは十八歳ですが、立場が完全に逆転してましたね」

メンバーの長友ゆみさん（二五歳）は、九八年十一月、牧師の浜田裕三さん（三四歳）とともに、札幌にある北星学園新札幌高校で講演した。浜田さんの話にはガヤガヤしていた会場が、ゆみさんの話になるとシーンと静まりかえった。

ゆみさんは、四年前に統合失調症で浦河日赤病院に入院した体験などを具体的に語った。
「私は浦河に来るまえは、自己中心的な本当の自分と、人を傷つけずに生きたいという理想の自分とのギャップに苦しんでいました。浦河に来てよかったことは、自分の弱いところも、みんなにちゃんと見せられる。あれこれと他人から指図を受けないで、自分で行動し、自分に責任をとらせてくれることです」

ゆみさんが発病したのは高校一年の三学期。宮崎県にある自宅を離れて北九州の私立高校の寮生活をしているときだった。

「小さいころから他人ができることを上手にできないので劣等感を持っていて、自殺したいという思いがありました。その積み重ねから、悪魔が近づいてくるような気がしはじめ、水を飲んだら清められるとまわりの人にも水を飲ませたりしたので、親が呼びだされ、精神科に行って薬を飲むような生活になりました」

高校を中退後、父親の友人であるべてるの家の創設にかかわった宮島利光牧師を北海道の滝川市に訪ね、三カ月過ごしたこともある。結局、宮崎に戻って、アルバイトをしながら定時制高校を卒業したが、そのころから妄想、幻聴が強くなり、九五年二月に浦河日赤病院に入院、以来、べてるとかかわりながらの生活が続いている。

「私はいまがすごく楽で、幸せです。苦しいと感じることがなくなりました。それは見えをはらないで、生きていられるからです。いま、やりたいことは、お金をためること、料理を覚えること、親から自立することとです。べてるの家は、自分にとっては大人になるための学校だと思います。ここで、自分がどれだけ身勝手だったか、自分が見えてきました。病気にも意味があることがわかってきました。生きていることが楽しいと思えて、いつ死んでもよいと思っています」

後日、高校生から感想文が寄せられてきた。

「おれにはカンケーねえ、なんで、こんなことやんのよー、と思ってたけど、女の人の話だけが耳に入ってきた。人には、それぞれちがいがあると思った」「精神障害のことを人前で堂々と言えることに、とても感動しました」などと、書いてあった。

このように精神病を体験した人たちが堂々と自分をさらけだせるのは、浦河日赤の精神神経科部長、川村敏明先生（四七歳）の役割も大きい。

「これまでの医者は、俗に言う健常者と障害者を区分けしようとするまなざしがあった。ぼくは、いわゆるいい医者からは降りた人間です。病気を治せない医者だよ、とはっきり言ってます。アルコール依存症の治療と似ていて、医者が治すとは思っていない。むしろ医者は治してあげないところからスタートする。つまり自分の問題を自分に返す、その考え方を精神疾患にも応用している感じかなあ」

札幌医大を卒業後、研修医で浦河日赤に来て、向谷地さんと出会った。当時は病院も管理が厳しく、隣の生協に納豆を買いに出るのも三日まえに外出願を提出させていた。

「三日後に納豆を食べたくなるなんて思っている人がいたら、それこそ病気ですよ。当時は厳しく管理して病状を安定させるのが治療の理想的方向でした。ぼくも精神病を治せるふりをしていた。それが、べてるのおかげで、治せなくても、病気を持って生きていることを支援できる医者であればいいと思うようになったんです。ここでは医者が治すのではなく、地域の活動を通じて病状がよくなっていく感じだなあ。松本君の幻聴も、以前は『だめだ。だめだ』と批判的な調子だったのが、いまは『いいんだ』と、肯定的になったと言ってますよ」

はじめて失敗が許された

「べてるの家」のメンバーたちは自分の障害を隠さない。日常会話でも幻聴体験の話をよくする。そんな姿に接していると、取材している私も自然に肩の力が抜け、ありのままをさらけだしても裏切られない、という安心感に包まれてくるから不思議だ。

浦河日赤病院精神神経科に勤めて三年目の精神科医、酒井理恵先生（三〇歳）も、べてるのメンバーとかかわることで、競争社会で〝勝利者〟として歩んできた自分の生き方の問い直しを迫られている。

「最初は腹の立つことばかりでした。べてるの人って、病気だというだけで、こんなに優遇された人生送って、と。『疲れる、疲れる』と言うけど、何がそんなに疲れるの、って思いましたね」

酒井先生が思ったことを率直に口にだせるのも、べてるのメンバーたちから学んだことだ。

「行動自体は病気だから理解できるんです。腹が立つのは、そういう人間をまわりが受けいれている。つい自分の育ちと比較してしまう。私は幼少期から、失敗しないようにと体を張って生きてきたのに、失敗ばかりしてる彼らが、どうして受けいれられてるの、と思うと腹立たしい。私は父の鉄拳《てっけん》が飛んでこないように、いつもびくびくしてきたのに……。彼らは甘えてるぞと思いましたね」

酒井先生は物心ついたころから父親（五九歳）の体罰を受けて育った。

一、二歳ころのトイレットトレーニングで、おしっこと言ったのに、おまるに座ってもしなかったので、父親から殴られた記憶がある。

「夫婦げんかをしていて、やめてと言ったら、顔を殴られたんです。小学一年からずっと……。高一のころ、門限を破ったときにはボコボコにされました。失敗すると父にしかられる。だから期待されるとおりに課題をこなして、ほめられるのが最大の喜びでした」

ＩＱは最高が一四〇で、勉強はできた。中学では三百八十人のうち十番以下になったことはない。だが、中一のころからいじめがはじまった。

「最初は陰口で、気のせいかなと思っていたのが、だんだん『汚い』と言われるようになった。そのうちに持ち物のなかに『あんた、汚いから生きてたら困る』といった手紙が入るようになり、体育大会では『あんたがいるとチームは負けて迷惑だから死んでほしい』と、じかに言われたこともあります……」

学校に通うのがいやになった。父親に「学校休みたい」と訴えると殴られた。

中二の夏には自殺しようと思った。

「でも当時は身長一六五センチ、体重五〇キロを超えていたので、首をつったらフックが落ちてしまう、薬は手に入らない、手首切るにも包丁は怖い。それで窓から飛び降りようと下を見た瞬間、もう怖くて……。北海道では冬に凍死が多いので、冬になったら凍死にと……」

中三の冬には、不安と焦燥感から過呼吸状態に陥った。

「まわりは『大丈夫だ』と言うけど、入試に失敗したらどうしようと思うと過呼吸になったんです。夜中、母に、いますぐ精神科に連れてってと叫んだんです。母は『そんなの一晩寝れば治る』って」

高校を卒業。三年浪人したのち、札幌医大の医学部に進学した。医大付属病院で父親は放射線技師をしていた。

「小さいときから自分の存在が親に喜ばれてないと感じていたんですが、大学に入って、その原因がわかったんです。放射線技師の父はつねに医者にばかにされていたので、勉強をやり直して医者になろうと決意した。母に伝えたら、妊娠して私がおなかにいるからだめだと断られた。父は自分の人生を私のために棒にふった。それで病院でのイライラを暴力というかたちでいつも発散していたわけです」

医学部に進学したのも、父親の期待にこたえるためで、自分自身は将来なにをしたいかなど考えたことはなかった。

「浪人中も、医者になりたくない、医者になったら人を殺しそうで怖くていやだ、と父に訴えると、『おまえは頭がいいから、ぜったいに医者になれるはずだ』と怒りだし、あげくのはてに殴られたんです。父から逃れようと思っても逃げられない。大学も父の職場の大学だし、専攻も整形外科を選んだんです」

整形外科の研修医になり一カ月後、長い手術に耐えられず急性腎盂腎炎になった。専攻を小児科に変え、十四歳の摂食障害の女の子に出会う。

「体重が二三キロになっても、まだやせたいと下剤を三日に一回、五十錠ものんでしまう。結局、精神科の閉鎖病棟に連れて行かれたんですが、なにもできなかった自分が悔しくて、一からやり直したいと精神科に移ったんです」

研修医の二年目は地方病院に勤務する。精神障害を抱えた人たちと仲良くしている医者が浦河にいると聞き、いっしょに働いてみたいと思った。

「浦河に来て一カ月もしたら、べてるの人たちは失敗しても、みんなから受けいれられている。失敗は許されない私の価値観とまったく違うから、私の居場所がない。四カ月後に、私の統合失調症の患者さんに自殺されたりして……。辞表を書く寸前までいったんです」

パニック状態の酒井先生を最初に慰めてくれたのは、早坂潔さん（四二歳）だ。

「潔さんは『先生のせいじゃないんだ』って。べてるのメンバーも、みんなが『彼はいずれ死んじゃうなと思ってたよ』って。失敗を許され、人間として認めてくれたはじめての体験で、みんなが、そう思ってくれるのがうれしい。楽になりました。気がついたら、これまで、そういう体験がなかったんですね。私はつねにだれかの期待を素早く読みとり、それにあわせた返事や行動は簡単にできる。でも自分でなにをしたいかわからない……。私って精神的に不健康で、病人ではないかと……」

九八年三月。教育改革を進めている福島県三春町《みはるまち》の教育長を招いての教育フォーラムが浦河町で開かれた。話が終わると会場で聞いていた一人の母親が「三春のような教育では成績のいい子に育たないのではないでしょうか」と質問した。

「それを聞いて私はたまらなくなり手を挙げ発言したんです。私は成績がトップで、人生の勝者みたいに鼻高々でした。でもふり返ってみたとき、幸福ではない。浦河では自分の無力さを知り、これほどつまらない人生はないと思うようになりました。成績がいいから幸せになるなんて、ぜったいありません、と」

人間的な優しさに学ぶ

「べてるの家」を取材して、マスコミをはじめ健常者と思っている私たちが、精神障害を持った人たちをいかに偏見の目で見、差別してきたかを痛感させられた。その結果、障害を持った人たちは、さらに追いつめられていく。会社や学校でのいじめの構造もおなじではないだろうか。

べてるのメンバーたちが問題を積極的に情報公開していくなかで、浦河町では精神障害にたいする見方や受けとめ方が変わってきた。彼らの行動に関心を示す人びとが増えるのと並行するように、メンバー自身も、病気を受けいれられるようになっていく。町の人びとは役に立つか、仕事ができるかという視点で人の価値を測るのではなく、存在することに意味があるという人間らしい視点、生活感覚をよみがえらせている。浦河の小、中学校では、問題を起こす子どもや親を叱責《しっせき》、排除せずに、彼らの立場にも配慮しながら、ありのままを受けいれていく優しさが芽生えつつある、という。

障害を持った人たちの人間的な優しさに学びながら、共に生きていこうという動きは、各地で広がりつつある。

埼玉県大宮市に拠点を置く「やどかりの里」は、その先駆的存在である。

民間精神病院のソーシャルワーカーだった理事長の谷中輝雄さん（五九歳）は、一九七〇年、退院先のない精神障害からの回復者のために、住む場、働く場、憩いの場の三つを提供しようと活動をはじめ、いまはスタッフは三十数人、メンバーは百四十人を超えるまでになった。

六カ所ある地域作業所の一つの喫茶店「ルポーズ」で働く加藤蔵行さん（五八歳）は、統合失調症で二十年の閉鎖病棟生活も含め、三十八年間も入院生活を送ってきた。

いまから四年半まえに「やどかりの里」のグループホームに入居することで、閉鎖社会から脱出できた。得意な料理は入院中も病院内の喫茶店で作っていたチーズサンドとツナサンド。独学で覚えたギターが好きで、歌謡曲は千曲は弾ける。

二年まえには仲間たちと淡路島にはじめて旅行し、地域のメンバーたちと交流した。

「退院したくてしょうがなかった。最初のころは苦しくて脱走したこともありますよ。死んじゃったほうが幸せと首つりもした。寝間着の帯が太すぎてだめだった。やどかりに来て、普通の生活ができるようになった。仲間はまだ病院にたくさんいる。表に出られない、飯もまずい、言うことも言えない。かわいそうだ」

統合失調症などの精神障害を抱える人たちは、厚生省などへの報告では全国に約二百十七万人いる。そのうち約三十四万人が入院治療を受け、平均入院日数は五百三日。住居などが確保できず退院できない人は一割もいて、十年以上の長期入院者も多い。

「やどかりの里」が二年まえに開設した精神障害者福祉工場「やどかり情報館」。

常勤職員の香野英勇《こうのひでお》さん（三〇歳）は、高校時代、米国に留学して調子を崩し帰国。閉鎖病棟も含め入院生活を二回体験した。

しかし「やどかりの里」を知ってからは、精神科医のアドバイスを受けながら福祉の専門学校を卒業。九八年三月には同じ「やどかりの里」で働くスタッフと結婚した。

「ぼくのは統合失調症の破瓜《はか》型と呼ばれるもので、一定のラインを越えると、いろんなことを一度に引き受けてしまい、にっちもさっちもいかなくなる。だから自己管理が大切だし、自分の病気はこういうときに悪くなると自覚してケアしています。緊張が激しくなると、まぶたがパチパチしてくるので、気持ちを高ぶらせないように仕事や外出を控えたりする。そうすると悪くならないですむわけです」

香野さんは、九八年十月に情報館で開催された「日米メンバー体験発表会」で司会をするなど、積極的に情報公開に努め、精神障害者に対する偏見や差別をなくすことに取り組んでいる。

「自分が障害者だと名乗ったり、体験を講演で話したりしてると、障害を持った自分に自信のようなものが出てきて、障害はマイナスではなくなってくる。逆に入院体験をし、苦い思いをしただけに、人を思いやれる。どんな人が目の前に現れても基本的には相手を受けいれられる。ふところが深くなったと思ってます」

香野さんの妻、恵美子さん（三一歳）は、「やどかりの里」に一九九七年三月に入社した香野さんとは同期生だ。その年の秋ころからつきあいはじめ、十二月には「じゃあ、いっしょに暮らしましょうか」という話をするまでになった。

「彼のことは電話などで父に話をしていました。父が『五体満足か』なんて聞いてくるから、うん、満足だけど、精神の病気があるんだって言ったら、『えっ』となって。心配だったら本人に聞いてよって言ったんです。病気のことはよく知ってるから、と」

早速、香野さんは恵美子さんの両親に会い、病気について説明し、自分でコントロールし、安定させて生活できていることを伝えた。

「私は結婚のことで両親をあらためて尊敬したところがあるんです。頭で決めつけないで、まず彼に会って、彼の話を聞き、彼の姿をそのまま見てくれた。父の相談した友人の一人が、『そんな障害者との結婚は反対だ』と答えたことにたいし、父は、『娘が選んだ人をどうして否定できるんだ』と怒ったそうです。父や母が私をかわいがってくれている、子どもとして認めてくれているとあらためて実感しました」

統合失調症など精神障害にたいする偏見の一つが遺伝病だという見方である。素質として遺伝的な面はあるが、発病を防ぐことができず、ある時期になるとかならず発病する病気という見方は過去のものだ。

「ぼくたちは生まれてくる子どものことについては、自然に任せて受けいれようと思っています。ぼくたち二人のあいだでは健常者と障害者という意識はありませんから、子どもについても同様です。競争社会のなかで優劣をつけて、障害を持つ人は劣る、五体満足で賢い人は優れているという見方そのものがまちがっていると、ぼくは思います。そうした優劣主義が結局は落ちこぼれをつくり差別につながるんです」

じっと待つことが大切

不況ムードが漂う日本社会。不況脱出のカギは、徹底した競争しかないと叫ばれ、米国社会をモデルに各方面でリストラが進行中である。だがほんとうに、それでいいのだろうか。

効率を追い求めれば求めるほど、障害を持った人や老人など弱い者が排除され、富める者との格差が拡大しかねない危惧を覚える。

問題を抱え、弱さを持つ人間を排除していくことで経済的利益をあげてきた私たち大人の生き方が、学校でのいじめや、さまざまなゆがみとなって、そっくりそのまま子どもたちに引きつがれ、子育てを難しくしてきたのではなかったか。

できない人を押しのけるかたちで過酷な競争をしなければ、私たちは生きていけないのだろうか。

そんな問いかけをしながら、こんどは長野県小谷《おたり》村など六カ所で、さまざまな障害を持った人たちと共同生活をしている宮嶋真一郎さん（七六歳）が創設した「共働学舎」を訪ねることにした。

長野県にある「共働学舎」は、ＪＲ大糸線南小谷駅から線路の西側にある小谷村の立屋《たてや》と、東側の山奥に入った真木《まき》の二カ所に分かれている。立屋には山小屋の母屋を中心に牛舎、堆肥《たいひ》舎、木工室、音楽ホール、宿舎などが建っている。

羽仁もと子さんが創設した自由学園の教師を辞めた宮嶋さんが、二人の中学生と立屋の山小屋で生活を始めたのが二十五年前。それをきっかけに共働学舎は、試行錯誤を重ねながら、いまは長野、東京、北海道など六カ所に広がり、さまざまな障害を持った人たちを含め約百五十人が生活を共にしている。宮嶋さん自身も網膜色素変性症で十数年前から目が見えない。

「ここではだれが障害者かは問いません。強いて薬を飲んでいる人が何人いるかと言えば三人に一人は精神神経科の薬を飲んでいます。そのほか人間不信、人間恐怖症といった人たちも含めると、世の中の人から見れば、問題ありの人たちです。大部分は中学の養護学級、養護学校しか出ていません。でも十年、二十年たってみると、その人たちが肥料や作物のベテランになり立派にやっているんです」

朝五時半。宿舎から起き出したメンバーたちが、それぞれの持ち場で作業の準備を整える。

堆肥舎で肥料の発酵状態を点検する上原義行さん（二八歳）は、十三年前に来た。

「彼は中学を卒業して仕事についても、テンポが遅いため辞めさせられる。ここに来ても最初は何をしたらよいか迷っていましたが、次第に微生物農法の肥料づくりに興味を覚え、いまは肥料の責任者です。大学の実習生に教えるまでになり、昨年からは化学記号の勉強をはじめています」

宮嶋さんは、障害を持った人たちが、自分は何もできないという劣等感に苦しみ、希望を失い、それから脱却することがいかに難しいかを、日々、痛感させられてきた。

「私は過去を問うなと言いつづけています。それは共働学舎の精神的基盤であるキリスト教の信条でもあるんです。ところが日本では入試の時の内申書にはじまり、試験、学歴、資格、家柄、財産と過去を問題にするため、障害を持った人たちだけでなく、子どもたちが苦しんでいます」

竹内貴子《のぶこ》さん（三八歳）は、二十三年前、養護学校高等科を出て共働学舎に。出産時の障害で右手右足の運動神経がマヒした。

「彼女は手と足が連動しないため縄跳びができなかった。それでも毎朝練習しているうちに跳べるようになった。そのときのなんとも言えないうれしそうな声……。両親が定年退職後に東京から豊科《とよしな》（南安曇《あづみ》郡）に家を移し、彼女に『ここから通ったら』と言ったのですが、『私はずっと共働学舎にいる』と。逆に両親が共働学舎に二、三週間に一回、通って来て彼女といっしょに作業をしています」

糸紡ぎでは、貴子さんは不自由な手を動かし、だれよりも上手に紡ぐ。

「教育は待つことが大切なんです。カタツムリだって突っつかれたら、頭を引っこめて出てきません。農業も同じです。ほかの畑で芽が出たのに、自分のところは芽の出方が遅いと肥料をどっとやったり、ひどいのは種をほじくって移し替えるお百姓さんもいる。命には早い、遅いの違いがある。だからじっと待って、芽が出てきた様子を見て、求めているものは何かを判断し、足りないものを補う。子どもの教育も同じです」

十年前、ダウン症の丸山薫さんが二十三歳で亡くなった。養護学校高等科を卒業して十八歳のとき、やってきた。

「薫さんは知的障害があり、手でものを作ることができず、仕事ではなんの成果も残していません。でも愛という言葉を一回も使わないで、私たちの心にひそむ愛をそっと引きだしてくれた人でした」

薫さんの日課は、毎朝、独特の節回しで「おはよ」と、みんなに声をかけることだった。

「てんかん発作がひどくて暗い顔をして食堂に入ってくる人たちがいます。薫さんはつらそうだったり、寂しそうな顔をしている人を瞬時に見てとる。そして即興の歌で、『おはよ』と、声をかける。それだけですが、それで雰囲気がなごむ。『薫、わかったぞ』と肩をたたくとやめる。無邪気そのものなんです」

薫さんは白血病で亡くなった。入院先の病院で骨髄に注射を打たれた。大人でも泣くぐらい痛い注射だ。

「先生が、『薫さん、痛くないよ』って言うと、彼女は、『先生は痛くないね』って。これをくり返されると、先生は注射を打てなくなる。最後には、『薫さん、ごめん、ぼく、ウソついてた。これ痛いよ。でも我慢してね』って。葬儀のときには先生や看護婦さんたちが大勢出席されて、『薫さんにはいろいろ教えられました』と。仕事はできなかったけど、薫さんがいることでまわりの人の心が豊かになっていったんです」

生きたチーズ作りに十四年

北海道の十勝に四番目の共働学舎として誕生した「新得農場」では、七年前から大量生産では作れない、質の高い〝生きたチーズ〟作りに取り組んできた。

九八年には溶かしてパンなどにつけて食べるラクレットチーズが、中央酪農会議主催のオールジャパンナチュラルチーズコンテストで最優秀賞を受賞した。

さまざまな障害を持った人たちと共に作った、共働学舎の〝手作りチーズ〟が認められたのは、日本社会も競争や経済効率を優先させるだけでは通用しない新しい時代に入ったのではないだろうか。そんな思いを抱きながら雪に囲まれた新得農場を訪ねた。

新得農場の代表である宮嶋望《のぞむ》さん（四七歳）は、真一郎さん（七六歳）の長男だ。

自由学園を卒業後、米国の農場で二年間、酪農を実習し、ウィスコンシン大学の酪農学科を卒業。二十一年前に新得にやってきた。

「当時、ぼくは二十六歳。さあやるぞ、といっても家も井戸も何もない。最初にやったのが、沢から水を引くこと。工事現場で余ったプレハブを解体して運び、自分の家を作りました」

いっしょに生活をはじめたのは望さんの妻、京子さん（四七歳）と二歳だった長女（二二歳）。それに精神障害を持った人や登校拒否の子など計六人。

「それから四、五年後でした。人も、牛も増える。建物は足りない。正月にみんなを帰し、一人で搾乳やマキ拾いをしているうちにカゼをこじらせ寝込んでしまった。そしたら、『望さんが倒れた』って、指示しないと何もできないと思っていた人たちが、牛のお産まで処理した。任せるとやるんだ。障害を持った人にたいするぼくの認識が変わり、仕事も自己申告制にしました」

現在、新得農場では五家族二十二人、独身者二十四人（女性二人）の計四十六人が、共同生活をしている。

「共働学舎の職員給与は最高でも月額四万円。これでは子どもを大学へも進学させられない。せめて教育費ぐらいは稼ぎたい。そのためにどうしたらよいかを、みんなで話し合い、結局、牛乳に付加価値をつけて売ることにした。低温殺菌牛乳、アイスクリームとアイデアは出ましたが回転率が早い。しかしチーズならば、熟成に長い時間が必要で、テンポの遅い障害を持った人でも参加できると判断したんです」

日本のチーズは、工場での機械による大量生産品が大半を占めている。

原料乳に潜む微生物の活性にゆだねた、添加物なしの〝生きたチーズ〟を作れば、市場を開拓できると判断。その研究に取りかかったのが十四年前だった。

「〝生きたチーズ〟作りを学びにフランスまで行ったら、小さな村々で昔からの伝統を踏まえ、一軒、一軒が味の違うチーズに精魂を傾けている。しかもチーズの原料となる牛乳は、揺らしたり、遠距離をトラックで運んだりすると雑菌が増えるため、高温殺菌が必要となり、微生物や発酵菌の働きを弱めてしまう。だから搾乳場とチーズ工房は隣接している。じゃあ、同じことを十勝でもやろうと……」

総工費一億一千万円。七千万円を借り、本格的なチーズ工房、牛舎を建てたのが七年前だ。

自然環境を整えるため、動物や人間の体によい影響を与えるマイナスイオンの集積効果があるという粉炭を地中に埋炭。また乳牛も乳タンパク質の高いブラウンスイス牛を輸入。いまは三十頭もいる。

「牛の飼料には微生物を混入しているので、牛舎は、においがしない。ハエも少ない。埋炭して土壌改良してあるので、牛は健康で、質の高い牛乳がとれ、おいしいチーズが作れるようになったんです」

ラクレットの担当者、佐藤博之君（一九歳）は、高校を中退して三年前、共働学舎にやってきた。

「チーズ作りの本を読んで、一つの牛乳から三千種のチーズができると知り、やってみたいなと思ってました。そんなぼくにとって高校の勉強はつまらなかった。ここでは障害を持った人たちもいて自分のペースで働き、意見を出しあい、深いところまで互いに理解を深めながら生活している。障害を持った人がいないと単なる仕事をするだけとなり、共働学舎の人間らしい生活感覚がなくなると思う」

チーズ作りは微生物の働きに大きく左右される。

「貯蔵庫や、かくはん中の牛乳の温度が一度でも違うと、味や品質、出来具合まで影響してくるし、製造中に水分が十分に抜けてないと、にが味や表面に雑かびが生えてきたりする。だから機械を使ったら、最高のものはできません。長年のカンと取り組みの姿勢が、すぐ製品に跳ね返ってくる。そこが魅力ですね」

最近、共働学舎の〝生きたチーズ〟作りがテレビで紹介され、注文が相次いでいる。

「おいしいチーズ作りには、チーズ工房の担当者が生活するための食事作りや、掃除をこつこつ続ける仲間の支えがあります。障害を持った人など、さまざまな人の個性が織りなす生活の色合いが、美しく輝いてほしい。十勝の酪農家たちが、特色ある〝生きたチーズ〟作りを誇りあえるようになればと願っています」と、望さんは結んだ。

この新得農場のほか北海道には「寧楽《ねいらく》共働学舎」と、「沼田共働学舎」がある。

寧楽共働学舎の代表、福沢和雄さん（五二歳）は、ドイツで一年間、森林学を学んで帰国した途端、自由学園時代に教師だった真一郎さんに、「寧楽でやってみないか」と誘われた。自然が好きだったので、即座に引き受けた。

それから二十二年。寧楽では抗生物質などを使用しない養豚に力を入れ、三年前にはソーセージ工場も完成。通信販売も軌道に乗ってきた。

「メンバー二十一人のうち、半分は何らかの障害を持っています。彼らといっしょに二十二年も生活して見えてきたことは、彼らは私たちの発想を超える正直さ、直感力の鋭さなどを持っている愉快な存在だということです。ところがこの世に生まれてから偏見や差別にあって、本来持っている善さがねじまげられ、そのために彼らは苦労している。彼らの善さを発揮できないようにしたのは、私たち社会の責任だと思っています」

教育は不便なるがよし

数日前に降り積もった雪のなかを、長靴に輪かんじきをつけて一歩、一歩踏みしめながら雑木林の斜面を登っていく。折から降りはじめたボタ雪が視界をさえぎり、白と黒の墨絵のような世界となる。

ＪＲ大糸線南小谷駅から歩きはじめて二時間。峠を二つ越えた信州の山奥に真木《まき》共働学舎はあった。雪をかぶった昔ながらの、かやぶきの家が五軒残っていた。今村昌平監督「楢山節考《ならやまぶしこう》」の舞台にもなった。そのうちの一軒に、四人の障害を持った人たちを含め七人が越冬していた。

創設者の宮嶋真一郎さん（七六歳）の二男、信《まこと》さん（四六歳）が、真木共働学舎の代表だ。高度経済成長の流れで村人たちが村を捨てたあとを引きつぎ、米、そば、豆、いも、野菜、スイカなど、農作物で〝自労自活〟しながら共同生活を送っている。

「おやじは『教育は不便なるがよし』と、よく言ってますが、ここは町と違ってなにもそろってない。だから自分たちに、なにができるかを考えることから、すべてが始まるんです」

四、五百年前の、武田信玄と上杉謙信の合戦の時代から、真木地区には人びとが住んでいた。三方を山に囲まれ、冬は風もあまり強くない。晴れると北アルプス白馬連峰が目の前に広がる眺めのいいところだ。

「自然環境を守る生活の知恵から、家は十二軒以上は増やさず、長男が継いできた。夏はお米と麻、のちには蚕。冬は酒造りの杜氏《とうじ》の仕事で男たちは不在になる。真木には分校があって、周辺四つの村から子どもたちが通ってきた。雪が降ると、母親たちが朝早く起きて、雪を踏みしめ、子どもたちが登校するための道づくりをしたものです。ところが六五年ころから村を去る人が出てきた。六八年には分校が廃校になったため、残っていた五軒も村を出て、廃村に追いこまれたんです」

翌日は快晴。青い空に白い白馬連峰が輝いている。玄米に手作りのみそを使ったみそ汁、漬物という質素な朝食のあと、メンバーは屋根の雪下ろしや除雪作業に汗を流す。

「国際農業者交流協会が毎年、アメリカに農業研修生を送りだしていますが、そのリーダー格の人たち七、八人が出発前に二カ月間、この真木で生活していきます。すべてが与えられてきた生活のなかで、彼らは自分たちで考え、工夫しながら生活していくことをはじめて学んでいくようです」

真木共働学舎では二十年ほど前から青山学院短大児童教育学科の学生たちが二週間、体験実習をしてきた。東京家庭学校や仙台の養護施設からも、ワークキャンプをしに泊まりがけでやってくる。毎年七月には共働学舎を支える会員の子どもたち二十人が一週間、合宿生活を送る。

「ここに来て自然に囲まれながら、ゆっくりした動きをするけれど、優しさがある障害を持っている人たちと触れあったりする。そんななかで、それまで体験したことのない人間関係の温かさを感じていくようです。これがバリバリやる人ばかりの共同体だったら、そういうまろやかさは実感できないと思います」

信さんには三人の子どもがいる。信さんの夢は、この真木に分校を再興することだった。

子どもたちが自然の豊かさのなかで、家族と共に生活しながら、ほかの家族の子どもたちといっしょに分校に通うことを夢に描いてきた。

「ところが子どもたちが地域の学校に通いはじめて、その考えを捨てました。自然に恵まれている小谷村でも、子どもたちの多くはテレビゲームに熱中したり塾通いなどで遊ばなくなっている。民宿のため設備投資した親たちは、この不景気に客が来なくて、共働きで借金返済に悪戦苦闘している。親子がいっしょに生活できる時間が少ない。子どもはまわりの親、先生など大人たちの生き方を見て、まねして育つと思ってます。お金を使わなくても遊んだり、学べる体験の機会をつくりたい……」

九八年には七月に一年生の親子六十四、五人が親子リクリエーションで、また四年生三十八人は課外授業のため、一時間半かけて二つの峠を越え、真木共働学舎にやってきた。

「ここに着いたら子どもたちはヤギやニワトリなどの動物たちと遊び、サッカー、バドミントンなどに熱中する。自然に包まれてみんな生き生きした表情になり、帰る時間になっても『帰りたくない。もっと続けたい』と言いだし、先生たちは大変でした」

真木共働学舎のスタッフの一人、井上宗高さん（二三歳）は、父親と共に五歳から共働学舎でに戻ってきた。

生活。島根のキリスト教愛真高校を卒業、二年間沖縄の離島などで農業を学んだあと、二年まえ

「一週間に一回、山から町に下りて小、中学校時代の仲間と小学校の体育館などでバスケットをしています。でも彼らと話をしていても話があわない。彼らはパチンコ、車、ゴルフといった話題で、車のために借金をいくらしたとか……。お金のかかるものをぼくはしたいと思わないし……」

井上さんがいま、関心を持っているのは両川《りょうかわ》家金二《かきんじ》さん（七一歳）の話だ。

両川さんは真木地区の長老の一人だった。いまでも農繁期には一週間に一回、町から真木まで登ってくる。畑を耕し、かやぶき屋根のかやを育て、水路の点検も欠かさない。

「家金二さんは、昔の真木地区のことをいろいろ語ってくれるんです。向こうの山の牧場で牛を飼い、その奥からは竹をとってきたとか、行動範囲がすごく広い。かまを研ぐにしても刃先だけだとかけるとか、こういうところの草はちゃんと刈っておかないと、あとが大変だとか、ぼくが知りたいことを畑にいっしょに出て教えてくれるんです。編みがさに蓑《みの》姿で、かまを腰に差し現れる家金二さんの姿は、格好いいんです」

真木地区で生まれ、四十二年間暮らした両川さんは、九八年の共働学舎の報告会であいさつ、最後にこう結んだ。

「真木にいるうちは金のことは言わず、ほんとうに助けあっていました。村を捨てて別れ別れに

なったら、一回出たら金の世の中です。金は急に多くなって豊かになってきたけれど、それに反して貧しくなってきたものがある。それは人の心です。お互いに助けあわなくなったということは、ほんとうに寂しいことです。共働学舎のみなさんのおかげで、いかに共働の力がたいせつかを身にしみて感じました」

人間性を読みとる力を

統合失調症など障害を持つ人たちや、彼らとかかわる人びとの体験を聞くなかで、私は人間を見る視点が画一的で、単に勉強ができる、できないといったように、なにかができることがすばらしく、できない人間はだめだと決めつけたり、切り捨ててきたまちがいに気づかされてきた。

戦後五十数年。第二次世界大戦ですべてを失った私たち日本人が、家庭や子どもたちを犠牲にして働いてきた結果が、経済効率と管理を優先させた現在の社会だろう。効率優先の構造のなかでは、勉強ができなかったり、障害を持った人たちを残念ながら排除してきたのが現実である。つまり弱い人々をいじめたり、排斥することで、自分たちの地位を確保してきたのではなかったか。そんな大人たちの姿を、子どもたちはまねしているだけのような気がする。

そんなことを考えながら、最後に静岡市で知的ハンデを持った人たちと生活を共にする「ラルシュ・かなの家」の代表である佐藤仁彦《よしひこ》さん（五三歳）を訪ねることにした。

佐藤さんは二十年まえ、それまで働いていた知的障害者の施設を辞め、「かなの家」を設立した。

現在、十三人のアシスタントと協力しながら、十三人の知的ハンデのある人たちと生活を共にしている。

「大規模施設にいると、国のお金が出るから事故を出さないようにと管理的になってしまう。驚いたのは、かなの家を開いて八年ぐらいたったら施設から来たメンバーが変わり始めた。ボーッとして話もしなかった人が話をし、笑わない人が笑ったり……。ここなら安心して自分を出せるとわかるまでに八年かかったんですね」

佐藤さんは、ハンデのある人たちも仕事をすることが喜びに通ずると考え、仕事を覚えてもらうことに全力投球した。だが新たな壁にぶつかった。

「仕事中心の生活では、仕事のできない人は、だいじにされなくなる。そのうえ、仕事ができるようになるにつれ、仲間たちの表情は暗くなっていったんです。結局、いくら努力しても一般の人には太刀打ちできない。ある人はボランティアの女性が大好きになったけれど結婚できない。彼らの苦しみには仕事ではこたえられなかった……」

そんなとき、家庭のような小さな共同体で、知的ハンデのある人たちと生活する「ラルシュ共同体」運動を、世界各地で三十数年まえから実践している指導者、ジャン・バニエさん（七一歳）と出会った。

「ジャン・バニエは、『だいじなのは仕事ではない。食事です。食事は知的ハンデのある人と友だちになれる。あなたがいてうれしいと表現する場です』と言った。最初、食事と言われてもぴんとこなかった。知的ハンデのある人たちは家庭を持つことができない。だからこそ血縁関係を超えた家庭づくりがだいじで、その中心が食事だと、彼が言う食事の意味がだんだんわかってきました」

かなの家の十三人は、朝と夜の食事、そして寝泊まりも二つの共同体に分かれるが、仕事はいっしょだ。二千平方メートルの畑で自分たちが食べる稲や麦、野菜を植え、生活費の三分の二は、自然のせっけん、添加物を入れないみそを作って通信販売してまかなっている。

「ラルシュ共同体でいちばんたいせつにしているのは話しあいです。それも単に事実経過の報告ではなく、自分の感じたこと、思いをみんなの前で話す。そのうちに、その人が喜んでいるかどうか心を配るようになってきた。仲間の表情が明るくなってきたんです」

佐藤さんもハンデのある人たちから多くのことを学び、自分を変えさせられた。

「私は最初、こうあるべきだという理念が私のなかに染みついていて、ハンデのある人にイライラすることが多かった。よく考えてみたら私が優しい人間だったら、イライラしないはずだ。イライラするのは効率を重視し、こうすべきだという世界に生き、勝ち抜いてきた人間だからだ。それが私の弱さだと気づかされた。こうすべきという建前を重んじているかぎりは、それに合わない人はだめだと切り捨てる。建前と人間のどちらをとるか、それまでの私は建前をとっていました」

佐藤さんは知的障害のある人たちは、人とのつながりをたいせつにする力を持っていることにも気づかされた。

「私は彼らに能力があるとは思っていなかった。だから、してやるという態度があった。ところが彼らは人間性を豊かに持っていて、だれが苦しんでいるか、心を読み取り、人とのつながりをだいじにする力がある。精神障害の方がときどき来ますが、彼らは走って近づいていく。そんな姿を見て、私は自分が『この人は役立つか、どのくらい仕事ができるか』といった目でしか見てこなかった。〝人間の目〟を自分のなかで育てていなかったことに気づかされました」

だがよく考えてみると、日本の社会は、そうした人間性を重んじ、人とのつながりをたいせつにする力のある知的ハンデの人たちを片隅に追いやってきた。

その結果、大人たちの多くは人間性が見えなくなっている状態に気づかず、生産性を上げることにのみ価値を置く〝ロボット人間〟となって、子どもを支配、管理し、自分をも追いつめ、さまざまな問題を噴きださせているのではないか。

「人間性を取り戻すには、自分一人ではできません。人間らしい人とつながることです。お菓子は自分で味わってみないと、そのおいしさはわからない。ところが味わわないで、みんながおいしいと言うほうを選んでいるのが、いまの社会でしょ。私は悩むことは人間性のあかしだと思う。いまの自分に悩み、障害を持っている人、そして自分とは異なる異質の人に出会い、つながりを持つことが、人間性を回復させる道なんです」

今日も、どこかで新しい命が誕生している。人間性を豊かに持った人に成長してほしいと祈りつつ、「もうひとつの道」の旅を終えたい。

【関係者連絡先】

東京シュタイナーシューレは学校法人シュタイナー学園初等部、中等部に
〒２５２―０１８７　神奈川県相模原市緑区名倉２８０５―１
電話０４２―６８６―６０１１
ＦＡＸ０４２―６８６―６０３０

アトム共同保育園
〒５９０―０４５５　大阪府泉南郡熊取町長池２―１
電話０７２―４５２―７１１２
ＦＡＸ０７２（４５２）８２０２

慈愛園
〒８６２―０９５４　熊本市神水１丁目１４番１号

電話096（383）3509

浦河べテルの家
〒057―0024　北海道浦河郡浦河町築地3―5―21
電話01146（22）5612
FAX01462（2）4707

やどかりの里・やどかり情報館
〒330―0814　埼玉県大宮市染谷1177―4
電話048（680）1891
FAX048（680）1894

NPO・共働学舎東京事務所
〒203―0023　東京都東久留美市南沢1―23―4
電話042（421）9482

ラルシュ・かなの家
〒421―2124　静岡市葵区安倍日新田65―5
電話054（206）0830
FAX054（294）8070

あとがき

『もうひとつの道』が単行本となって世に出てから十数年が経過した。

ここで取り上げた日本で初めてのシュタイナー教育実践校である「東京シュタイナーシューレ」をはじめ、無認可共同保育所の「アトム共同保育所」、そして北海道・浦河にある精神障害を持った人たちの共同体「べてるの家」などは、その後、どうしているのだろうか。

この「あとがき」では、その後の経過を記しておくことがよいと考え、当時、取材でお世話になった人たちを訪ねて話を聞いた。


日本で小学一年生から六年生まで本格的なシュタイナー教育の授業をしていた東京・井之頭公園近くにあった「東京シュタイナーシューレ」は、大きく飛躍を遂げていた。

小泉政権時代の二〇〇四年三月に、構造改革特別区域計画「藤野『教育芸術』特区」の認定を受け、二〇〇四年十一月に学校法人シュタイナー学園を設立し、二〇〇五年一月から私立校として新たなスタートを切ったのである。

フリースクールだったシュタイナー学校が卒業証書も出せる私立校になったのだ。

つまり小泉政権の構造改革の一環として打ち出された学校教育の特区制度に便乗する形で、学校法人として文科省の認可を受け、神奈川県の藤野町（現在は相模原市緑区名倉）の一角に初等部、中等部を本格的にスタートさせたのである。

従来は学校法人として認可を受けるためには校地、校舎の自己所有が条件だったが、特区では免除された。

しかも藤野町は過疎化が進み、学校の統廃合で廃校となった町立名倉小学校の校舎と校庭を藤野町から賃貸してもらうことができた。

初等部、中等部は一学年二十五人でスタート、高校一年生は中央線藤野駅前のビルに間借りする形で授業を進めてきた。

しかし高校三年までのシュタイナーによる一貫教育が必要との要望が高まり、神奈川県教育委員会に申請した結果、この四月から高等部も学校法人としての認可を受け、新たに開校した。

校舎と校地は旧吉野小学校の廃屋と校地を借りての開校で、一九八七年に東京・池袋のマンション一室で誕生した東京シュタイナーシューレは、二十五年かかって小学校一年から高校三年までのシュタイナー教育による一貫教育の夢が実現したことになる。

初期の段階からオイリュトミーの教師としてかかわり、新設の学校法人シュタイナー学園初等部、中等部の校長を昨年まで務めてきた秦理恵子さんに会って話を聞いた。

「十数年前に『もうひとつの道』の取材を受けた時は黒船来襲のような感じでしたが、当時は次の学年ができるかどうか毎年、綱渡りのような感じでやっていました。学校法人としての高等部も開設できたし、これからはシュタイナー教育の質を高めていく努力が必要だと思っています」

フリースクールだったため小学校の卒業証書は、公立小学校から出してもらうという形で東京シュタイナーシューレを卒業した子どもたち。

なかには社会人となり、結婚して子どもをシュタイナー校に通わせている卒業生もいるという。シュタイナー教育を体験した子どもたちは、どのような方面に進んでいるのだろうか。

「みんな輝いていますね。おもしろいのは演劇や舞台が好きな子が多いことです。私は人の前に立つ、舞台に立つというのは実は一番すごいことだと思っています。言葉ではなく、その姿で人の前に立つというのは、存在そのもので何かを伝えるということだから……。仕事までそういうことをする人が多いんです」

評判となった映画『愛と誠』で、岩清水弘役の斎藤工（たくみ）（三〇歳）もその一人だ。

「彼は卒業証書をとる学籍の関係で、小学六年生の三学期に公立小学校に移りましたが、声もいいし、柔らかい感じの雰囲気を漂わせる子で、高校在学中からモデルをしたり、卒業してからも外国へ行ってモデルをしたり、俳優事務所の門をたたいたりしているうち映画での表現の道が開けてきたんですね」

卒業生のうち約半数は大学に進学しているが、ノルウェーでオイリュトミーを学んでいたり、カナダのバンクーバーでデザイナー学校に通っている子もいる。

「わけのわからないことを言うと思われるかもしれませんが、卒業生たちは姿が違います。何とも言えない柔らかさがあって、空間感覚というか、柔らかいということは、自分を開いているんですね。つながりをつくらずにはいられない人たちだと思います。だからこそ表現の分野に進んだり、国際的なつながりとか、人に教えることに関心が自然に向いていくのでしょうね」

学校法人のシュタイナー学園に通っている児童生徒は約二百五十人だが、そのうち七割の親たちは藤野町に転居して、地元の人たちと溶け合って生活しているという。

「最初は二百年たって初めて地元の人間になれると言われましたが、父親たちは都会派からすれば不便なところですが、藤野町で新たな仕事を創出したりして、地元の人たちからも一目置かれるようになっています。少子化、過疎化が進む藤野町では子ども会にしてもシュタイナー学園抜きでは何もできない感じで、地域活性化の核として親たちも大きな存在になりつつあります」

現在、日本にはシュタイナー教育を行っている学校は、学校法人としてはシュタイナー学園と北海道シュタイナー学園（いずみの学校）（北海道・豊浦町）の二校。

ＮＰＯ法人が運営するフリースクールでは東京賢治の学校自由ヴァルドルフシューレ（東京・立川市）、京田辺シュタイナー学校（京都府京田辺市）など六校、法人格を持たない任意団体として運営しているところが二校ある。

東京賢治の学校自由ヴァルドルフシューレには、『大切な忘れもの』でワークショップの実践を紹介した鳥山敏子さんと長女の雅子さんが教師として活躍している。

点数に縛られないで、子どもの発達段階に沿って、子どもの持ち味、能力を開花させていく授業に力を入れるシュタイナー教育は、日本でも着実に根を広げているのだった。

関西空港のある大阪・熊取町は大阪のベッドタウンでもある。

その一角にある四階建の一、二階の2DKの住居を使って保育をしていたのが無認可の「アトム共同保育所」だった。

ゼロ歳児から五歳児まで七十人を超える子どもたちを保育士十五人、栄養士、調理員二人の十七人で世話をしていた。

そのアトム共同保育所が注目されたのは、保育所が「大人の学校」と呼ばれたいたことに象徴される。

子どもを通して保育士と親がコミュニケーションを深め、抱え込んでいる問題を互いにさらけ出すことで人間関係を深め、人間らしさを取り戻していく。

親や保育士が考え方や生き方を変えることで、子どもが生き生きして元気になっていく。

そんなユニークな子育てが認められ、九年前の二〇〇三年、熊取町から町営保育園を委託されて無認可の「アトム共同保育所」が、認可を受けた「アトム共同保育園」に生まれ変わった。

一九六七年、熊取町にある京大原子炉実験所職員の三歳児未満の子どもたちを対象に始まったアトム共同保育所が、そのユニークな子育て・親育てが認知されたと言ってよい。

町営保育園の園舎に移った当初は、自分をさらけ出すことに慣れていない親たちのなかには戸惑いもあった。

しかし園長の市原悟子（よしこ）さんはじめ保育士たちが、長年にわたってつちかってきた子育て・親育て技法を駆使することで、親たちの信頼関係を築くのに、そう時間はかからなかった。仲間と一緒になって遊ぶのが苦手な子どもが、暴れたり、かみついたりすると、市原さんが職員室でその子の相手になり、抱えている問題を上手に聞き出していく。問題を抱えて孤立している親がいることが分かると、場合によっては保育士が家庭にまで出かけて行って、寄り添いながら解決への道を探る。

そうした保育士たちの姿勢が親を変え、親との信頼関係を深めていく。

そして二〇一二年四月からアトム共同保育園は、新興の住宅団地に新設された「つばさ保育園」の運営を熊取町から委託された。

つまりアトム共同保育園は名称が違うが、もうひとつできたことになる。

「つばさ保育園」の園長には市原さんが、アトム共同保育園の後任園長には『もうひとつの道』にも登場したイワちゃんこと岩木陽子さんが就任した。

二〇一二年三月二〇日、木のにおいが漂う新設「つばさ保育園」のホールで、アトム共同保育所時代から毎年続けてきた「くまとり子育て保育を考える集い」が開かれた。

小学五年生から社会人までアトムを卒園した園児たち八人が並び、アトム時代の思い出や体験を披露したのもユニークな試みだった。

しかし親たちを驚かせたのはアトムから「つばさ保育園」に転任した保育士二人が、自分自身の子育て体験を赤裸々に披露したことだ。

これから受け持つ子どもの親たちの前で、自分をさらけ出す保育士の姿はアトムの子育て・親育てを象徴するような出来事だと思う。

二人のなかの一人の保育士の話をここに紹介することで、自分をさらけ出すことはどういうことか、アトムの親育ての神髄を知ってもらいたい。

「私は他の保育園で十年働き、アトムに移ってきて、いま小学三年の長男をアトムの三歳児保育に入れることで自分を変えさせられました。それまでの自分は、常に職場の子と自分の息子を比較して、息子の意思を無視していろいろ習い事をやらせ、できないと自分が評価された感じになり、毎日、いらだち、息子を怒ってばかりいました。息子はアトムで女の子の顔にけがをさせたり、問題を起こし始めました。最初は野放しにしているアトムの子育てのせいだと思っていました。ところが同僚の保育士たちが常に息子と向き合い、園長の市原さんに私の話を時間をかけて聞いてもらい、父母懇談会に出ることで少しずつ重荷をとってもらいました。そして私に必要なのは、私に押さえつけられている息子を解放してやることだと気付かされました。それはこれまでの私の価値観、仕事の取り組み方、考え方を変えることでもあり、本当にどうしたらよいか悩む日々でした。周りの人たちに助けられながら本当に息子と向き合うことができるようになり、自分の気持ちも楽になったのです。父母懇談会で、私が嫌いで一番やりたくなかった泣きながら話ができたのも、同じような思いの人がいる、分かり合えるんだという気持ちになったからで、また頑張ろうという勇気をもらいました。親として成長する、子どもと共に育つとはこういうことなのだと気付かされました。この『つばさ保育園』が安心して自分を出せる場で、ホッとする場であるとともに、私が助けてもらったように心のよりどころの場になることを期待して、私自身も子どもたち、保護者の皆さん、同僚たちと共に学び、成長していきたいと思っています」

北海道・浦河にある精神障害を持った人たちの共同体「べてるの家」も、その後、日本の精神医学の世界にさまざまな波紋や改革をもたらしている。

私が取材した当時は、年一回開催する「べてるの家」の総会で当事者の人たちが、集まった大勢の人々の前で自分の実名と病名をオープンにするという情報公開が始まっていた。

それまでは精神障害を持った人たちは、偏見差別のため病気を隠したり、家に閉じこもったりして、人目を避ける生活を送っていた。

「偏見差別を打ち破るには自分たちから積極的に情報公開を」と、メンバーたちは自分をさらけ出して、さまざまな活動を展開し始めた。

精神病についての理解を深めてもらおうと二〇〇一年六月には、メンバーたちが自分の病気のありのままを語ったビデオ「統合失調症を生きる」を作成。一巻三十分、全十巻（定価六万円）のビデオは、メンバーがテレビのニュース番組に出て紹介したこともあって全国から注文が殺到、あっというまに二百五十セットが売れた。

ソーシャルワーカーの向谷地さんや浦河日赤病院の川村精神神経科部長は、テレビなどで「べてるの家」の存在を知った全国各地の医療関係者から講演を求められ、暇さえあれば全国を飛び回り、講演では精神障害者の当事者性と自己決定の大切さを訴えていく。

講演にはべてるの家のメンバーたちも必ず同行して、当事者としての体験を語ることで、講演を聞いた人たちのなかには精神障害という病気に対する偏見差別の認識を改める人たちも増えてきた。

なかでも「べてるの家」の人たちが力を入れて取り組んだのが当事者研究である。

従来は病気のことは専門家である医者に任せ、医者の処方してくれた薬を飲むという生活が一般的だった。

ところが二〇〇一年六月に「べテルの家」の総会で、メンバーになったばかりの河崎寛さん（当時二四歳）が、新しい企画として打ち出した「べてる大学」の講師として登場、措置入院した後、何かあると家庭内暴力を繰り返してきた爆発のメカニズムを解析した自己研究を発表した。

この発表が集まった人たちの爆笑を誘い、大いに受けただけでなく、発表した当事者である河崎さん自身も、自分の存在感を確認できるという不思議な力を得た。そんなこともあって、「べテルの家」では、問題を抱えた当事者が集まって話し合うことでの当事者研究が盛んになっていく。

二〇〇二年十一月には札幌市内のホテルで、河崎さんは札幌市周辺の精神科医や病院の専門スタッフ四十人を前に、認知障害から起こる爆発のメカニズムについて当事者研究を発表するまでになった。

精神科医たちが、精神病の患者で当事者の河崎さんから病気のメカニズムについての講義、解説を聞くのは初めての体験で、これまでの日本の精神医学の世界では考えられないことであった。

これに飛びついたのが医学専門書を出している医学書院だ。月刊誌『精神看護』で、「『ベテルの家』の当事者研究」というタイトルの連載を始め、二〇〇五年二月には単行本にもなった。

単行本の「序に変えて」で向谷地さんは「『当事者研究』とは何か」というタイトルで次のように書いている。

「浦河で『当事者研究』という活動が始まったのは、二〇〇一年二月のことである。きっかけは、統合失調症を抱えながら〝爆発〟を繰り返す河崎寛君との出会いだった。入院しながら親に寿司の差し入れや新しいゲームソフトの購入を要求し、断られたことへの腹いせで病院の公衆電話を壊して落ち込む彼に、『一緒に〝川崎寛〟とのつき合い方と〝爆発〟の研究をしないか』と持ちかけた。『やりたいです!』と言った彼の目の輝きが今も忘れられない。

『研究』という言葉の何が彼の絶望的な思いを奮い立たせ、今日までの一連の研究活動を成り立たせてきたのだろう。その問いを別のメンバーにすると『自分を見つめるとか、反省するとか言うよりも、『研究』というとなにかワクワクする感じがする。冒険心がくすぐられる』と答えて

くれた。（中略）

つらい症状や困った事態に遭遇したとき、自分の苦労を丸投げするようにして病院に駆け込み、医師やワーカーに相談していた日々と違った風景が、そこからは見えてくる。それは浦河流に言うと『自分の苦労の主人公になる』という体験であり、幻想や妄想などさまざまな不快な症状に隷属し翻弄されていた状況に、自分という人間の生きる足場を築き、生きる主体性を取り戻す作業とも言える」

この当事者研究という活動が浦河だけでなく、各地の精神病院のデイケア、家族会、そして社会福祉協議会のシンポジウムなどでも採用され、精神病の世界に新風を吹き込むことになった。浦河以外の場所で行われる当事者研究のコーディネーター役を担っているのが向谷地さんの長男、宣明さん（二八歳）だ。

『もう一つの道』を取材した当時、宣明さんは中学三年生だった。

当時、母親の悦子さんは宣明さんについて私の取材にこう語っていた。

「将来なにやりたい？　と聞くと、『浦河に帰ってメンバーの早坂さんたちと仕事したい』って。彼らといっしょにいるとほっとするんですって。中学二年のとき、下野勉さんの仕事の手伝いをした体験を作文に書いたんです。作文は『中学時代からシンナーをやって、自分を追いつめ病気になった人と仕事をして、学歴より人間性という自分の考えに自信が持てた』という内容でした。親よりメンバーから学んでいます」

その宣明さんは現在二十八歳。

大学を卒業後、求められるままに各地で開かれる「べてるの集い」などに顔を出したり、家族や医療従事者たちの相談にのったりしているうちにコーディネーター役として欠かせない存在になっていた。

中学時代に描いた夢をまさに実践しているのだった。

二〇〇六年には、べてるの家の若いメンバーたちと株式会社「エムシーメディアン」を設立、「ベテルの家」に関係する講演を映像や出版物にする仕事を始めた。

また池袋に三年近く住んでいたとき、池袋駅周辺のホームレスの人たちを支援するグループと出合った。

「ホームレスの人たちの多くは精神的な病をもっていて、なかなかアプローチや支援活動が難しい。手伝ってもらえないだろうか」

そこで支援者団体とともに宣明さんは「べてぶくろ」という支援システムを設立し、本格的な取り組みを始めた。

ホームレスの人たちで希望する人には一時保護施設に入ってもらい、病院につなげて治療を受け、身寄りがない人は生活保護を受けてグループホームで生活してもらう。そんなプロセスを当事者と話し合いながら根気よく続けていくという活動だ。

その宣明さんが七月七日に神奈川県相模原市の南保健福祉センターで開かれた「相模原・町田

べてるの集い」に参加すると知り、出かけた。

二階の集会室では十人近くの当事者がコの字型になった机を囲んで当事者研究の真っ最中だった。後方では親や医療関係者が進行を見守っている。

二十代の女性が自殺未遂をしたつらい体験を語り、ときどき「死にたくなる」という思いになったときに、どうしたらよいかがテーマだった。

話し合いの方向が横にそれそうになったときに的確なアドバイスをするのが宣明さんで、柔らかな雰囲気づくりに一役買っているのには驚かされた。

浦河のべてるの家ではなくても、こうした当事者研究が行われるようになったという現実を目の当たりにして、精神障害を抱えた人をはじめ家族の病気に対する受け止め方が大きく変化していることが実感できた。

ミーティングが終わったのが午後五時を過ぎていた。

たまたま参加していた親から「統合失調症の息子が入院中で、これから見舞いに行くので、息子と話をしてもらえないだろうか」という申し出に宣明さんは気軽に応じ、父親の運転する車に乗って精神病院へ。

私は待合室で待っていたら、一時間後に宣明さんは病室から戻ってきた。

そしてレストランで食事をしながら話を聞いた。

「いま会ってきた息子さんは私と同じくらいの年代で、初対面でしたが私を受け入れてくれました。外国に留学体験があると聞いていたので『英語の翻訳できますか』と聞いたら『できます』という返事で、『じゃあ、退院して元気になったら一緒にやりましょうよ』ということで別れてきました。私はそれだけしか言葉は出しませんでしたが、一瞬、彼の顔が輝きましたね。私はソーシャルワーカーでも支援者でもないただの人間です。そのほうが当事者も気軽に話せて付き合えるみたいで……」

大学に在学中から「べテルの家」の向谷地さんの息子だということで、東京などでの講演を頼まれ、当事者研究に付き合っているうちに抜けられなくなってしまった。

「当事者研究に参加して話を聞いていると、『これって、こうしたらもっとうまくいくのに』とか、ひらめくんですよ。小さい時から障害を持った人たちと一緒に生活してきたので、彼らの気持ちとか思いがなんとなくわかるんですね」

私が『もうひとつの道』で「べテルの家」を取り上げた当時は、「浦河の過疎の町だからできる」「向谷地というキャラクターがいるから」などと言われていた。

「しかし今は私たちがやってきた取り組みが科学的で、理にかない、合理的だということが実証されて、べテルの家でやっていることは、自分たちでやろうと思えばできるんだと社会的に認知されてきたんです。しかも医療費削減のために精神病床を減らし、社会にかえすという国の国策とマッチして、ますます私たちが力を入れてきた当事者性と自己決定を大切にする方針が再認識されてきたんです」

「べテルの家」で始めた当事者研究が各方面から注目されているのはなぜなのだろうか。宣明さんの説明は実に明解である。

「精神科というのは実に難しい病気です。車いすに乗っている人たちにはこんな支援ができて、こういう条件だと就労は可能だと判断できるけれど、精神的な病は、どんな名医でも当事者が言葉で訴えないことにはわかりません。しかも単に『ここが悪い。先生お願いします』という説明の仕方では薬だけが増えていく。医者は親切心から薬を増やすのですが、要は当事者が自分の状態をよく観察、チェックして、『こういう時に爆発し、こういう苦労をしている、こういう助け方を自分はしてきた』と、具体的に説明し、『こうしてもらいたい』という自己提案をする力が大切になり、治療の質にもかかわってくるようになってきました。病気の状態を当事者の言葉で言語化されて初めて、その人の状況が分かる。そのプロセス、つまり当事者研究が精神科には必須だということが、やっと認知されてきたんですね」

これまでは精神科医の多くは「べテルの家」の存在を冷ややかな目で見てきた。

ところがソーシャルワーカーをはじめ医療従事者、そして家族の人たちまでもが「べテルの家」を見学したり、講演を聞いたりして、当事者研究など当事者性の大切さを知って、質問をしたり、さまざまな要求を出してくる。

「べテルの家」の存在、実践を無視できなくなってきたのだ。

「二〇一〇年には日本精神障害者リハビリテーション学会が、そして来年の二〇一三年四月には日本統合失調症学会が過疎地の浦河で大会を開くんです。精神医学のメインストリートを歩んできた人たちが、『ベテルの家』の実践を無視できなくなってきた。逆に評価し、理解を示すようになってきたんです」

日本精神障害者リハビリテーション学会の大会では、「ベテルの家」のメンバーも参加し、日ごろの実践を披露するワークショップでは当事者研究が人気を博した。こうして「ベテルの家」の実践は全国に広まっていった。

当事者研究は、ひだクリニック（千葉県流山市）、華蔵寺クリニック（群馬県伊勢崎市）、長岡ヘルスケアセンター（京都府長岡京市）などのデイケアでも定期的に開かれ、宣明さんがコーディネーターを担当している。

浦河町は約七千世帯、人口約一万四千人弱の過疎の町だ。

過疎化が進めば進むほど、相対的に「ベテルの家」の存在感が高まってくる。

浦河日赤病院の精神病床は現在六十床にまで減らされた。

「べてるの家」のメンバーは約二百人。以前は浦河日赤病院で使用する介護用品はべてるの家の店から購入していた。しかし最近は経費節減のため少しでも安い大手のドラッグストアに切り替えられた。

「『べてるの家』も今後、ますます地域の人たちといかにタイアップしていくかが問われてくると思います。『べてるの家』の総会も、今は『べてるまつり』と名前を変えて八月二十四、五、六日と三日間にわたって開かれますが、三日目は浦河町の乗馬公園に会場を移して乗馬体験とか馬介在療法についての講演など、浦河町との連携を密にしているのも、地域の核となっていくための新たな試みと言ってよいと思います」

改めて取材して気づかされたことは、シュタイナー学校やアトム共同保育園、そしてべてるの家は、それぞれが地域の中心的存在、つまり核となって、新たな共同体をつくることで発展していることである。

その基本は人と人とのつながりである。

「べてるの家」では「三度のメシよりミーティング」という言葉があるように、なにか問題が生じるとメンバーが集まって話し合いを始める。

当事者研究も、問題を抱えた当事者がミーティングで自分の弱さをさらけ出すことから始まる。一人ではできない作業である。

「アトム共同保育園」の取り組みも、職員会議や父母懇談会で、保育士が自分の抱える問題をみんなの前で説明することが出発点となる。時には感情が高ぶって席を立ち、部屋から飛び出すこともある。涙が止まらなくなって、ティッシュの箱が回ってくることも日常茶飯事だ。

自分の思いや感情を抑えるのではなく、それをみんなの前でさらけ出すことで、互いの弱さを知り、助け合い、協力し合う共同体的な意識が生まれてくる。

いまの日本社会に欠けているのは、この弱さを大切にする、弱さを受けいれるこころではないだろうか。

「人間性を取り戻すには自分一人ではできません。人間らしい人とつながることです。今の自分に悩み、障害をもっている人、そして自分とは異なる異質の人に出会い、つながりを持つことが、人間性を回復させる道なんです」

『もうひとつの道』の取材で最後に出会った知的障害を持った人たちと生活を共にする「ラルシュ・かなの家」代表、佐藤仁彦さんが語ってくれた言葉を私は忘れることができないのである。

二〇一二年七月一〇日

横川　和夫

注＝「べてるの家」については横川和夫著「降りていく生き方」（太郎次郎社刊）、また「アトム共同保育所」については横川和夫著「不思議なアトムの子育て」（太郎次郎社刊）が出版されている。

〈著者紹介〉

●**横川和夫**（よこかわ・かずお）1937年、小樽市生まれ。60年、共同通信社入社。72年に文部省（現文科省）を担当して学校教育のあり方に疑問を感じ、教育問題、学校や家庭から疎外された少年少女、さらには家族の問題を中心に、日本社会の矛盾が表出する現場を一貫して追い続けてきた。論説兼編集委員を経て現在はフリー・ジャーナリスト。著書・共著には、依存から自立へという人間の成長発達の基本を検証した「荒廃のカルテ＝少年鑑別番号1589＝」、現在の家庭と学校の抱える病巣を鋭く描いたベストセラー「かげろうの家＝女子高生監禁殺人事件＝」（共同通信社刊）、健全で理想的な家庭と見られる家に潜む異常性を暴いて話題となった「仮面の家＝先生夫婦はなぜ息子を殺したのか＝」（共同通信社刊）では93年度日本新聞協会賞を受賞。北海道・浦河で精神障害という病気をもった人たちが当事者性と自己決定力を取り戻していくプロセスを克明に追跡した「降りていく生き方」（太郎次郎社刊）などがある。

本書は、1990年11月に共同通信社より刊行された単行本に加筆修正を行い、復刊したものです。

もうひとつの道
――競争から共生へ――

二〇一二年一〇月一〇日　初版発行

著　者　横川 和夫
発行者　井上 弘治
発行所　**駒草出版**　株式会社ダンク 出版事業部
〒一一〇-〇〇一六
東京都台東区台東一-七-二秋州ビル二階
TEL 〇三（三八三四）九〇八七
FAX 〇三（三八三一）八八八五
http://www.komakusa-pub.jp/

［ブックデザイン］高岡雅彦
印刷・製本　モリモト印刷株式会社

落丁・乱丁本はお取り替えいたします。
定価はカバーに表示してあります。

© Kazuo Yokokawa 2012, Printed in Japan
ISBN 978-4-905447-06-1

横川和夫・追跡ルポルタージュ シリーズ「**少年たちの未来**」
繰り返される少年事件を原点から問い直す。

① **荒廃のカルテ**　定価 1890 円（本体1800円+税）
少年鑑別番号 1589
少年は典型的な虐待の被害者だった　事件を起こす少年に共通している問題は、親や大人に無条件で抱きしめられた体験がないことだ。

② **かげろうの家**　定価 1890 円（本体1800円+税）
女子高生監禁殺人事件
家庭・学校・社会のゆがみを問い直す　どこにでもある平均的な家庭から、想像を絶するような残酷な事件を引き起こすのは……。

③ **ぼくたちやってない**　定価 1890 円（本体1800円+税）
東京綾瀬母子強盗殺人事件
少年えん罪事件　息子たちの無実を信じた親と９人の弁護士の息詰まる戦い。子どもの人権が日本ではいかに軽視されているか。

④ **仮面の家**　定価 1785 円（本体1700円+税）
先生夫婦はなぜ息子を殺したか
理想的な家庭という仮面の下に何が隠されていたか。日本新聞協会賞受賞　「あるがままの自分」に安心感を持てない少年たち。

⑤ **大切な忘れもの**　定価 1890 円（本体1800円+税）
自立への助走
受験戦争・偏差値・管理教育で奪われた人間らしさを取り戻すために　ありのままの存在を受け入れることが大事なのではないか。

問われる子どもの人権
日本の子どもたちがかかえるこれだけの問題
日本弁護士連合会編　定価 2100 円（本体2000円+税）
貧困、いじめ、不登校、自殺など、国連が改善を求めているように、依然、日本の子どもたちは問題を抱えたままです。